W0054646

Paul Metzger

Der Teufel

Paul Metzger

Der Teufel

marixverlag

Bibliografische Information der Deutschen Nationalbibliothek
Die Deutsche Nationalbibliothek verzeichnet diese Publikation in der
Deutschen Nationalbibliografie; detaillierte bibliografische Daten sind im
Internet über
http://dnb.d-nb.de abrufbar.

© by marixverlag GmbH, Wiesbaden 2012
Lektorat: Dr. Bruno Kern, Mainz und Prof. Dr. Michael Tilly, Tübingen
Covergestaltung: Nicole Ehlers, marixverlag GmbH
nach der Gestaltung von Thomas Jarzina, Köln
Bildnachweis: Teufel mit Zwiebel, Wasserspeier an der Esslinger
Frauenkirche, Fotografie von Peter Köhle, Esslingen
Satz und Bearbeitung: C&H Typo-Grafik, Miesbach
Gesetzt in der Palatino
Gesamtherstellung: CPI books GmbH, Ulm
Printed in Germany

ISBN: 978-3-86539-969-4

www.marixverlag.de

Inhalt

VORWORT

Zu diesem Buch haben mich Studentinnen der Universität Koblenz-Landau angeregt. Sie antworteten auf meine Frage, welches Thema für eine Lehrveranstaltung sie interessieren würde: der Teufel – seine Entwicklung und die Bedeutung, die ihm heute zukommt. Ich habe diesem Wunsch entsprochen und eine Vorlesung dazu angeboten. Aus dieser Vorlesung entstand das vorliegende Buch. Die beiden Pole, die die Studentinnen benannt haben – Entstehung und Gegenwart –, haben die Vorlesung gegliedert und so auch den Aufbau dieses Buches bestimmt.

Viele Menschen haben mir dabei auf verschiedene Weise geholfen. Bei der Ausarbeitung der Vorlesung haben mich am Campus Koblenz Hr. Bastian Bau, Hr. Philipp Birck und ganz besonders Fr. Anne Kathrin Schmude unterstützt, die sich vor allem mit dem Teufel im Film beschäftigt hat. Meine Ausführungen zur Geschichte des Teufels im Alten und Neuen Testament haben die Kollegen am Institut für Evangelische Theologie in Koblenz, Prof. Dr. Michaela Bauks und PD Dr. Judith Hartenstein, durchgesehen.

Am Konfessionskundlichen Institut in Bensheim haben mich Pfr. Dr. Walter Fleischmann-Bisten M.A. und Pfr. Martin Bräuer D.D. bei einem Studientag zur Vorlesung unterstützt und die konfessionellen Ausführungen über den Teufel gelesen. Pfr. Dr. Dirk Spornhauer hat den freikirchlichen Teil überprüft, und Dr. Harald Lamprecht hat mich beim Thema „Church of Satan" unterstützt. Pfr.i.R. Dr. Walter Schöpsdau las mit kritischem Auge und wertvollem Rat den Abschnitt über den Teufel in der Literatur. Fr. Dipl.-Bibl. Simone Leimenstoll hat mir mithilfe der Fernleihe viel Literatur besorgt, die ich für die Abfassung des Buches brauchte. Ich hoffe, dass sie mir die dadurch entstandene Arbeit nachsehen wird. Herr Pfarrer Markus Eichler hat mir im Rahmen seines Spezialvikariats am Konfessionskundlichen Institut bei der Abfassung und der Korrektur des Werkes tatkräftig und engagiert geholfen.

Pfr.i.R. Wieland Schubing nahm sich des Teufels in der Pop-
musik an, mein Vater, Rektor i.R. Alfred Metzger, las – wie bei
fast allen meinen Publikationen – sowohl die einzelnen Kapitel
im Zuge ihrer Entstehung wie auch das ganze Manuskript Korrektur. Letzterer Mühe unterzog sich gleichfalls Oberstudienrat
Torsten Schuler.

Auch die „Böcherschule" arbeitete auf gewisse Weise zusammen: Mein „Doktorbruder", Prof. Dr. Michael Tilly (Tübingen),
hat das Manuskript dieses Buches kritisch durchgesehen, und
mein Vorgänger als Assistent bei Prof. Böcher in Mainz, Prof.
Dr. Marco Frenschkowski (Jena), machte mich auf Literatur zum
Teufel aufmerksam, die mir sicher entgangen wäre.

All den genannten Personen danke ich sehr herzlich für ihre
großzügige Unterstützung.

Zum Dank widme ich dieses Buch meinem Lehrer, Prof. Dr.
Dr. Otto Böcher, der den Boden dafür bereitet hat, dass ich dem
Wunsch der Studentinnen entsprochen und mich mit dem Teufel beschäftigt habe. Ich hoffe, dass Prof. Böcher an diesem Buch
nicht zu viel zu bemängeln haben und mir verzeihen wird, dass
ich eine kunstgeschichtliche Betrachtung des Teufels unterlassen habe.

Einführung

„Man kann nicht elektrisches Licht und Radioapparat benutzen, in Krankheitsfällen moderne medizinische und klinische Mittel in Anspruch nehmen und gleichzeitig an die Geister- und Wunderwelt des Neuen Testaments glauben." So formulierte es der evangelische Theologe Rudolf Bultmann in einem Vortrag im Jahr 1941.[1] Obwohl ich persönlich diesem Satz und seinen Implikationen voll zustimmen kann, ist er, gemessen an der Realität, offenbar falsch. Da die Vorstellung des Teufels Bestandteil der offiziellen Lehre der römisch-katholischen Kirche ist, sollten eigentlich bereits ca. 1,1 Milliarden Menschen von der Existenz des Teufels überzeugt sein. Doch nicht nur Katholiken, sondern auch viele andere Christen und auch Anhänger des Islam glauben an seine Existenz. Von daher dürfte die „Geisterwelt des Neuen Testaments", zu der der Teufel ohne Frage gehört, nicht verschwunden sein, bloß weil der Mensch heute Smartphones und Internet benutzt. So richtig der Satz Bultmanns ist, so schlicht geht er doch an der komplexen Realität vorbei, in der der moderne Mensch lebt. Die Annahme Bultmanns, dass der „Geister- und Dämonenglaube" durch „die Kenntnisse der Kräfte und Gesetze der Natur" „erledigt" sei,[2] trifft offensichtlich nicht zu. Die religiöse Überzeugung muss heute nicht mehr zwingend mit dem naturwissenschaftlichen Weltbild des Menschen in Einklang gebracht werden, sondern es kann in völlig gesonderten Bereichen geglaubt und gelebt werden. Deshalb ist es zu einfach, den Glauben an einen Teufel bzw. die Überzeugung, dass es einen Teufel gibt, schlicht beiseitezuschieben und ihn als überholten Aberglauben zu betrachten, der allenfalls für Religionswissenschaftler und Kunsthistoriker interessant ist. Der Teufel ist – so meine These – deshalb nicht überholt, weil er letztlich eine Deutung dessen darstellt, was jeder Mensch in sei-

---

[1] Rudolf Bultmann, *Neues Testament und Mythologie. Das Problem der Entmythologisierung der neutestamentlichen Verkündigung*, BEvTh 96, München 1988, 16.
[2] Bultmann, Mythologie, 15.

nem Leben in verschiedenen Formen und Abstufungen erfährt:
die Existenz des Bösen. Die Erfahrung, dass Menschen anderen
Menschen etwas Böses antun, dass Menschen unbeabsichtigt
oder in bester Absicht etwas tun, was für andere Menschen böse
Auswirkungen haben kann, dass Umwelt- und Naturkatast-
rophen böse Folgen für den Menschen haben – all das ist dem
Menschen damals wie heute bewusst, und er erlebt es. Dieses
Erleben sucht eine Antwort auf die Frage nach dem Warum: Warum stößt mir etwas Böses zu?

Das zufällige, namenlose und oft unentschuld- und unerklär-
bare Böse will verstanden werden und ist leichter zu ertragen,
wenn dahinter eine Kraft gesehen werden kann, die jetzt zwar
Leid zufügen kann, die aber letztlich doch vom Guten überwunden werden wird. Der Teufel ist damit eine Erklärung des Menschen für das Böse, das geschieht.

Gleichzeitig ist der Teufel eine faszinierende Gestalt. Weil sie
das Gegenteil von dem darstellt, was man tun soll, an das man
glauben und dem man folgen soll, übt sie eine fast unerklärliche
Anziehungskraft aus. Gerade das, was verboten ist, hat einen besonderen Reiz: ob dies nun Eva und Adam im Paradies betrifft,
die ausgerechnet von dem einen Baum essen wollen, der ihnen
vorenthalten wurde, oder ein kleines Kind, das seine Grenzen
austestet. Warum ist es so reizvoll, etwas Verbotenes zu tun?
Formulierungen wie die folgenden beschreiben diese Faszination und bringen dabei einen Pessimismus zum Ausdruck: „Nur
das Böse bricht sich Bahn!" In modernen Filmepen fasziniert
die „dunkle Seite der Macht" (*Star Wars*) ganz besonders, und
Schauspieler bekunden freimütig, dass „böse" Rollen ungemein
reizen. In der Popmusik gilt das Motto: „Good girls go to heaven
– bad girls go everywhere!" (*Pandora's Box*; *Meat Loaf*)

Der Teufel ist damit ein Symbol der Grenzüberschreitung,
die dem modernen Kulturmenschen zuweilen – zumindest in
seiner Fantasie – attraktiv erscheint.

In diesem Sinn ist der Teufel im christlich geprägten Abendland die Personifizierung des Bösen. Er ist schwarz oder rot, be-
haart, hat oft einen dreizackigen Speer in der Hand, lebt und
herrscht in der Hölle, hat zwei Hörner und drei Haare auf dem
Kopf, stinkt nach Schwefel, hat einen Ziegen- oder Pferdefuß
und einen Schwanz. Vor langer Zeit war er ein Engel, der sich
gegen Gott auflehnte und deshalb aus dem Himmel gestürzt

wurde. Seitdem ist er der böse Erzfeind Gottes und versucht, Gottes Geschöpfe zu verführen und vom rechten Weg abzubringen.

So lautet die Kurzbeschreibung seines Aussehens, seiner Biografie und seines Tuns. Im Laufe seines Daseins nahm der Teufel erst immer mehr an Macht und Ansehen zu und verlor sie dann wieder. Heute lassen sich die Vorstellungen von ihm kaum noch auf einen Nenner bringen. Aufgeklärte Zeitgenossen sehen in ihm bestenfalls ein Symbol. Andere betrachten ihn weiterhin als reales Wesen. Zwischen diesen beiden Polen ist viel Spielraum für Interpretation, Deutung und Überzeugung. Mit der Figur des Teufels wird in der Moderne gespielt. Man gruselt sich in Horrorfilmen (*Der Exorzist*), man fühlt sich in der Popmusik in sie ein (*Sympathy for the Devil*) und amüsiert sich über sie im „Kasperltheater". Manche beten „Satan" an („Church of Satan"), andere wehren sich mit Schutzzaubern gegen ihn und seinen „bösen Blick".

Das Buch verfolgt zwei Fragestellungen: Wie hat sich die Vorstellung vom Teufel entwickelt, und welche Rolle spielt der Teufel heute noch?

Der erste Teil des Buches will die erste Frage beantworten. Er bietet einen Überblick über die Entstehung und Entwicklung der Teufelsvorstellung. Zunächst geht es darum, die religionsgeschichtlichen Voraussetzungen aufzuzeigen, die die Entstehung einer Teufelsfigur ermöglichen. Danach soll das Mosaik des Teufels zusammengesetzt werden, um zu sehen, wie ganz verschiedene Einflüsse und Traditionen im biblischen Zeitalter allmählich ein Bild ergeben, an dem dann immer weiter gearbeitet wurde. Zu einer gewissen Synthese kommt es schließlich im Rahmen der altkirchlichen und mittelalterlichen Lehre, die bis heute für den römisch-katholischen Glauben bestimmend ist. Da sich die Teufelsfigur in ihrem Kernbestand ab dem Mittelalter nicht mehr wesentlich ändert, sondern zunehmend zum kulturellen Allgemeingut und später zum Symbol eines verfehlten Glaubens wird, kann der allgemeine geschichtliche Rückblick damit abbrechen und in einzelnen Strängen weitergeführt werden.

Der zweite Teil des Buches wendet sich dann der Gegenwart zu und beschreibt, wie der Teufel heute in verschiedenen Lebensbereichen vorkommt. So wird er zunächst im Rahmen der christlich-konfessionellen Religionsgemeinschaften beschrieben: römisch-katholisch, evangelisch, freikirchlich-evangelikal und orthodox. Dann wird seine Rolle im Islam beleuchtet und kurz ein Blick auf diejenigen geworfen, die den Satan in den Mittelpunkt einer neuen Religion rücken wollen, ohne es allerdings wirklich zu tun. Danach wird der engere religiöse Raum verlassen und die kulturelle Bedeutung des Teufels am Beispiel Literatur, Film und populäre Musik untersucht.

Ein dritter Teil rundet den Band ab und legt eine Deutung des Teufels in der Gegenwart vor: Der Umgang mit dem Teufel und dem Phänomen des Bösen wird hier nochmals systematisch dargestellt.

I. Die Geschichte des Teufels

Die „Vorfahren" des Teufels –
Religionsgeschichtliche Voraussetzungen

Die zentrale Voraussetzung für die Vorstellung eines Teufels ist die Entstehung des Monotheismus. Erst der Glaube an die Existenz eines einzigen Gottes ermöglicht die Entwicklung einer Teufelsfigur, da ohne ihn die spezifischen Merkmale des Teufels sinnlos sind. „Die Konzentration des Göttlichen in einem Gott zog die Konzentration des Bösen in einer einzigen Gestalt nach sich."[3] Fehlt dieser Glaube, kann das Böse ganz anders, weniger konzentriert und weniger eindeutig interpretiert werden.

Der Blick in die Glaubenswelten der Antike zeigt deshalb eine bunte Vielfalt von Göttergestalten, denen verschiedene Aufgaben zukommen. Wichtig für die Entwicklung einer Teufelsgestalt sind vor allem Ägypten, Kanaan, Griechenland und Persien.

Zwei Motive sind dabei entscheidend: Zum einen geht es um ein Spannungsverhältnis zwischen Göttern, die sich gegenseitig bekämpfen, was verschiedene Auswirkungen auf die Menschen hat. Zum anderen geht es um die Deutung des Bösen in der Welt, das auf das Wirken verschiedener Götter zurückgeführt wird. Dabei hilft die Gegenüberstellung von „Gut" und „Böse" oft nur bedingt weiter, da zuweilen nicht klar definiert werden kann, was „Gut" oder „Böse" im Hinblick auf eine bestimmte Gruppe genau bedeutet.

Als Beispiel für diese Ambivalenz kann der Gott Seth gelten, der in der altägyptischen Mythologie eine wichtige Rolle spielt. Während er auf der einen Seite als Gott des Verderbens und des Chaos gilt, wird er auf der anderen Seite als derjenige

---

[3] Vgl. Gerd Theißen, „Monotheismus und Teufelsglaube. Entstehung und Psychologie des biblischen Satansmythos", in: *Demons and the Devil in Ancient and Medieval Christianity*, hg. v. N. Vos/W. Otten, Leiden 2011, 37–69; hier: 38.

angesehen, der die Sonne jeden Tag aufs Neue vor der Schlange Apophis rettet und so den Tag beschützt. Auch als Beschützer der in Ägypten lebenswichtigen Oasen wird er angesehen. Allerdings steht er im Konflikt mit seinem Bruder Osiris, den er ermordet, was wiederum von dessen Sohn Horus gerächt wird. Seth und Horus bilden demnach eine Polarität unter den Göttern, wodurch Seth im Lauf der Entwicklung der Mythologie immer mehr negative Züge annimmt, sodass er schließlich als ein „böser" Gott angesehen wird. Letztlich kann Seth als der Tod selbst interpretiert werden, dem das letzte Wort genommen wird, da Osiris mit Horus' Hilfe über ihn triumphiert. Interessant ist, dass Seth in den Mythen teilweise als Drache geschildert wird, was an die spätere Darstellung des Teufels im Neuen Testament erinnert.

Einen deutlichen Antagonismus zweier Götter, der den Lauf der Welt und der Natur beeinflusst, lässt sich in der Mythologie Kanaans erkennen. Der Gott Baal, mit dem sich der Prophet Elija auf dem Karmel auseinandersetzen muss (1 Kön 18), steht hier im ständigen und zyklisch wiederkehrenden Konflikt mit dem Gott Mot, der als Herr des Todes an den griechischen Gott Hades erinnert. Der Mythos erzählt, dass Mot seinen Widersacher in einem Kampf unterwirft und ihn tötet. Baal wird für sieben Jahre in das Reich des Todes, die Unterwelt, verbannt, und da er der Herr des Lebens ist, wird in dieser Zeit das Leben auf der Erde massiv geschädigt. Doch die Schwester Baals, Anat, eine jungfräuliche Kriegs- und Liebesgöttin, sucht ihren Bruder und vernichtet dabei Mot. Sie verbrennt ihn und streut seine Asche auf der Erde aus, wodurch diese wieder fruchtbar wird. Auch diese Verbindung zwischen Tod und Fruchtbarkeit erinnert an Hades. Baal kehrt aus der Unterwelt zurück, aber Mot kommt auch wieder zu neuem Leben, und so beginnt der ewige Kreislauf von Leben und Tod. Mit seiner Opposition gegen den guten Gott Baal und als Herr über den Tod und die Unterwelt ist die „Verwandtschaft" Mots mit dem Teufel motivisch belegt.

Allerdings wird auch der in Kanaan „gute" Gott Baal in der jüdisch-christlichen Überlieferung letztlich zum Dämon. 2 Kön 1 erzählt davon, dass König Ahasja das Missfallen Gottes auf sich zieht, weil er den „Baal Zebub", den Stadtgott der Philisterstadt Ekron, fragen lässt, ob er sich von einem Unfall erholen würde. Die Bezeichnung des zweiten Buches der Könige (übersetzt: „Herr der Fliegen") dürfte eine absichtlich falsche Wiedergabe des Namens „Baal Zebul" (übersetzt: „Hoher Fürst") sein, wodurch der Text seine Ablehnung und seinen Spott gegenüber dem „Gotteskonkurrenten" zum Ausdruck bringt. So entsendet Gott folgerichtig den Propheten Elija, der Ahasja den Tod als Strafe für die Anrufung eines fremden Gottes ankündigt. „Baal Zebub" wird dann in weiteren Überlieferungen „Beelzebul" (oder „Beelzebub") genannt, was als Name eines Dämons oder als ein Synonym für den Teufel verstanden werden muss, so z.B. in Mk 3,22, wo er als „der Oberste der Dämonen" bezeichnet wird.[4] Sowohl Mot als auch sein Gegenspieler Baal sind damit Vorfahren des Teufels.

Die Vorstellung von einem Totenreich findet sich nicht nur in Ägypten und Kanaan, sondern auch in Griechenland. Von dort übernimmt der Teufel im Laufe seiner Entwicklung nicht nur eine wesentliche Funktion, sondern auch seinen – neu gedeuteten – Aufenthaltsort. Hades, der Gott der Unterwelt, der Herrscher über das Totenreich, aus der griechischen Mythologie ist deshalb auch ein „Vorfahr" des Teufels, weil er die Teufelsvorstellung bildlich erheblich prägt. Das Totenreich als ein Ort der körperlosen Schattenwesen (Homer) dürfte eine wesentliche Grundlage der späteren Höllenvorstellung darstellen, die dem Teufel als Herrscher zugewiesen wird. Auch weitere Motive, wie etwa die Vorstellung einer unsterblichen Seele, die sich durch den Tod vom Körper trennt, und die Erwartung eines Totengerichts finden sich in der griechischen Mythologie (Platon). Dass Teufel und Hades etwas miteinander zu tun haben, belegt das etwa um 250 n. Chr. entstandene apokryphe, also nicht in den Kanon der anerkannten biblischen Bücher aufgenommene, Evangelium des Bartholomäus, das einen Dialog zwischen Hades und Teufel wiedergibt. Dort zittert Hades vor Jesus, der in die Unterwelt kommt, um die Gerechten des Alten Bundes zu befreien. Der Teufel will Hades davon überzeugen, Widerstand zu leisten, aber Jesus dringt letztlich in das Herrschaftsgebiet des Hades ein und führt die Patriarchen des Alten Testaments mit sich aus dem Totenreich.

---

[4] Siehe weiter unten, S. 50–52.

Die Ambivalenz des Gottes Hades zeigt sich wiederum darin, dass er zusammen mit seiner Frau Persephone und seiner Schwiegermutter Demeter auch als Fruchtbarkeitsgott bekannt ist. Dieses Motiv der Fruchtbarkeit verbindet ihn wiederum mit dem Gott Pan, der gleichfalls direkten Einfluss auf die Ausgestaltung der Teufelsfigur nimmt. Dessen sexuelle Potenz und Fähigkeit zur Zeugung werden auch auf den Teufel übertragen, und so wird das Erscheinungsbild des Teufels geprägt. Von Pan und seinen Satyrn bekommt der Teufel die Hörner, die als Symbol für Potenz und Herrschaft stehen, seine Behaarung, den „Bocksfuß" und den Gestank. Schließlich kann aus dem griechischen Götterhimmel auch der Gott Dionysos als Vorbild des Teufels angesehen werden, da dieser für den Rausch und die Ekstase verantwortlich ist. Auch die Enthemmung im Fest, für die der Gott des Weines verantwortlich ist, missfällt den – vor allem christlichen – Autoren, die den Teufel formen.

Die Eigenschaften der Götter Hades, Pan und Dionysos, die der christlichen Weltsicht zuwiderlaufen, werden also auf den Teufel übertragen und somit als böse qualifiziert.

Als böses Prinzip schlechthin hat der Teufel aber nur in der Religion Altpersiens einen direkten Vorfahr. Damit es sich als solches direkt gegen einen guten Gott richten kann, muss ein klares Weltbild vorliegen, in dem sich „Gut" und „Böse" als zwei gleich starke Prinzipien gegenüberstehen. Dies ist in der deshalb als „dualistisch" bezeichneten Religion des iranischen Propheten Zarathustra der Fall. Eine Grundannahme seiner Religion, des Zoroastrismus, ist sicher der Streit zwischen einem bösen Prinzip (dem Gott Ahriman) und einem guten Prinzip (dem Gott Ohrmazd). Da Ohrmazd das Gute und das Licht verkörpert und weder Ehrgeiz noch Hass kennt, fängt er keinen Streit an. Aber in seine gute Schöpfung bricht Ahriman ein und tötet die Geschöpfe Ohrmazds. Ahriman ist neidisch auf Ohrmazds Schöpferkraft und überzieht die Schöpfung mit Gewalt und Chaos. Er erschafft eine Armee von Dämonen, die gegen die von Ohrmazd zur Rettung der Schöpfung neu geschaffenen Seelen der noch nicht geborenen Menschen vorgeht. Doch Ohrmazd kann sich im Kampf gegen Ahriman durchsetzen, der im Kosmos gefesselt wird und nicht zurück in das Nichts fliehen kann. Das erste Menschenpaar, das mit Ohrmazds Hilfe entsteht, wird von ihm zur Sünde verführt, und so fallen die

Menschen von ihrem guten Schöpfer ab. Ähnlich wie im äthiopischen Henochbuch[5] erlangen die Menschen durch ihren Sündenfall einerseits kulturelles Wissen, andererseits leidet die gute Schöpfung Gottes Schaden. Die Welt stellt sich also als eine ständige Folge von Kriegen zwischen Ohrmazd und Ahriman dar, der Mensch läuft Gefahr, von Ahrimans Dämonen verführt zu werden und so der Finsternis anheimzufallen. Erst am Ende der Weltgeschichte wird Ohrmazd dann endgültig mit Hilfe einer Rettergestalt über Ahriman siegen, und alle Toten werden in die ewige Seligkeit eingehen.

Die Parallelen zwischen dieser Mythologie und jüdisch-christlichem Gedankengut sind so auffällig, dass durchaus eine Beeinflussung angenommen werden kann. Im Hinblick auf den Teufel ist aber vor allem wichtig, dass er in Ahriman einen wichtigen „Urahnen" hat, der ihm viele seiner Eigenschaften vererbt. Ahriman kann insofern als wichtigster Vorfahr bezeichnet werden, weil er keine guten Wesenszüge hat. Während Seth, Baal, Hades oder Pan in ihrer jeweiligen Vorstellungswelt auch zuweilen gute Eigenschaften haben oder gute Taten vollbringen, die der Lebenswelt des Menschen dienlich und im Lebenszyklus bzw. -rhythmus unverzichtbar sind, sind Ahriman und sein Nachkomme, der Teufel, ausschließlich böse und verkörpern das feindliche Prinzip gegen Gott und gegen das Gute. Doch davon weiß die hebräische Bibel noch nichts. Erst das Neue Testament wird hier ganz klar Stellung beziehen.

Die Entstehung des Teufels – Antikes Judentum und frühes Christentum

Nachdem die religionsgeschichtlichen Voraussetzungen für die Entstehung einer Teufelsfigur gegeben waren, entwickelte sich langsam der Teufel in der Gestalt, wie er später für die abendländische Tradition prägend wurde. Dies lässt sich zeigen, wenn man die frühen Belege für ein Wesen, in dem das Böse personale Gestalt annimmt, aufzeigt, untersucht und eine vielfältige Entstehungsgeschichte nachzeichnet.

---

[5] Siehe weiter unten, S. 28–34.

Eine Spurensuche: Der Teufel im Alten Testament

Im Alten Testament wird Gott vielfach grundsätzlich auch für das Böse in der Welt verantwortlich gemacht: „Ich bin der Herr, und sonst keiner mehr, der ich das Licht mache und schaffe die Finsternis, der ich Frieden gebe und schaffe Unheil. Ich bin der Herr, der dies alles tut." (Jes 45,6–7). Das Problem des Bösen ist dadurch zwar nicht gelöst, doch entlassen etliche alttestamentliche Autoren letztlich Gott nicht aus der Verantwortung. Sie versuchen im Gegenteil Erklärungen dafür zu finden, warum Gott – in ihren Augen: zu Recht – dem Menschen Böses widerfahren lässt. Die Reden der Freunde Ijobs sind dafür ein Beispiel (Ijob 3 ff): Sie versuchen, Ijob davon zu überzeugen, dass er irgendetwas getan haben muss, wodurch er sein Schicksal verdient hat. Auch die Geschichtsbücher des Alten Testaments arbeiten zuweilen mit dem Muster von Tun und Ergehen, wenn sie einen Zusammenhang zwischen dem Verhalten Israels und seinem Schicksal herstellen. Das Böse, das Israel widerfährt, wird in dieser Perspektive als gerechte Strafe Gottes gedeutet. Das Volk wird vor die Wahl zwischen Gut und Böse gestellt, und der Mensch hat durch das Befolgen der Gebote Gottes die Möglichkeit, sein Schicksal selbst in die Hand zu nehmen: „Siehe, ich habe dir heute vorgelegt das Leben und das Gute, den Tod und das Böse. Wenn du gehorchst den Geboten des Herrn, deines Gottes, die ich dir heute gebiete, dass du den Herrn, deinen Gott, liebst und wandelst auf seinen Wegen und seine Gebote, Gesetze und Rechte hältst, so wirst du leben und dich mehren, und der Herr, dein Gott, wird dich segnen in dem Land, in das du ziehst, es einzunehmen. Wendet sich aber dein Herz und du gehorchst nicht, sondern lässt dich verführen, dass du andere Götter anbetest und ihnen dienst, so verkünde ich euch heute, dass ihr umkommen und nicht lange in dem Land bleiben werdet, in das du über den Jordan ziehst, es einzunehmen. Ich nehme Himmel und Erde heute über euch zu Zeugen: Ich habe euch Leben und Tod, Segen und Fluch vorgelegt, damit du das Leben erwählst und am Leben bleibst, du und deine Nachkommen." (Dtn 30,15–19).

Dieses pädagogisch-optimistische Konzept zerbricht erst zu dem Zeitpunkt, an dem die Überzeugungskraft des sog. „Tun-

Ergehen-Zusammenhangs" schwindet. Die Frage nach der Deutung des Bösen stellt sich dadurch neu, und das Alte Testament zeigt zumindest Ansätze zur Ausbildung einer Teufelsvorstellung.

Viele Motive, die in der Überlieferung mit dem Teufel verbunden wurden, an sich aber nicht vom Teufel sprechen, stammen zwar aus dem Alten Testament, doch lässt sich grundsätzlich feststellen: Im Alten Testament ist der Teufel nur eine Randfigur. Die Figur, die später zum Teufel fortentwickelt wird, tritt hier unter dem Namen *śāṭān* auf. Da die griechische Übersetzung des Alten Testaments, die Septuaginta, den Begriff fast ausschließlich mit *diábolos* übersetzt, scheint hier der Grund für die spätere Gleichsetzung von *Satan* und dem ins Lateinische übertragenen *diabolus* zu liegen, von dem wiederum das deutsche Wort *Teufel* abgeleitet wird.

Die Herkunft des Begriffs *śāṭān* ist unklar. Versucht man das Nomen von Verbstämmen abzuleiten, bieten sich Verbindungen zu Begriffen wie *revoltieren, verfolgen* oder *ungerecht sein* an. Nähert man sich inhaltlich, ist man auf jene Stellen angewiesen, in denen das Wort vorkommt. Belegen wie Num 22,22.32; 1 Sam 29,4; 2 Sam 19,23 ist dabei gemeinsam, dass dem Begriff *Satan* immer etwas Widersprechendes, Opponierendes anhaftet. In Num 22 tritt der Engel Gottes dem Seher Bileam „als Satan" entgegen, um ihn von seinem Vorhaben abzubringen. Von daher ist vorstellbar, dass „Satan" im Sinne einer dem Menschen potenziell feindlichen Macht auftritt und so schließlich an den Stellen, wo er als mehr oder minder ausgebildete Figur begegnet, die Rolle einer Gott widersprechenden Kraft annehmen kann. Im Alten Testament ist dies nur in Ijob 1,6–12, Ijob 2,1–7 und Sach 3,1–7 der Fall – Bibelstellen, die letztlich ausschlaggebend dafür sind, im Satan einen Opponenten zu Gott, eine Verkörperung des Gegensatzes zu ihm (Ijob) zu sehen, und die ihm in der Überlieferung die Rolle des Anklägers vor Gott einbringen werden (Sach 3).

Neben diesen Stellen finden sich allerdings – wie gesagt – noch weitere Texte, die nicht ausdrücklich vom Teufel reden, die aber später als Texte verstanden wurden, die vom Teufel handeln (besonders: Gen 6,1–4; Jes 14,13–14). So ist im Alten Testament immer darauf zu achten, nicht Vorstellungen aus der Rezeptionsgeschichte in die Deutung der Texte zu legen. Deshalb soll zunächst gezeigt werden, was die Texte zur Entwicklung der Teufelsvorstellung beitragen.

Der Satan als Opponent

Im Buch Ijob, welches wahrscheinlich im Laufe des 5. bis 3. Jh. v. Chr. entstanden ist und dabei immer wieder erweitert und überarbeitet wurde, tritt der Teufel innerhalb der Rahmenerzählung auf. Es gehört zu den weisheitlichen Schriften des Alten Testaments, die betonen, dass das Leben des Menschen nicht in den einfachen Kategorien von Tun und dem daraus resultierenden Ergehen aufgeht. Dahinter steht die Erfahrung, dass das gute Handeln nicht automatisch zu einem guten Leben führt, sondern dass oft gerade derjenige gut lebt, der nicht gut handelt, und umgekehrt. Das Buch betont deshalb letztlich die Souveränität Gottes, dessen Heilsplan für den Mensch undurchschaubar ist.

Am Beispiel Ijobs wird deutlich, dass auch ein vorbildlicher Lebenswandel und tadellose Frömmigkeit ein gutes und glückliches Leben nicht garantieren. Das Problem des leidenden Ijob wird in gewisser Weise durch die Rahmenerzählung des Buches entschärft, die seinem Unglück einen Sinn verleiht. In dieser Erzählung nimmt der Satan eine wichtige Rolle ein. Da die Erzählung doppelt überliefert ist (in Ijob 1 und Ijob 2), genügt es, eine davon vorzustellen und relevante Unterschiede zu erwähnen.

Eingeführt wird Ijob als frommer und gottesfürchtiger Mann, dem es außerordentlich gut geht. Die eigentliche Handlung setzt dann mit Ijob 1,6 ein, wo eine Versammlung der Göttersöhne geschildert wird. Diese wahrscheinlich aus der Umwelt Israels übernommene Vorstellung kann im Alten Testament in vielfältiger Weise eingesetzt werden, etwa als Versammlung zum Gericht (Ps 82) oder zur Illustration der Herrlichkeit Gottes (Ps 89). Die Wesen, die um den Thron Gottes versammelt sind, sind Gott nicht ebenbürtig wie in den Vorstellungen der Umwelt, sondern beten ihn an (Ps 29), dienen ihm (Jes 6,2) oder beraten ihn (1 Kön 22). 1 Kön 22,19 schildert, wie man sich eine solche Szene vorzustellen hat: „Ich sah den Herrn sitzen auf seinem Thron und das ganze himmlische Heer neben ihm stehen zu seiner Rechten und Linken." Zu verstehen ist diese Szene, wenn man sich vor Augen führt, wie die Gottesvorstellung in dieser Zeit ausgesehen hat. Offensichtlich nimmt sie Anleihen am irdischen Vorbild, etwa daran, wie sich Könige dieser Zeit inszeniert und so dem Volk mittels ihres Hofstaates ihre Macht demonstriert haben. Gott wird analog zu dieser Vorstellung gezeichnet, seine Regentschaft wird lediglich in den Himmel verlegt und er wird in seiner Pracht und Macht so gesteigert, dass er die irdischen Könige bei Weitem übertrifft.

In dieser Versammlung findet ein Dialog zwischen Satan und Gott statt. Gott fragt ihn, woher er komme, und der Satan antwortet: „Vom Durchstreifen der Erde und vom Umherwandern auf ihr." Obwohl hier kein negativer Zug in der Erzählung zu erkennen ist, wird die weitere Überlieferung dieses Wandern auf der Erde als Eigenschaft des Teufels festhalten und negativ bewerten. Der Teufel durchstreift die Erde auf der Suche nach Menschen, die entweder Sünder sind oder die er zur Sünde verführen kann. Im Ijob-Buch ist davon aber noch nichts zu bemerken, allein die Tätigkeit wird festgehalten. Das Wesen Satans, demzufolge er eine permanente Bedrohung des Menschen sei, wird hier nicht beschrieben; er scheint lediglich selbstverständlicher Teil des göttlichen Hofstaates zu sein.

Jetzt macht Gott ihn auf Ijob aufmerksam: Gott lobt Ijob als vorbildlichen Gläubigen, er wird als „fromm, rechtschaffen, gottesfürchtig" (Ijob 1,8) charakterisiert. Indem Gott ihn als seinen „Knecht" bezeichnet, stellt er Ijob in eine Reihe mit anderen Vorbildern des Glaubens, z.B. Abraham (Gen 26,24).[6] Insofern wird Ijob mit einer hohen Auszeichnung belegt. Auf die Frage Gottes – die man als Provokation lesen kann, die aber vor allem die Erzählung in Gang bringt – antwortet Satan mit einer Gegenfrage und dem Verweis auf das gute Leben Ijobs. Er stellt nicht Ijobs Frömmigkeit in Frage, unterstellt aber, dass Ijob nur deshalb fromm ist, weil es ihm gut geht, dass er also von seiner Frömmigkeit einen guten Nutzen hat. Dann wäre es – so der Duktus des Gedankens – gar keine echte Gottesfurcht, sondern Teil eines „geschäftlichen" Arrangements: Frömmigkeit und Glaube für gutes Leben. Damit ist der Konflikt eröffnet, und die theologische Frage des Buches ist gestellt: Kann das Gottesverhältnis

---

[6] Diese Bezeichnung übernimmt Goethe im Faust. Siehe weiter unten S. 136.

auf der Basis von Leistung und Ertrag verstanden werden? Gibt es einen Zusammenhang von Tun und Ergehen?

Um dies zu testen, dient Ijob jetzt als Beispiel. Der Satan fordert Gott auf, sich gegen Ijob zu wenden, ihm seinen Schutz zu entziehen und ihn dadurch auf die Probe zu stellen, dass er ihm von nun an schlechte Dinge widerfahren lässt. Dann, so behauptet der Satan, wird Ijob von seinem Glauben abfallen und seine Frömmigkeit aufgeben. Da Gott einwilligt, diese Probe durchzuführen, tritt er den Beweis an, dass Ijob fromm bleibt, auch wenn sich das Schicksal jetzt gegen ihn richten wird. Es geht demnach nur vordergründig um Ijob, vielmehr steht die Ehre Gottes auf dem Spiel, der Ijob schließlich als seinen „Knecht" ausgezeichnet hat. Der Satan bekommt nun freie Hand, Ijob böse Dinge widerfahren zu lassen, nämlich die Vernichtung seines Besitzes und die Tötung seiner Familie. Allerdings beschränkt Gott seinen Auftrag: Er erlaubt dem Satan zwar, alles zu schädigen, was Ijob besitzt – dazu gehören auch seine Angehörigen –, doch darf der Satan Ijob selbst nicht anrühren. So wird der Satan deutlich als Werkzeug Gottes gekennzeichnet, das im göttlichen Auftrag die Erprobung Ijobs durchführt. Der Satan ist also nicht von sich aus böse, sondern er dient Gott und handelt in seinem Auftrag. Er ist folglich keine Kraft, die sich gegen Gott richtet und versucht, Menschen gegen Gottes Willen von ihrem Weg abzubringen. Er dient im Text lediglich dazu, die eigentliche theologische Diskussion um die weisheitliche Durchdringung der Welt in Gang zu bringen.

In Ijob 2 setzt die Szene nochmals ein. Hier findet sich im Gespräch zwischen Gott und Satan eine interessante Einfügung, die anscheinend bereits auf Ijob 1 zurückblickt. Gott setzt seinem Lob Ijobs hinzu: „Du aber hast mich bewogen, ihn ohne Grund zu verderben." (Ijob 2,3) Die Funktion dieses Zusatzes dürfte darin liegen, Gott von der Schuld freizusprechen, Ijob zu schädigen. Während sich Gott in Ijob 1 vollkommen kommentarlos darauf einlässt, die Frömmigkeit Ijobs unter Beweis zu stellen, wird hier dem Satan die Schuld dafür zugeschoben und so Gottes infantil anmutendes Verhalten entschuldigt. Eigentlich – so suggeriert der Text – wollte Gott gar nicht auf die These Satans antworten, aber dieser hat ihn zu sehr gereizt. Allerdings gelingt diese Entschuldigung Gottes nur in sehr geringem Maße, da dadurch der Teufel trotzdem nicht zu einer eigenständigen

Größe neben Gott wird, sondern weiterhin als sein ausführendes Organ fungieren muss. Die Verantwortung für die Prüfung Ijobs trägt also weiterhin Gott.

Die zweite wesentliche Veränderung besteht darin, dass der Satan nun auch Ijob selbst körperlichen Schaden zufügen darf, allerdings muss er sein Leben schonen (Ijob 2,6 f). Von daher wird die Konfliktsituation nochmals verschärft und damit die theologische Frage zugespitzt. Doch bleibt Ijob standhaft, und seine Antwort an seine Frau, die ihn dazu auffordert, sich von Gott abzuwenden, bestimmt im Grunde die Aussageabsicht des ganzen Buches: „Haben wir Gutes empfangen von Gott und sollten das Böse nicht auch annehmen?" (Ijob 2,10)

Eine ähnliche Hinzufügung, wie sie Ijob 2,3 darstellt, findet sich auch in 1 Chr 21. Die Bücher der Chronik orientieren sich an den Samuel- und Königsbüchern des Alten Testament und erzählen die Geschichte Israels unter bestimmten Gesichtspunkten noch einmal. Entstanden dürfte eine erste Fassung der Bücher im 4. Jh. v. Chr. sein, die dann weiter überarbeitet und ergänzt wurde. Interessant ist die Neuerzählung der Volkszählung Davids durch die Chronikbücher aus 2 Sam 24. Während dort David von Gott selbst dazu angestiftet wird, die von Gott verurteilte Volkszählung durchzuführen, entschuldigt die Chronik Gott und macht die Geschichte dadurch aus ihrer Sicht logischer. In den Samuelbüchern ist Gott der Akteur, der in seinem Zorn David dazu anstiftet, gegen seinen Willen zu handeln. Dementsprechend straft er Jerusalem dann auch durch seinen Racheengel, gebietet diesem aber aufgrund seiner Reue auch wiederum Einhalt und vernichtet Israel nicht ganz (2 Sam 24,16). Dieses komplexe Gottesbild, das sowohl Zorn als auch Reue kennt, wird durch die Chronik geglättet. Jetzt wird die Schuld an der Volkszählung nicht mehr Gottes Zorn und Davids Handeln zugerechnet, sondern Gott wird insofern aus der Verantwortung genommen, als der Text die Figur des Satans einführt: „Und der Satan stellte sich gegen Israel und reizte David, dass er Israel zählen ließe." (1 Chr 21,1). Dieser Satan reizt David zur Sünde, sodass Gott aus diesem Geschehen herausgehalten werden kann. Gott bleibt die Aufgabe, Israel zu bestrafen, ohne es gänzlich zu zerstören. Der Figur des Satans werden somit die dunklen Eigenschaften Gottes auferlegt, und damit wird ihre Entwicklung vorgezeichnet.

Der Satan als Ankläger: *Sacharja*

Im Buch des Propheten Sacharja, der nach traditioneller Auffassung nach dem babylonischen Exil auftritt (ca. 520 v. Chr.)
und dessen Überlieferung eine Entwicklung bis zur Fixierung
des Buches in hellenistischer Zeit durchlaufen haben dürfte,
tritt der Teufel in einer Szene auf, die sich mit einer Gerichts-
verhandlung vergleichen lässt. Der Satan scheint hier analog
zur Darstellung im Ijob-Buch ebenfalls Mitglied eines göttlich-
königlichen Hofstaates zu sein. In einer solchen Szene ist klar,
dass Gott als König zugleich Richter über diejenigen ist, die vor
ihn kommen. Bei Sach 3 steht der Hohepriester Jeschua in dieser Versammlung, und „der Satan stand zu seiner Rechten, um
ihn zu verklagen" (Sach 3,1). Warum Jeschua angeklagt wird,
gibt der Text nicht zu erkennen; offensichtlich kommt es also
im Text nicht darauf an, sondern vielmehr auf Gottes Zurecht-
weisung des Satans. Der Engel des Herrn weist den Satan und
seine Anklage in die Schranken und sorgt dafür, dass Jeschua
reine Kleider geschenkt bekommt. Indem der Text betont, dass
der Engel im Auftrag Gottes Jeschua die Sünden erlässt, werden zwei Dinge deutlich: Erstens ist damit klar, dass der Satan
den Priester offensichtlich zu Recht verklagt hat. Jeschua hatte sich schuldig gemacht. Das Bild vom angesengten Holz, das
aus dem Feuer gerettet wurde und mit dem Jeschua verglichen
wird, lässt zusammen mit dem Bild der unreinen Kleider, die
er anhat, vermuten, dass Jeschua tatsächlich der Reinigung von
seinen Sünden durch Gott bedarf. Dass Gott die Sünden von Jeschua wegnimmt und nicht – wie es der alttestamentliche Tun-
Ergehen-Zusammenhang eigentlich fordert – bestraft, zeugt
von der Gnade Gottes. Dies ist der zweite auffällige Aspekt. Für
den Satan heißt dies aber, dass er seine Aufgabe als Mitglied des
himmlischen Hofstaates durchaus erfüllt hat. Allerdings ist sie
hier nicht erwünscht.

Im Alten Testament ist der Satan also insgesamt eindeutig als
Mitglied des königlichen Hofstaates anzusehen. Als solches ist
er deshalb kein eigenständiges, negatives Wesen, das unabhängig von Gott agieren kann. Vielmehr ist Satan immer ein Werkzeug Gottes, das dessen Willen ausführt. Allerdings zeigen sich
Wesensbeschreibungen, die den Teufel später charakterisieren

werden. Seine Funktionen als Ankläger der Menschen vor Gott (Sach 3), als Prüfer der menschlichen Frömmigkeit (Ijob) und als Anstifter zum Ungehorsam (1 Chr 21) wird die Überlieferung als Grundzüge festhalten. Bis er aber zum Teufel im Sinn der abendländischen Christenheit wird, hat er noch eine lange Wegstrecke vor sich.

Die „Engelehen" (Gen 6,1–4)[7]

Die Erzählung von den „Engelehen" ist ein rätselhafter Text im Alten Testament. Während die ältere Bibelwissenschaft noch glaubte, in Gen 6,1–4 einen sehr alten Text aus der Vor- oder Frühgeschichte Israels vor sich zu haben, scheint die neuere Forschung eher an einen späten Text zu denken, der vielleicht erst in den letzten Redaktionsphasen der Tora eingefügt wurde. Sein Schwerpunkt dürfte auf der Erklärung liegen, warum der Mensch nicht mehr so lange lebt wie z.B. Metuschelach. Die Begrenzungen des menschlichen Lebens werden so durch die ersten Kapitel des Alten Testaments erklärt.

Für uns ist vor allem wichtig, wie der Text gewirkt hat. Die Vorstellung, dass es „Göttersöhne" gibt, die auf die Erde kommen können und sich dort mit menschlichen Frauen vereinen, speist die Teufelsvorstellung auf verschiedene Weise. Zunächst setzt sie voraus, dass es – trotz Monotheismus – im Himmel weitere Wesen neben Gott gibt. Traditionell werden mit „Göttersöhnen" die Engel assoziiert.[8] Diese Göttersöhne steigen nun herab aus ihrer himmlischen Sphäre und vereinigen sich mit den schönen Menschentöchtern. Damit geschieht für die jüdische Vorstellung ein ungeheurer Frevel, der dazu führt, dass Gott persönlich eingreifen muss. Gott begrenzt die menschliche Lebensspanne, sodass der Mensch auf keinen Fall unsterblich sein kann, selbst wenn er ein göttlich-menschliches „Mischwesen" darstellt. Diese „Bastarde", die der Text als „Helden" oder

---

[7] Vgl. Andreas Schüle, *Die Urgeschichte (Genesis 1–11)*, ZBK.AT 1.1, Zürich 2009.

[8] Vgl. zur Rezeption von Gen 6,1–4: Loren T. Stuckenbruck, „The origins of evil in Jewish apocalyptic tradition. The interpretation of Genesis 6:1–4 in the second and third centuries BCE", in: *The Fall of the Angels*, hg. v. Ders./Christoph Auffarth, Leiden 2004, 87–118.

„Riesen" der Vorzeit kennzeichnet, lassen sich am ehesten vor dem Hintergrund der hellenistischen Götterwelt verstehen. Entscheidend ist die Ablehnung einer Vermischung von himmlischer und göttlicher Ebene.

Für die Teufelsgestalt werden durch den Text Motive bereitgestellt, die weiterwirken – zum Teil verheerend. Wichtig ist die Vorstellung von „himmlischen Wesen", die eigenständig handeln und dabei Dinge tun können, die Gottes Willen nicht entsprechen. Die Vorstellung einer „Rebellion" im Himmel liegt dann nicht mehr fern. Zweitens kann hier ein Konnex zwischen dem bösen Tun und der Sexualität gesehen werden. Das Vergehen der himmlischen Wesen besteht ja gerade in ihrem Verkehr mit den Menschen. Diese „Sünde" der Engel wird schließlich den bösen Engeln angelastet, sodass der Teufel letztlich mit Sexualität in Verbindung gebracht werden kann.[9] Besonders Frauen werden durch den Text als „Einfallstor" der Verunreinigung durch die Göttersöhne gekennzeichnet, was in der Wirkungsgeschichte katastrophale Folgen („Hexenvorstellung") haben wird.

Der Fall Luzifers (Jes 14,12–15)

Im ersten Teil des Buches Jesaja (dem sog. „Protojesaja": Jes 1 – 39) finden sich eine Vorstellung und eine Bezeichnung, die nicht auf den Teufel abzielen, in der Überlieferungsgeschichte aber dennoch auf den Teufel bezogen wurden. Es handelt sich um ein Spottlied auf den König von Babel (Jes 14,4 ff), dem mythologische Texte zugrunde liegen. Der König von Babel wird als der „Helel, Sohn des Schachar", angesprochen. Schachar ist der Name einer ugaritischen Gottheit des Morgengrauens, die in der griechischen Mythologie weiblich vorgestellt wurde: Eos (vgl. Ps 139,9). Ihr „Sohn" wird in der Septuaginta als „Eosphoros" bezeichnet, was wiederum in der lateinischen Übersetzung durch „Lucifer" wiedergegeben wird. Übersetzt man „Lucifer" ins Deutsche, scheint die mythologische Bedeutung wieder auf:

---

[9] Dieses Motiv zieht sich bis in die moderne Literatur; so wird der Sitz des Teufels selbst bei Thomas Mann noch in den Lenden des Menschen lokalisiert. Siehe weiter unten, S. 154 f.

„Lichtbringer". Der König von Babel wird demnach mit „Helel", dem griechischen Phosporos, verglichen, und dadurch wird der Mythos eines Kampfes zwischen Helel und dem Herrscher der Götterwelt, El, ins Gedächtnis gerufen. Die untergeordnete Gottheit Helel maßt sich an, den Herrscher des Himmels zu stürzen, und wird von diesem im Kampf besiegt. Der Jesaja-Text lässt zwar durch seine Formulierung noch einen Kampf erkennen, doch drückt er dies im Passivum aus und verweist damit auf Gottes Eingreifen, ohne diesen explizit zu nennen. (Das grammatikalische Passivum dient in der Bibel häufig als Umschreibung Gottes.) Das Resultat ist Helels Sturz in das Totenreich.

Während der Name Luzifer als der Lichtbringer durchaus mit Christus, dem Licht der Welt (Joh 8,12), verglichen werden konnte, wurde der Text in der Auslegungsgeschichte durch die christlichen Kirchenväter mit Lk 10,18 kombiniert und so der Sturz Luzifers mit dem Sturz des Satans gleichgesetzt, wodurch Luzifer wiederum mit Satan identifiziert wurde. Diese Verbindung wird durch Ez 28,11–19 gestützt. Dort wird ebenfalls die Entmachtung eines Herrschers geschildert, der von Gott gestürzt wird, weil er aufgrund seiner Schönheit hochmütig wurde. Jes 14 und Ez 28 werden damit zu alttestamentlichen Belegstellen, wenn es zu beweisen gilt, dass der Teufel ein gefallener Engel ist. Damit beginnt die „Verteufelung" fremder Herrscher und heidnischer Gottheiten, und es zeigt sich im Laufe der Überlieferung, dass dies ein Schema darstellt, auf das man immer wieder in polemischer Absicht zurückgreift.

Die „Geburt" des Teufels – Die außerkanonischen Texte des antiken Judentums

Im Alten Testament tritt der Satan zwar auf, hat aber mit einer ausgebildeten Teufelsvorstellung, wie sie im christlichen Abendland entwickelt wird, noch nicht viel gemein. Er vererbt dem Teufel lediglich gewisse Eigenschaften und motivische Züge, ist aber noch weit davon entfernt, wirklich zum Gegenspieler Gottes zu werden. Erst in der weiteren Entwicklung der israelitischen Religion lässt sich beobachten, dass eine teuflische Figur – unter ganz verschiedenen Namen und Perspektiven – „geboren" wird.

Der Neid des Teufels: Weish 2,24 f

Ein wichtiger Text für die Weiterentwicklung der Teufelsvorstellung ist ein Satz aus dem Buch der Weisheit. In dieser wohl in Ägypten im 1. Jh. v. Chr. entstandenen Schrift geht es um eine werbende Darstellung der jüdischen Religion, die als Suche nach Gerechtigkeit gekennzeichnet wird (Weish 1,1). In Kapitel 2 werden diejenigen beschrieben, die sich gegen das von der Weisheit propagierte Leben entscheiden. Modern gesprochen handelt es sich dabei um agnostische, defätistische Hedonisten, die böse und verblendet sind, gegen die Gerechten agieren und sie sogar zu Tode bringen wollen. Sie können die göttlichen Geheimnisse nicht erkennen und haben keine Hoffnung auf ein Leben nach dem Tod. So wissen sie nicht, dass Gott den Menschen eigentlich zum ewigen Leben erschaffen hat. Doch „durch des Teufels Neid ist der Tod in die Welt gekommen, und es müssen ihn erfahren, die ihm angehören." (Weish 2,24 f) Ohne weitere Erklärung oder Erzählung setzt der Text voraus, dass dies seinen Lesern bekannt ist. Der Neid des Teufels ist die Ursache für den Tod, der in die Welt gekommen ist. Es liegt nahe, hier im Hintergrund die Paradies- und Riesenerzählung der Genesis in ihrer Ausgestaltung durch apokalyptische Texte zu erkennen. So lässt sich vermuten, dass in Weish 2,24 ff der Neid aus der vermeintlichen Bevorzugung der Menschen, die Gott zu seinem Ebenbild gemacht hat (Weish 2,23), resultieren könnte. Doch genauer spezifiziert der Text diese Beziehung nicht, sodass letztlich bloß festgehalten werden kann, dass erstens der Neid eine weitere Eigenschaft des Teufels ist und dass zweitens der Teufel mit dem Tod verbunden wird. Beide Elemente werden der entstehenden Teufelsgestalt eingefügt.

Der Fall des Teufels: *Das Äthiopische Henochbuch*

Der bereits kurz erläuterte Text aus Gen 6,1–4 entfaltet erst in späterer Zeit seine volle Wirkung. Vor allem im *Äthiopischen Henochbuch* (äthHen) wird er breit rezipiert und ausgebaut. Dieser Text ist nach seinem Protagonisten benannt, der nach biblischer Überlieferung nicht starb, sondern mit Gott wandelte und von diesem einfach „hinweg"-genommen und nicht mehr gesehen wurde (Gen 5,21–24). Dieses Schicksal der „Entrückung" prädestiniert die Figur „Henoch" dafür, die Geschehnisse zwischen Himmel und Erde zu kennen und zu verstehen. Deshalb wird er als Autor einer Schrift genannt, die göttliches Wissen an ihre Leser weitergeben will. Das äthHen ist deshalb der Gattung der Apokalypse („Enthüllung") zuzuordnen und damit eine Schrift, die geheimes Wissen offenbart. Um der neuen Offenbarung Autorität zu verleihen, bedient sich der Verfasser des Pseudonyms eines berühmten Mannes, in diesem Fall: Henoch. Ihm wird im antiken Judentum eine fast übermenschliche Autorität zugestanden, da er den Prototyp des Gerechten und Weisen darstellt. Mehrere Schriften und Fragmente sind mit seinem Namen überschrieben, die heute vor allem nach der Sprache ihrer Überlieferung bezeichnet werden. So gibt es z.B. einen hebräischen, slawischen oder koptischen Henoch.

Das äthHen ist über einen langen Zeitraum entstanden. Seine Anfänge reichen in das 2. Jh. v. Chr. zurück; vollständig dürfte das Buch erst im ersten nachchristlichen Jahrhundert vorgelegen haben. Es hat also eine lange Phase der Überlieferung, Weiterentwicklung und Redaktion durchlaufen. Wichtig für die Teufelsvorstellung ist vor allem das „Buch der Wächter" (äthHen 1–36), das ausführlich Gen 6,1–4 nacherzählt und dabei maßgeblich zur Gestaltung des Teufels beiträgt.

Während im biblischen Text nicht klar ist, wer die Göttersöhne sind und was sie genau gemacht haben, schafft der äthHen hier Klarheit. In äthHen 6–16 wird ausführlich vom „Fall der Engel" erzählt und so ein Motiv innerhalb der Geschichte des Teufels angesprochen, das ihn von nun an begleiten wird. Das Motiv des „Falls" wird allerdings eher durch Jes 14 und Ez 28 in die Teufelsbiografie eingebracht. Im äthHen „fällt" der Teufel nicht und wird auch nicht aus dem Himmel „geworfen", sondern hier steigen die Engel aus eigenem Antrieb auf die Erde hinab. Erst nachträglich wird dieser Abstieg zu ihrem Fall und ihrem Schicksal.

Die Erzählung setzt mit der Beschreibung der Erde am selben Punkt ein wie der Genesistext. Die Menschen haben sich vermehrt, die Erde bevölkert und hübsche Töchter hervorgebracht. Das äthHen identifiziert die in der Genesis genannten Göttersöhne als „Engel" und bezeichnet sie als „Söhne des Himmels".

Die Engel begehren die Frauen und wollen mit ihnen Kinder zeugen (äthHen 6,2). Dies bedeutet eine „Hierarchieverfehlung nach unten",[10] da die Engel sich nicht mit den Menschen vermischen dürfen. Deshalb wendet sich zunächst der Engel Semyaza („Der Name ist gesehen"), der als „Oberster" der Engel eingeführt wird und Vorbild für den Teufel sein dürfte, gegen dieses Ansinnen und warnt vor dem Abfall als einem „großen Vergehen". Die willigen Engel versprechen, mit ihm einen Pakt zu schließen und die Konsequenzen ihres Verlangens zu tragen. Schließlich folgen 200 Engel diesem Pakt und steigen auf die Erde nieder, wo sie sich Frauen nehmen und mit diesen verkehren. Dieser Akt der Vermischung von Menschheit und Gottheit ist die grundlegende Freveltat, die vielerlei Folgen hat, vor allem die Geburt der illegitimen Mischwesen.

Insgesamt kann man die Erzählung als eine Erklärung für als negativ erlebte Zustände in der Gegenwart des Verfassers lesen. Die „Invasion" der Engel erscheint sozialgeschichtlich als Abbild der „Hellenisierung der priesterlichen Aristokratie" des Judentums.[11] Der Text kennzeichnet „Zaubermittel und Beschwörungen" als Lehre der Engel für die Menschen. Die Frauen werden außerdem schwanger und bringen – analog zum Vorbild der Genesis – riesige Wesen zur Welt, die aber – im Gegensatz zur Genesis – eindeutig negativ konnotiert sind. Von den „Helden der Vorzeit" (Gen 6,4) sind diese „Riesen" (äthHen 7,2) weit entfernt. Gemäß ihrer widernatürlichen Geburt entwickeln sie sich zur großen Plage für die Menschheit. Sie fressen die ganze Ernte der Menschen und schließlich diese selbst auf. Als es dann keine Menschen mehr gibt, fressen sie die Vögel und alle anderen Tiere, bis sie sich schließlich gegenseitig auffressen. Der Text endet mit der Feststellung, dass sie ihr eigenes Blut trinken (äthHen 7,5). Damit ist für jüdische Ohren der Gipfel der Bosheit erreicht, und jetzt muss sich der Blick wenden. Die ganze Erde als Geschöpf Gottes klagt daraufhin über diese Riesen.

In äthHen 8 taucht nun neben dem teuflischen Anführer Semyaza ein weiterer Dämon auf, der bereits in äthHen 6,7 als einer der Obersten der Engel aufgezählt wurde: Azazel. Herkunft und Bedeutung seines Namens sind unklar, vielleicht etwa „der

---

[10] Theißen, Monotheismus, 47.
[11] Theißen, Monotheismus, 45.

beseitigte Schuldige". In der biblischen Tradition tritt er in Lev 16 in Verbindung mit dem Versöhnungstag auf und ist dort derjenige, der den mit den Sünden Israels beladenen Sündenbock empfängt. Er wird in der Wüste lokalisiert, in die der Bock getrieben wird. Die Apokalypse Abrahams 23 setzt Azazel mit der Schlange gleich, die Eva verführte. Dort erscheint er als Schlangenwesen, das menschliche Hände und Füße und sechs Flügel hat. Schließlich ist sein Name im Islam ein Synonym für Satan.[12]

Offensichtlich komponiert der Text aus zwei verschiedenen Traditionen eine einzige Erzählung. Während die hinabgestiegenen (nicht gefallenen) Engel sich schuldig gemacht haben, weil sie ihrer sexuellen Lust gefolgt sind und sich mit den Menschen vermischt haben, beschreibt der Text im Hinblick auf Azazel genauer, was dieser darüber hinaus die Menschen gelehrt hat. Wieder liest sich der Text wie eine Liste dessen, was der Autor in seiner Zeit für schlecht und böse hält. Azazel lehrt den Menschen nämlich die Kriegskunst, er lehrt ihn, Schwerter und Metalle herzustellen. Dies scheint allerdings eher den männlichen Teil der Menschheit zu betreffen. Dem weiblichen Teil bringt der Engel bei, wie man Augen verschönert und sich schminkt. Offensichtlich will der Text grundlegende Sünden für beide Geschlechter benennen und sie als Resultat der Lehre Azazels darstellen. Azazel bringt Gewalt und verbotene Verführung in die Welt, und deshalb verändert diese sich zum Schlechten. Die Menschheit geht mit Kriegs- und Schminkkunst in die Irre und wird böse. Der Mensch ist hier kein Opfer, sondern wird durch Azazel zum Täter gemacht. Dies unterscheidet Azazel auch von Prometheus, der die Menschen ebenfalls Techniken lehrt, die eigentlich den Göttern zukommen. Darin ähnelt Prometheus dem Dämon; allerdings bringt Prometheus dem Menschen durch seinen Ungehorsam einen zivilisatorischen Fortschritt, Azazel hingegen führt den Menschen in den Untergang.

Nachdem weitere Engel und deren Lehre kurz erwähnt werden, greift äthHen 8,4 den Erzählfaden wieder auf und leitet zur Wende der Erzählung über.

Ähnlich wie das Blut Abels in Gen 4,10 vom Mutterboden her schreit, so klagt nun die Erde über den Frevel, der auf ihr stattfindet. Jetzt blicken zunächst die Engel Michael, Uriel, Rafael

---

[12] Siehe weiter unten, S. 115–118.

und Gabriel vom Himmel herab und sehen das ganze Blut auf der Erde. Ähnlich der Vorstellung einer Engelversammlung im Himmel, die auch das Buch Ijob kennt, geht das äthHen ebenso davon aus, dass die Engel im Himmel wohnen und von dort zur Erde hinabsehen bzw. -steigen müssen. Die vier Engel besprechen sich zunächst untereinander und konstatieren noch einmal, dass die Erde vor ihrer Vernichtung steht und die Schöpfung Gottes unterzugehen droht. Die Seelen der getöteten Menschen verlangen, ihr Schicksal vor Gott zu bringen, der erst jetzt in der Erzählung auftritt. Die Engel treten vor ihn und bekennen zunächst das Schöpfersein Gottes, was ihn an seine Verantwortung für die Schöpfung erinnert. Da Gott nichts verborgen bleibt, können sie davon ausgehen, dass Gott bereits Kenntnis genommen hat von dem, was auf der Erde geschehen ist. Azazel und Semyaza, dem Gott Vollmacht zu herrschen gegeben hatte, werden namentlich als die Anführer und Hauptschuldigen des Abfalls benannt. Als Abschluss ihrer Klage bitten sie Gott um seinen Befehl, was nun zu tun sei.

Gott sendet zunächst den (unbekannten) Engel Araryalyur (vielleicht ist Uriel gemeint, der im Verlauf des äthHen und z.B. auch im Vierten Buch Esra als Deuteengel auftritt) zu Noach und beauftragt ihn, Noach von der bevorstehenden Sintflut zu berichten. Hier nimmt der Text zwar eine erzählerische Inkonsequenz in Kauf, da ja zuvor gesagt wurde, dass es keine Menschen mehr auf der Erde gibt, doch findet er dadurch Anschluss an Gen 6,5, wo im Alten Testament die Sintfluterzählung einsetzt. Die Sintflut wird damit als Strafe für das Verhalten der Engel, Menschen und Riesen verstanden.

Insofern werden die Strafe und deren Härte plausibler. Die mit Blut getränkte Erde bedarf der Reinigung durch Wasser. Danach wendet sich Gott an einzelne Engel. Zunächst gibt er Rafael den Befehl, sich um Azazel zu kümmern (äthHen 10,4). Dieser wird in die Wüste verstoßen, wo er ewig bleiben soll, bis er am Tag des Gerichts in das Feuer geworfen wird. Außerdem soll Rafael die Erde heilen und zeigen, dass nicht alle Menschen durch die Engel und deren Lehren umgekommen sind.[13]

---

[13] Einen weiteren prominenten Auftritt hat Rafael dann im Buch Tobit (das für Protestanten „apokryph" ist, für Katholiken jedoch ebenso wie das auf S. 28 besprochene Buch der Weisheit zu den kanonischen Büchern

Gabriel erhält von Gott den Befehl, gegen die Riesen, jene Bastarde aus Mensch und Engel, zu kämpfen und sie zum Kampf untereinander anzustacheln, bis sie alle vernichtet sind (äthHen 10,9). Michael wird schließlich gegen Semyaza selbst in den Kampf geschickt, was ihn im Laufe der Entwicklung zum klassischen Opponenten des Teufels werden lässt.[14] Der Teufel und seine Engel sollen unter der Erde gefesselt werden und dort die Tage bis zum Gericht verbringen, das ihr endgültiges Ende besiegeln wird.

Der Ort, an dem sich der Teufel und die hinabgestiegenen Engel bis zum Gericht aufhalten müssen, wird dann durch eine kosmische Reise Henochs näher beschrieben. In äthHen 21 wird das Gefängnis der Engel als großes Feuer in einem Abgrund beschrieben, während der Ort für die Gerechten voller Licht und Quellwasser ist (äthHen 22 f). Diese Schilderung ist deshalb wichtig, weil im ersten Petrusbrief (3,19) darauf Bezug genommen wird. Hierhin soll Jesus nach seinem Tod gekommen sein, den Seelen der Verstorbenen gepredigt und die Gerechten aus dem Totenreich geführt haben.[15] Von einer Hölle als Bestrafungs- und Reinigungsort im Sinne eines Purgatoriums ist hier aber noch nicht die Rede.[16]

Wichtig für die Entwicklung der Teufelsgestalt ist zunächst, dass der Teufel direkt aus dem Umfeld Gottes kommt. So ist letztlich auch der Teufel ein ursprünglich gutes Geschöpf Gottes. Eine eigenständige Kraft gegen Gott kann er deshalb bereits von seiner Entstehungsgeschichte her nicht werden. Während er im Alten Testament (Ijob, Sacharja) im göttlichen Umfeld verbleibt, wird er nun von Gott getrennt. Allerdings hält äthHen fest, dass der Teufel der Anführer der Engel war und sich sehr bewusst von Gott abgewandt hat. Als Motiv hält der Text die sexuelle Begierde der Engel fest, die auch schon in Gen 6 anklingt. Andere Motive lässt er nicht erkennen.

---

der Bibel zählt), wo er als „Schutzengel" des Protagonisten Tobias fungiert.

[14] Dieses Motiv zieht sich bis in den modernen Film, wo Michael als klassischer Gegenspieler des Teufels auftritt. Siehe weiter unten S. 172.

[15] Siehe weiter unten S. 79.

[16] Siehe weiter unten S. 78–85.

Der Text ist außerdem wichtig für die weiteren Ausgestaltungen der Teufelsfigur, etwa seinen Aufenthalt unter der Erde und die damit verbundene Assoziation mit Feuer.

Der Kampf des Teufels: Texte aus *Qumran*

In Qumran hat man die Ruinen einer klosterähnlichen Siedlung ausgegraben, die wohl im 2. Jh. v. Chr. entstanden ist und 68 n. Chr. endgültig von den Römern zerstört wurde. Die Bewohner dieser Siedlung, die Qumrangemeinde, setzt man allgemein mit den Essenern gleich, die der hellenistisch-jüdische Schiftsteller Flavius Josephus erwähnt. Diese religiöse Sondergruppe hatte sich von den Pharisäern abgespalten. Nach ihrem eigenen Selbstverständnis repräsentierten sie das „wahre Israel" der Endzeit. Eine strenge hierarchische Ordnung und am priesterlichen Reinheitsideal orientierte Kulte prägten das Zusammenleben. Das Denken dieser religiösen Gemeinschaft wies starke dualistische Züge auf: Der „Geist der Wahrheit" und der „Geist des Frevels" – beide von Gott geschaffen – liegen im Kampf miteinander und bestimmen das Weltgeschehen. In den Vierzigerjahren des 20. Jahrhunderts entdeckte ein arabischer Hirtenjunge durch Zufall Tonkrüge, in denen die Schriften der Qumrangemeinde erhalten geblieben waren.

Die Texte von Qumran zeigen, dass ihre Autoren glaubten, in der Endzeit zu leben. Diese Zeit sei geprägt von dem Bösen, dem es zu widerstehen gelte. Das Böse wird personifiziert im Teufel, den die Qumrantexte durchgehend *Belial* nennen. Diese Bezeichnung lässt sich nicht eindeutig erklären. Vielleicht stammt der Name von der akkadischen Göttin Belil, die im akkadischen Glauben die Göttin der Unterwelt gewesen ist. Oder der Name ist ein hebräisches Kunstwort, das übersetzt entweder „Heillosigkeit" oder „Totenreich" heißen kann. Oder „Belial" leitet sich von einem anderen hebräischen Begriff ab, der übersetzt „Verwirrung" oder „Schädigung" bedeutet, sodass mit Belial die „Zerstörung" an sich bezeichnet werden kann. Sicher ist jedenfalls, dass Belial eine widergöttliche Kraft ist, die ebenfalls in die Traditionslinie dessen gehört, was den Teufel ausmacht. Belial und der Teufel stehen also letztlich für das Böse bzw. den Bösen.

In der *Kriegsrolle* (1 QM), die wahrscheinlich im 1. Jh. v. Chr. entstanden ist, wird die Vorstellungswelt der Autoren besonders deutlich.[17] Sie verstehen sich als die *Söhne des Lichts*, die gegen die *Söhne der Finsternis* kämpfen. Zu ihren Lebzeiten erwarten sie „heftiges Schlachtgemetzel", einen „Vernichtungskrieg gegen Finsternissöhne". Die Kriegsrolle beschreibt ausführlich die Schlachtordnung, die Feldzeichen und die Waffen, die dabei benutzt werden. In diesem Krieg wird Belials Herrschaft enden und das neue Zeitalter des Lichts anbrechen. Belial wird dabei als Anführer der Söhne der Finsternis vorgestellt. Diese Söhne bilden die Armee Belials, die sich gegen die Treuen Gottes erhebt. Die Söhne des Lichts müssen Belial abschwören und sich gegen die Frevler und Gottlosen behaupten. Die Engel Gottes stehen dabei auf der Seite der Lichtsöhne, während die Dämonen die Männer Belials, also die irdischen Feinde der Gemeinde, unterstützen. Deutlich zeigt sich hier eine kosmische Analogie, die für das antike Denken typisch ist. Der Kampf der Söhne auf der Erde findet genauso auch im Himmel statt. Dort kämpfen die Engel gegen die Dämonen Belials. Belial ist damit unzweifelhaft als oberster Herrscher der Dämonen zu verstehen, der sich gegen die Herrschaft Gottes im Himmel genauso auflehnt, wie die mit ihm verbundenen Söhne der Finsternis gegen die Söhne des Lichts vorgehen. Die Texte erwarten den Ausgang dieses Kampfes am Tag der letzten Schlacht, für den sich die Söhne des Lichts rüsten und an dem sie Rache an ihren Feinden üben werden. Dann wird Belial vollständig vernichtet werden, und Gott bzw. der Engel Michael wird seine Herrschaft antreten.

In der Gegenwart der Autoren gilt es aber nicht nur den „Endkampf" vorzubereiten, sondern hier müssen die Lichtsöhne – selbst in der eigenen Gemeinschaft – permanent auf der Hut vor den Versuchungen des Teufels sein. Dies zeigt vor allem die „Gemeinderegel" (1 QS) deutlich, eine Schrift, die vor dem 1. Jh. v. Chr. entstanden sein dürfte. Gott wird dort als der Schöpfer der Welt vorgestellt, der dem Menschen zwei Geister gegeben hat: „Es sind die Geister der Wahrheit und des Unrechts." (1 QS III) Der Mensch wird also ständig von Geistern beeinflusst, in traditioneller Terminologie: von einem Engel und

---

[17] Zitation nach Johann Maier, *Die Qumran-Essener: Die Texte vom Toten Meer I*, München 1995.

einem Dämon. Ganz ähnlich wie in den Testamenten der zwölf Patriarchen (TestXII 1,3–5) wird hier das Bild von Kräften gezeichnet, die beide versuchen, den Menschen auf ihre Seite zu ziehen. Der Engel stammt von Gott, der Dämon von Belial. Der Engel stammt aus dem Licht, dem Ursprung der Wahrheit. Der Dämon stammt aus der Finsternis, dem Ursprung des Unrechts. Völlig im Einklang mit der Sicht der Welt sieht der Text den Menschen auch individuell in einem permanenten Dualismus gefangen. Die Geister von Wahrheit und Unrecht kämpfen im Herzen des Menschen um die Vorherrschaft. Alle Verfehlungen und Sünden gehen darauf zurück, dass der Mensch der Herrschaft des „Engels der Finsternis" erliegt. Warum Belial die Macht hat, seine Engel auf die Menschen loszulassen, beantwortet der Text nicht. Er weist aber darauf hin, dass der Gott Israels eine Hilfe für den Menschen ist und ihm deshalb auch seinen Engel des Lichts sendet. Der Mensch muss sich dann entscheiden, welchem Engel er folgt. Hört er auf die Einflüsterungen des Dämons, wird er eine Vielzahl von Plagen zu erleiden haben, er zieht sich den Zorn Gottes zu und wird zu ewigem Verderben verurteilt. Zu einer Versöhnung kann es dabei nicht kommen. Bis zum letzten Tag wird sich die Feindschaft zwischen den Engeln hinziehen, und erst durch die Vernichtung Belials und seiner Dämonen kann Friede auf der Erde und im Himmel einziehen. Den Termin für die letzte Schlacht hat Gott bereits in seinem Plan festgelegt, allerdings ist er den Menschen verborgen.

Zwei Dinge sind in den Qumrantexten im Hinblick auf die Entwicklung der Teufelsgestalt besonders wichtig: einmal die Gefahr, in einen totalen Dualismus abzugleiten und Gott und Teufel als Mächte zu begreifen, die einander gegenüberstehen. Die Texte lesen sich über weite Strecken so, als ob sie die Macht Gottes in dieser Weise beschränkt sähen. Allerdings überschreiten sie die Grenze zum Dualismus letztlich nicht, sondern lassen Gott in seiner Allmacht bestehen. Ihm obliegt die Herrschaft über den Teufel, da er den Zeitpunkt seiner Vernichtung schon kennt. Von daher kann auch in den Texten von Qumran nicht die Rede davon sein, dass Gott nicht mächtiger wäre als der Teufel.

Interessanter ist noch die Vorstellung des Kampfes von Engel und Dämon um jeden einzelnen Menschen. Dieses Motiv des Kampfes zieht sich durch die weitere jüdisch-christliche und dann auch islamische Religionsgeschichte bis in die Pop-Kultur der Gegenwart. Eindringlich zeichnen dieses Motiv im wörtlichen Sinn Cartoon-Autoren, die z.b. Donald Duck in manchen Kurzfilmen der Walt-Disney-Studios ein „teuflisches" und „engelgleiches" Selbst erscheinen lassen, die Donald in die gute oder böse Richtung zerren wollen.

Der Teufel und Adam (ApkMos; VitAd)

Für die Figur des Teufels bringen verschiedene Texte, die inhaltlich eng miteinander zusammenhängen,[18] einen interessanten Fortschritt. Es handelt sich dabei um Texte, die sich mit dem Leben Adams und Evas beschäftigen und in der christlichen Tradition in verschiedenen Sprachen (lateinisch, griechisch, slawisch, armenisch) erhalten sind. Unklar ist, ob diese Texte auf ein semitisches Original zurückgehen, das im 1. Jh. vor oder nach der Zeitenwende entstanden ist, oder eine kompliziertere Entstehungsgeschichte aufweisen. Generell beschäftigen sich die Texte mit dem Leben Adams und Evas nach dem Sündenfall und blicken auf ihre Zeit im Paradies zurück.

– Die griechische Fassung: die *Apokalypse des Mose* (ApkMos)

Dieser Text gibt sich als eine Offenbarung aus, die Mose empfangen haben soll und in der das Leben Adams reflektiert wird. Vielleicht stellt diese Fassung die älteste Version der Adam-Überlieferung dar. Der Teufel tritt hier als Anstifter zum Sündenfall auf. Eva erzählt in ApkMos 15 vom Sündenfall und berichtet, dass der Teufel die Schlange angesprochen habe. Er schmeichelt der Schlange und provoziert sie zugleich. Sie sei doch klüger als die anderen Tiere, warum würde sie sich dann mit dem Gras zufrieden geben, das Adam ihr zugestehe? Warum würde sie dem geringeren Geschöpf Adam folgen, wenn sie doch in der Tat bedeutender sei als alle anderen? Der Teufel will durch sie Rache an Adam nehmen, doch die Schlange weigert sich zunächst gegen seine Forderung, sein Werkzeug zu

---

[18] Vgl. Otto Merk/Martin Meiser, *Das Leben Adams und Evas*, JSHRZ II/5, Gütersloh 1998, 740ff.

sein. Doch der Teufel überzeugt sie und will durch sie reden. Obwohl Teufel und Schlange noch deutlich getrennte Figuren in dieser Erzählung sind, zeigt sich zum einen die Zuordnung des Teufels zur Schlange, zum anderen auch die beginnende Verschmelzung der Figuren, indem der Teufel bereits durch die Schlange spricht und es dieser auch nur mit seiner Hilfe gelingt, Eva zu verführen.

Als Eva die Szene betritt, verwandeln sich Teufel bzw. Schlange in einen Engel, der Eva dazu verführt, von den verbotenen Früchten des Gartens zu essen. Die logische Aporie der Genesiserzählung, dass sich Eva von einer Schlange verführen lässt, die der Mythos in Kauf nehmen kann, wird jetzt durch den Engel aufgelöst, angesichts dessen Eva natürlich keinen Verdacht schöpft.

Als Eva on den Früchten gegessen hat, fährt der Teufel auch in Eva, um nun Adam zu verführen. Auf ganzer Linie wird die „Ursünde" des Menschen damit auf die Wirkungen des Teufels zurückgeführt, der sich verwandeln und vom Geist des Menschen Besitz ergreifen kann. Damit sind wesentliche Motive der Teufelsvorstellung in die weitere Überlieferung eingebracht.

– Die lateinische Fassung: Das *Leben Adams und Evas* (VitAd)

Im Hinblick auf den Teufel ist die lateinische Fassung besonders interessant, da insbesondere diese eine enorme Wirkungsgeschichte entfaltet hat. Das liegt vor allem am Hass des Teufels gegenüber den Menschen. Dieses Motiv deutet Weish 2,24 durch den Hinweis auf den Neid des Teufels nur an, auch ApkMos 16 streift nur am Rand die Tatsache, dass der Teufel wegen des Menschen aus dem Himmel vertrieben wurde, das *Leben Adams und Evas* (VitAd) lässt dagegen den Teufel selbst ausführlich erzählen, wie die Feindschaft zwischen ihm und den Menschen begann und warum er aus dem Himmel vertrieben wurde.

Zunächst wird die trostlose und prekäre Lage geschildert, in der sich Adam und Eva nach ihrer Vertreibung aus dem Paradies befinden. Sie leisten getrennt voneinander Buße und versuchen dadurch, Gott wieder gnädig zu stimmen. Dies sieht der Teufel und verwandelt sich in einen Engel. Er nähert sich Eva und redet ihr ein, dass Gott ihre Buße angenommen hätte. Eva glaubt ihm, und gemeinsam gehen sie zu Adam, der jedoch den Teufel erkennt und Eva tadelt, dass sie erneut auf die Verlockungen des Feindes gehört habe. Adam und Eva klagen daraufhin den Teufel an und fragen ihn, warum er sie verfolge: „Was verfolgst du uns, du Feind, so gottlos und voller Neid bis zum Tod?" (VitAd 11,3)

Die Frage nimmt der Text zum Anlass, den Teufel selbst seine eigene Geschichte erzählen zu lassen: „O Adam, meine ganze Feindschaft und mein Neid und mein Schmerz richten sich auf dich, weil ich deinetwegen vertrieben und meiner Herrlichkeit beraubt worden bin, die ich im Himmel inmitten der Engel hatte, und deinetwegen auf die Erde hinausgeworfen bin." (VitAd 12) Adam versteht nicht, was er getan hat, und der Teufel muss weiter erklären. Als Adam, das Ebenbild Gottes, von Gott den Lebensatem eingehaucht bekam, brachte der Engel Michael das neue Geschöpf vor die Engel und Gott befahl es anzubeten, weil es nach Gottes Bild erschaffen wurde. Während Michael Adam anbetet, weigert sich der Teufel, dies zu tun. Er will nicht denjenigen anbeten, der „geringer und später entstanden" als er selbst ist: „Bevor jener entstand, war ich schon geschaffen. Er muss mich anbeten." (VitAd 14,3) Die Engel, die dem Teufel unterstehen, folgen ihm, und so kommt es im Himmel zum Konflikt. Die Drohung Michaels, dass Gott über das Verhalten des Teufels in Wut geraten werde, nützt nichts. Der Teufel will sich für diesen Fall über Gott selbst erheben und ihm gleich sein. Gott verbannt den Teufel deshalb aus dem Himmel, und er wird auf die Erde vertrieben. Deshalb rächt er sich an Adam im Paradies, indem er Eva verführt und so Adam den Sturz nachempfinden lässt, den er selbst erlitten hat. Dabei erklärt er deutlich, dass er selbst es war, der Eva verführte; von der Schlange, die er in ApkMos noch benutzt, ist keine Rede mehr. Vielleicht deutet dies darauf hin, dass er selbst mit der Schlange in eins gesetzt wird.

Adam bittet Gott nach dieser Erklärung, ihn vom Teufel zu befreien, woraufhin sich der Teufel auch tatsächlich von ihm entfernt.

Wichtig ist diese kurze Episode für die Teufelsgestalt aufgrund dreier Motive, die den Teufel in der Folgezeit begleiten werden. Zunächst wird die Erzählung vom Engelsturz neu gedeutet. Während das äthHen die sexuelle Lust der Engel für den Fall verantwortlich macht, wird hier der Konflikt zwischen

Teufel und Adam als Motiv benannt. Der Teufel verweigert dem Menschen die Anerkennung, die ihm zusteht, weshalb er von Gott bestraft wird. Er ist demnach kein Werkzeug Gottes mehr (wie im Alten Testament), sondern ein sich Gott wirklich entgegensetzender, eigenständiger Charakter. Im Gegensatz zur Sünde der Engel, die sich im äthHen einer „Hierarchieverfehlung nach unten" schuldig gemacht haben, macht sich der Satan nun „einer Hierarchieverfehlung nach oben hin schuldig. Er will wie Gott sein"[19].

Zweitens erklärt es die anhaltende Feindschaft zwischen Teufel und Mensch. Der Teufel will permanent Rache am Menschen nehmen und versucht deshalb, ihn von Gott abzubringen. Ihm ist dabei jedes Mittel recht, und so wird der Teufel zum Verführer schlechthin. Er wird dadurch zur permanenten Bedrohung, nicht mehr bloß zum einmaligen Verursacher von Chaos und Elend, wie dies tendenziell im ÄthHen der Fall ist. Als Verführer tritt er deutlich in der ApkMos 15–16 auf, wo er (noch) nicht mit der Schlange identisch ist, diese aber dazu anstiftet, Eva zu verführen.

Drittens zeigt sich der Teufel als Meister der Tarnung und Täuschung. Indem er Eva als Engel und implizit auch als Schlange erscheinen kann, hat er die Fähigkeit zur Metamorphose gewonnen. Davon war in der früheren Literatur noch keine Rede, allenfalls war dies implizit vorausgesetzt. Jetzt wird die Gefahr, die von ihm ausgehen kann, noch dadurch unterstrichen, dass er sich sogar als Engel tarnen kann. Als solcher kommt ihm dann letztlich auch die Möglichkeit zu, dem Menschen gewisse Dinge einzuflüstern und ihn so ins Unheil zu stürzen. Dass der Teufel zudem vom menschlichen Geist Besitz ergreifen kann, um wiederum andere Menschen zum Bösen zu verführen, bringt ein weiteres wichtiges Motiv in die Teufelsgestalt ein. Der Mensch kann vom Bösen besessen werden, sodass er aus ihm ausgetrieben werden muss. Dieser Gedanke bildet bis heute die Grundlage für die Möglichkeit und Notwendigkeit des Exorzismus.[20]

---

[19] Theißen, Monotheismus, 47.
[20] Siehe weiter unten, S. 91–95.

Der Teufel als Strafe: Das *Buch der Jubiläen*

Das *Buch der Jubiläen* (Jub) verdankt seinen Namen seinem Inhalt. Die wohl um 150 v. Chr. entstandene Schrift erzählt die Geschichte Israels von der Erschaffung der Welt bis zum Auszug aus Ägypten neu und gibt so vor, wie der entsprechende biblische Text von Genesis und Exodus zu lesen ist. Als Offenbarung Gottes an Mose im ersten Jahr des Auszugs aus Ägypten geschildert, unterteilt es diese Geschichte mithilfe der Zahl Sieben in präzise Zeitabschnitte („Jubiläen"), die auf den Höhepunkt des Auszugs Israels aus Ägypten und die Landnahme zielen. So verdeutlicht das Buch, dass die ganze Weltgeschichte auf Israels Ursprungsereignis zuläuft.

Der Text scheint vom äthHen abhängig zu sein, was sich z.B. anhand der Nacherzählung von Gen 6,1–4 nachweisen lässt, wo Anleihen an die Erzählung vom Fall der Engel aus dem äthHen festzustellen sind. Auch der Verweis auf die Wächter in Jub 10,5 deutet auf diese Abhängigkeit hin. Auffällig ist jedoch, dass an dieser Stelle noch keine Teufelsfigur als Anführer der bösen Engel erwähnt wird. Erst nach der Sintflut tritt dann derjenige auf, der zur Ausbildung der Teufelsgestalt beiträgt: *Mastema*. Im Hebräischen lassen sich durch diese Bezeichnung Anklänge an Begriffe wie „Ankläger" oder „Anfeindung" assoziieren, was dem Bild des Satans aus den Texten des Alten Testaments entspricht.

Nach der Sintflut sehen sich die Enkelkinder Noachs mit Nachstellungen und Anschlägen von bösen Geistern konfrontiert. Noach betet daraufhin zum Herrn und ersucht ihn um Schutz vor diesen Dämonen. Er setzt sie in Beziehung zu den gefallenen Wächtern, die zu seiner Zeit die Welt heimsuchten. Gott entspricht diesem Wunsch grundsätzlich, doch tritt dann Mastema auf, der Gott darum bittet, ihm ein Zehntel der Dämonen zu unterstellen, damit diese die bösen Menschen vernichten können. Mastema bzw. der Satan wird damit zum Herrscher über die Dämonen eingesetzt und dient Gott als Strafwerkzeug. Er nimmt dadurch die Rolle ein, die im Alten Testament entweder Gott selbst ausführte (z.B. Ex 12,12) oder „Straf-Engeln" übergab (z.B. 2 Sam 24,17; 2 Kön 19,35). Mastema bekommt also von Gott bedingt Macht zugestanden, die er dazu nutzt, die Menschen zu prüfen, aber auch zu verführen. Besonders deutlich zeigt sich dies in Jub 17,15–18,19, der Nacherzählung von Gen 22. Mastema übernimmt eine Rolle, die Gott entschuldigt, Abraham diese Prüfung zugemutet zu haben. Abraham wird ähnlich wie Ijob im Himmel als gläubig und gerecht gerühmt, woraufhin Mastema analog zum Satan in Ijob 1f vor Gott tritt und die Prüfung Abrahams verlangt. Während im Alten Testament Gott selbst Abraham auf die Probe stellt, überträgt Gott hier Mastema die Verantwortung für die Glaubensprobe Abrahams. Mastema verlangt, dass Abraham seinen Sohn Isaak opfern soll, und Gott, der vorhersieht, dass Abraham diese Prüfung bestehen wird, gibt dies als Befehl an Abraham weiter. Gott behält Recht und verhindert die Opferung Isaaks, zu der Abraham bereit gewesen wäre. Durch diesen Glaubensgehorsam wird Mastema brüskiert, und Abraham erstrahlt als Glaubensheld.

Auch ein anderer Glaubensheld muss sich mit Mastema auseinandersetzen: Mose. Bei seiner Rückkehr aus Midian nach Ägypten soll Mastema versucht haben, Mose zu töten und damit den Lauf der Geschichte aufzuhalten. Mastema wird hier als Freund der Ägypter porträtiert, der diese vor Mose und damit letztlich vor Gott schützen wollte. Folgerichtig übernimmt Mastema hier nicht die Rolle eines Strafengels, der die Ägypter umbringt, sondern tritt in den Hintergrund. Er unterstützt die ägyptischen Zauberer gegen Mose und versucht, Mose dem Pharao zu übergeben. Als dies alles erfolglos bleibt, stiftet Mastema den Pharao an, die fliehenden Israeliten zu verfolgen und sie zu vernichten. Doch schreitet Gott ein, ertränkt die Ägypter im Roten Meer und lässt seine Engel furchtbare Rache an ihnen nehmen. Den „Fürsten Mastema" bindet er und verhindert damit dessen Eingreifen im letzten Akt der ägyptischen Verfolgung. Als er wieder freikommen darf, verstockt er die Herzen der Ägypter und führt sie dann auf Gottes Befehl hin in ihr Verderben. Mastema wechselt also auf Gottes Befehl hin die Seiten und muss dann – wiederum gefesselt – zulassen, dass Israel Ägypten als Ausgleich für den geleisteten Frondienst ausplündert.

Zwei Motive, die im Jub die Teufelsfigur betreffen, sind für die weitere Entwicklung besonders wichtig. Der Teufel wird nun erstens zum Anführer einer Armee von Dämonen, die Gott unter sein Kommando gestellt und so quasi zugelassen hat, dass er das Böse beherrscht. Er ist also nicht mehr nur Ankläger im Himmel, sondern wird zu einer realen Kraft, die auf der Erde für das Böse verantwortlich wird. Zweitens wird deutlich, dass der Teufel ein unzuverlässiger Kampfgefährte ist. Er wechselt die Seiten und bringt das Unheil selbst über die, die ihm folgen. Von daher wird sein Charakter immer abgründiger. Er wird jetzt zum Verführer, der darauf lauert, die Menschen in seine Hand zu bekommen und sie zu verderben.

Der Versucher – Der Teufel im Neuen Testament[21]

Im Neuen Testament ist der Teufel als Gegner Jesu und der frühen Christen allgegenwärtig. Anhand der verschiedenen Namen, die mitunter je eine besondere Nuance betonen, lässt sich eine gewisse Begriffsverschiebung feststellen. Während in den eher frühen Schriften des Neuen Testaments, also den Paulusbriefen oder dem Markusevangelium, die Bezeichnung *Satan* vorherrscht, wird in den späteren Texten, also Matthäus- und Lukasevangelium, eher die griechische Übersetzung *diábolos* gewählt. Daneben sind aber auch andere Bezeichnungen anzutreffen, die entweder bereits bekannt sind, etwa *Belial* (2 Kor 6,14 f) wie in den Qumrantexten oder *Beelzebul* (Mt 10,25) wie bereits im Alten Testament (2 Kön 1), oder es werden neue Begrifflichkeiten gebraucht, die das teuflische Wesen umschreiben und zugleich etwas über die Perspektive der Autoren auf die Welt aussagen. Im Johannesevangelium wird z.B. der Anführer der widergöttlichen Mächte *Fürst dieser Welt* genannt (Joh 12,31; 14,30; 16,11), was die johanneische Weltsicht ebenso beschreibt wie den Teufel. Da für Johannes zwischen der Finsternis der Welt und dem Licht Gottes ein scharfer Gegensatz besteht (Joh 1,5), muss der Teufel auch Herr dieser Welt sein, in der die Dunkelheit scheinbar über das Licht triumphiert. Durch die Sendung Jesu wird dieser Herrscher aber entmachtet (Joh 12,31).

Ein schlichterer Name für den Teufel ist die Bezeichnung *der Böse*. Diese Bezeichnung, die den Gegensatz zum guten und wahren Gott offenlegt, wird z.B. von Matthäus im Gleichnis vom Sämann (Mt 13) gebraucht. Derjenige, der die gute Saat ausreißt,

---

[21] Vgl. Otto Böcher, „Teufel. III. Neues Testament", in: TRE 33/1-2, 2001, S. 117–121.

wird der Böse genannt. Übertragen wird so davon gesprochen, dass der Teufel diejenigen in die Irre führt, die die christliche Botschaft nicht verstehen und deshalb auch nicht annehmen. Der Teufel tritt damit als Gegner der christlichen Mission auf. In Eph 6,16 ruft der Verfasser des Briefes dazu auf, den Glauben wie einen Schutzschild zu ergreifen, damit die Pfeile des Bösen die Christen nicht treffen und töten. Mit dem Glauben kann der Angriff des Bösen abgewehrt werden, und das Wort Gottes wird über ihn triumphieren. *Der Böse* ist den Belegen (Joh 17,15; 1 Joh 2,13f) zufolge die Personifikation aller moralischen Übel und gleichzeitig die Bosheit und Feindschaft gegen Gott, Christus und die Gemeinde. Aufgrund dieser grundlegenden Opposition versucht der Teufel, die Gläubigen von ihrem Weg und vom Glauben abzubringen. Deshalb wird er auch mit dem Begriff *der Versucher* charakterisiert. Von der Grundbedeutung des Begriffs her („auf die Probe stellen") schwingt hier noch die Figur des Satans im Ijob-Buch mit, wo Ijob geprüft wird. Im Neuen Testament wird der Teufel deshalb z.B. im 1 Thess 3,5 als *Versucher* bezeichnet, da Paulus sich um den Aufbau der jungen Gemeinde sorgt und fürchtet, dass *der Versucher* schon begonnen haben könnte, die Gemeinde vom Glauben abzubringen. Da der Teufel dies kaum mit einem direkten Angriff schaffen könnte, tritt er als *Versucher* auf, der sie heimlich und unbemerkt in die Irre leitet. Noch deutlicher kommt diese dem Namen immanente Eigenschaft des Teufels in der Episode von der Versuchung Jesu zum Ausdruck.

Die Versuchung Jesu (Mt 4,1–11)[22]

Während im Markusevangelium schlicht konstatiert wird, dass Jesus in der Wüste, dem „Wohnort" der Dämonen, vom Satan versucht wurde (Mk 1,12f), wird diese Geschichte bei Matthäus und Lukas deutlich erweitert (Mt 4,1–11; Lk 4,1–13). Ähnlich wie Gott sein Volk in der Wüste prüfte, muss sich Jesus in der Wüste einem Kampf mit dem Teufel stellen. Dieser tritt an Jesus heran und will ihn von seiner göttlichen Mission abbringen. Aus-

---

[22] Vgl. Ulrich Luz, *Das Evangelium nach Matthäus*, EKK.NT I/1, Neukirchen-Vluyn ⁵2002.

drücklich wird er als *Versucher* bezeichnet, der Jesus mithilfe der Heiligen Schrift selbst überreden will, einen anderen Weg einzuschlagen. Weil Jesus fastet, versucht der Teufel, ihn zum Essen zu überreden. Gleichzeitig verlangt er von ihm den Beweis seiner Gottessohnschaft, indem er ihn zu einem Wunder auffordert. Er soll die Schöpferkraft Gottes nachahmen und Steine in Brot verwandeln. Obwohl Jesus dazu die Fähigkeit hat – schließlich hat er aus Mitleid nach Mt 14,14; 15,32 auf wundersame Weise für Nahrung gesorgt –, verweigert er das Ansinnen des Teufels. Mit einer Anlehnung an Dtn 8,3 („Der Mensch lebt nicht vom Brot allein, sondern von allem, was aus dem Mund des HERRN geht.") lehnt Jesus ab und besteht die erste Prüfung. Der Verweis auf das Wort, das aus dem Mund Gottes kommt, deutet bereits eine grundlegende Charakterisierung der Jesus-Figur im Matthäusevangelium an. Es geht ihm um die Betonung des Gehorsams Jesu gegenüber dem Alten Testament, also um die Einbindung des Christus in die Geschichte Israels.

Der Teufel gibt aber nicht auf und will Jesus erneut dazu bringen, seine Identität mithilfe eines göttlichen Wunders zu legitimieren. Ähnlich wie in Mt 16,1 verweigert Jesus auch jetzt wieder ein solches Zeichen. Interessant ist bei der zweiten Versuchung, dass der Teufel mit der Heiligen Schrift argumentiert. Der Teufel greift einen Vers aus Ps 91,11 f auf und erweist sich so als Kenner der Schriften Israels. Indem er einen Schriftbeweis antritt, wird er nun umso gefährlicher. Seine Tarnung als böses Wesen wird dadurch perfektioniert, dass er sich der „guten", „heiligen" Schrift bedient und diese zum Bösen gebrauchen kann. Inhaltlich hat die Verweigerung Jesu viele Parallelen im Evangelium, die immer eine Gemeinsamkeit aufweisen. Jesus könnte sich sehr wohl mit Hilfe von Engeln seiner Verhaftung entziehen (Mt 26,53), er könnte vom Kreuz herabsteigen (Mt 27,40), allerdings bleibt er immer seiner Sendung treu, die ihn ans Kreuz führen muss, weil der göttliche Heilsplan es vorgesehen hat. Unter dieser Perspektive erweist sich die zweite Versuchung des Satans als Vorwegnahme eines Grundanliegens des ganzen Evangeliums. Jesus erliegt nicht den teuflischen Versuchungen, sondern gehorcht dem göttlichen Gebot. Deshalb wehrt er auch diese Versuchung mit einem Zitat aus der Tora ab. Er zitiert Dtn 6,16 und interpretiert damit das Psalmwort des

Teufels so, dass er die Souveränität Gottes betont, der seinem Heilsplan folgt und von niemandem beeinflusst werden kann.

Schließlich erhöht der Teufel den Einsatz, und die Erzählung strebt ihrem Höhe- und Wendepunkt entgegen. Jetzt versucht er nicht mehr an „harmlosen" Hunger zu appellieren oder das Wesen Jesu zu ergründen, sondern er will Jesus mit absoluter Macht ködern. Dass Jesus diese Macht erlangen wird, zeigen die letzten Verse des Evangeliums. Wenn Jesus durch Tod und Auferstehung hindurchgegangen sein wird, dann ist ihm alle Macht gegeben, allerdings nur auf diese Weise. Das, was der Teufel jetzt vorschlägt, ähnelt dem Versuch des Petrus, Jesus von seinem Leiden abzuhalten. Deshalb wird Petrus auch mit *Satan* angeredet (Mt 16,1). Der Konflikt dreht sich also darum, wie Jesus an die Macht gelangt, wie diese Macht definiert wird und in wessen Vollmacht sie ausgeübt wird. Der Teufel will ihm irdische Macht über die ganze Erde verschaffen, allerdings ist sie dann auch eine rein irdisch-innerweltlich gedachte Macht. Sie ist nicht die Macht, die dem Schöpfer zusteht. Deshalb wird sie auch nicht in Gottes Namen ausgeübt, sondern im Namen des Teufels. Dass der Teufel überhaupt diese irdische Macht verleihen kann, zeigt deutlich, wie sehr sich die Teufelsfigur entwickelt hat. Der Teufel ist jetzt von einem himmlischen Ankläger oder einem gefallenen Engel zum Fürsten dieser Welt geworden (Joh 12,31; 14,30; 16,11). Deutlich scheint dabei der Anspruch römischer Herrscher im Hintergrund zu stehen, sich selbst als Gott verehren zu lassen.[23]

Der Preis, den der Teufel für diese Macht verlangt, ist seine Anbetung. Falls der Sohn Gottes ihn anbeten und als Herrn akzeptieren würde, hätte er das Ziel erreicht, sich an die Stelle Gottes zu setzen. In dieser Versuchung wird also eine zentrale Frage des christlichen Glaubens beantwortet, die sich auch moderne Leser stellen: Warum musste Jesus sterben und auferstehen? Hätte es nicht auch einen anderen Weg gegeben? Matthäus stellt klar, dass Jesus nur im Gehorsam gegenüber der Tora seinen Weg gehen kann, dass seine Macht nicht irdisch-politisch zu verstehen ist, sondern viel umfassender, und dass er sie im Namen Gottes ausübt. Zu diesem Gott Israels bekennt sich Jesus ausdrücklich und widersteht so der ultimativen Versuchung des

---

[23] Theißen, Monotheismus, 55.

Teufels. Er antwortet, indem er sich wiederum an das Deuteronomium (Dtn 6,13) anlehnt und so den Teufel endgültig abwehrt. Mit dem Bekenntnis zur Alleinherrschaft Gottes, dem allein Anbetung zusteht, verweist er den Teufel wieder auf den ihm zukommenden Platz unter Gott. Er degradiert den Teufel und verhindert dessen Überbietung Gottes. Deshalb verlässt der Teufel Jesus schließlich, und sofort treten Engel zu Jesus und dienen ihm.

In der Forschung herrscht weitgehend Konsens darüber, dass diese Geschichte eine Bildung der nachösterlichen Gemeinde ist und nicht auf Jesus selbst zurückgeführt werden kann. Die Erzählung dürfte verschiedene Sinnebenen aufweisen. Zunächst geht es darum zu verdeutlichen, dass Jesus nicht den allzu menschlichen Versuchungen nachgibt, sondern sich als der wahre Sohn Gottes erweist. Allerdings bleibt die Erzählung nicht dabei stehen, sondern weist auch dezidiert christologische Motive auf. Die ersten beiden Versuchungen können so verstanden werden, dass Jesus es ablehnt, seine Identität mithilfe von Schauwundern zu beweisen. Er folgt nicht der Linie antiker Magier und Zauberer, die sich mit solchen Wundern Gehör und Autorität verschaffen wollen. Die dritte Versuchung wehrt das Missverständnis ab, Jesus als politischen Herrscher, als König der Welt im irdischen Sinn zu verstehen. Die Antwort Jesu verweist darauf, dass Gott allein König der Welt ist und er keine militärische Gewalt anstrebt. Damit unterläuft er eine bestimmte Form der Messiashoffnung des antiken Judentums, das den Messias als wiederkehrenden David erwartet, der ein irdisches Königtum errichtet und die politische Befreiung von der römischen Besatzung bringt. Jesus aber widersteht allen Versuchungen und erweist sich so als würdiger Repräsentant Gottes, der mithilfe der Schrift die Anfechtungen des Teufels zurückweisen kann. Dadurch, dass er einer bestimmten Auslegung des göttlichen Wortes folgt, erweist er sich zunächst als Prototyp des frommen Juden und letztlich als der wahre Gottessohn.[24]

---

[24] Zur Wirkungsgeschichte siehe weiter unten S. 141–144.

Der Sturz des Satans (Lk 10)[25]

Für den Evangelisten Lukas ist klar, dass der Teufel die Menschen bedroht und dass sie aufgrund seiner Aktivität leiden müssen (Lk 13,16; Apg 10,38; 26,18). Allerdings besiegt Jesus den Satan, indem er ihm – analog zu Matthäus – widersteht, und kann ihn so für die Dauer seines Wirkens zurückdrängen. Die Zeit des Wirkens Jesu auf Erden ist deshalb für Lukas eine Zeit, in der der Teufel nicht oder nur sehr eingeschränkt wirken kann. Dieser Sieg ist zwar bereits im Himmel errungen, doch bleibt der Teufel für die christliche Gemeinde gefährlich. So lässt Lukas „seinen" Jesus ausdrücklich darauf hinweisen, dass er für die Gemeinde betet, damit der Teufel keinen Erfolg haben möge. Dies gilt explizit für Petrus, dem Jesus offenbart, dass er speziell für ihn gebetet habe, weil der Teufel die Jünger insgesamt prüfen will (Lk 22,31). Da sich die Leser hier mit den Jüngern identifizieren können, wird deutlich, wie gefährlich der Teufel auch für sie selbst ist. Der Teufel kann nämlich in einen Menschen eindringen und von ihm Besitz ergreifen, wie er dies z.B. bei Judas tut (Lk 22,3). Aufgrund dieser teuflischen Besessenheit verrät Judas seinen Meister, und so nimmt das Heilsdrama seinen Lauf.

Im Kontext der *Aussendungsrede* (Lk 10) findet sich ein für das spätere christliche Teufelsbild wichtiger Vers, der zu diesen allgemeinen Beobachtungen beiträgt. Vielleicht wird hier sogar ein Wort des historischen Jesus überliefert, der sich selbst wahrscheinlich in einen endzeitlichen Kampf zwischen Gott und dem Teufel eingebunden sah. Da der zentrale Inhalt der Predigt Jesu die baldige Aufrichtung der Herrschaft Gottes in dieser Welt gewesen sein dürfte (Mk 1,15), lässt sich Lk 10,18 stimmig in diese Botschaft einfügen. Denn zur Durchsetzung des Reiches Gottes gehört auch die Entmachtung der Gott feindlich gegenüberstehenden Dämonen. So interpretiert Lukas die Exorzismen Jesu als Indiz der anbrechenden Gottesherrschaft (Lk 11,20) und setzt die Entmachtung des Anführers der Dämonen, nämlich des Teufels, voraus. Nachdem die 72 Jünger,

---

[25] Vgl. François Bovon, *Das Evangelium nach Lukas*, EKK III/2, Neukirchen-Vluyn ²2008.

die Jesus in Lk 10 aussendet, zu ihm zurückgekehrt sind, berichten sie von ihrem erfolgreichen Kampf gegen Dämonen. In Jesu Namen, also durch die Macht und Autorität Jesu, müssen sich die Dämonen geschlagen geben (Lk 10,17). Der Erfolg ihrer Botschaft scheint demnach nicht in der Bekehrung von anderen Menschen zu liegen, sondern an ihren erfolgreichen Exorzismen abzulesen zu sein. Jesus liefert die Begründung für diese Gabe: „Ich sah den Satan vom Himmel fallen wie einen Blitz. Seht, ich habe euch Macht gegeben, zu treten auf Schlangen und Skorpione, und Macht über alle Gewalt des Feindes; und nichts wird euch schaden." (Lk 10,18f) Die Jünger und Jesus selbst haben in ihrem Kampf gegen Teufel und Dämonen deshalb Erfolg, weil der Teufel bereits gestürzt ist. Hier zeigt sich also deutlich das Motiv des Engelsturzes in Kombination mit dem Sturz Luzifers aus Jes 14. Jesus stellt sich demnach in einen apokalyptischen Geschichtshorizont und nimmt das vorweg, was sich sinnfällig erst noch endgültig ereignen muss, was aber im Himmel bereits der Fall ist. Dieser doppelte Aspekt der Zeit wird zum einen daran deutlich, dass Jesus im Imperfekt spricht („ich sah"), also ist der Fall Satans schon geschehen, dass aber zum anderen die Bedrohung durch den Teufel in der Welt noch anhält. Allerdings beginnt durch diesen Sturz der Lauf der Welt auf ihr definitives Ende zu. Die Gottesherrschaft bricht an, und deshalb sind jetzt schon durch Jesus und die Jünger Siege zu erringen. Jesus offenbart hier seinen Jüngern in visionärer Sprache den endgültigen Sieg über das Böse, an dem er und sie durch Verkündigung und Kampf gegen Dämonen mitwirken. Die Zuversicht, dass dies so kommen wird, gewinnt die Gemeinde Jesu aus diesem Wissen um die Zukunft. Deshalb kann ihnen letztlich auch niemand ernsthaft schaden, weil das Böse im Vorläufigen verbleiben muss. Indem Jesus ausdrücklich betont, dass die Jünger sogar auf die gefährlichsten Tiere der Wüste treten können (Dtn 8,15), wird verdeutlicht, dass auf Erden seiner Gemeinde keine Gefahr mehr droht, die ihnen das eschatologische Ziel rauben könnte. Sie haben alle Gewalt über den Feind, der ihnen aber immer noch nachstellt. Damit ist ein typischer Zug christlicher Geschichtsauffassung und Zuversicht beschrieben: Der Sieg ist schon errungen, aber auf die Früchte des Sieges muss man noch warten, und man steht deshalb immer noch im Kampf gegen das Böse. Dieser

Gedanke wird in der Offenbarung des Johannes noch viel deutlicher ausgesprochen.

Der Beelzebul-Vorwurf (Mk 3,22–30)[26]

Diese Episode wird nur verständlich, wenn die antike Vorstellung von der Bekämpfung eines Dämons bekannt ist. So kann ein Dämon nämlich mithilfe eines *Analogiezaubers* aufgehalten werden.[27] Dieser Zauber basiert auf dem philosophischen Prinzip der kosmologischen Analogie, die besagt, dass die ganze irdische Welt gleich einer himmlischen aufgebaut ist. Diese Analogie gilt seit Platons Dialog *Timaios* (69b) als Bauprinzip der Welt. Das bedeutet beispielsweise, dass der irdische Tempel in Jerusalem entsprechend seinem himmlischen Pendant aufgebaut ist oder dass Kriege, die zwischen Göttern im Himmel ausgefochten werden, auch auf Erden zwischen den jeweiligen Völkern stattfinden. Nach diesem Prinzip wird Gleiches durch Gleiches erkannt und letztlich auch bekämpft, also z.b. Feuer mit Feuer oder Wasser mit Wasser. In der antiken Medizin wird dieses Prinzip eingesetzt, um Krankheiten zu heilen. So rät z.B. Plinius der Ältere in seiner um das Jahr 77 n. Chr. entstandenen *Naturalis historia* (Nat. XXIX, 27), den Biss einer Spitzmaus mit einer in Öl oder Lehm eingelegten Spitzmaus zu behandeln. Noch besser sei es allerdings, jene Spitzmaus auf den Biss zu legen, die gebissen habe. Dieser Analogiegedanke wird auch im antiken Judentum übernommen. In Num 21,6ff stellt Mose als Schutz vor einer Schlangenplage ein Schlangenbild auf. Laut TestXII 6 wird ein Mensch nach seinem Ableben als Strafe genau von dem Dämon gequält, dem er zu Lebzeiten diente. Wahrscheinlich steht dieser Gedanke der Abwehr eines Dämons durch einen anderen Dämon auch im Hintergrund der Katechon-Vorstellung im zweiten Thessalonicherbrief (2 Thess 2,1–12). Dort scheint der dämonisierte Kaiser als der Aufhalter (Katechon) des Widergottes gedacht zu sein. Dass dieser Gedan-

---

[26] Vgl. Wilfried Eckey, *Das Markusevangelium. Orientierung am Weg Jesu. Ein Kommentar*, Neukirchen-Vluyn 1998.

[27] Vgl. Paul Metzger, *Katechon. II Thess 2,1–12 im Horizont apokalyptischen Denkens*, BZNW 135, Berlin/New York 2005, 126f.

ke auch in der späteren christlichen Tradition auftaucht, belegt z.b. der Kirchenbau, der Dämonenbilder zur Abwehr von Dämonen an den Außenwänden von Kirchen anbringt. Im Volksglauben lässt sich dieser Gedanke sogar archäologisch nachweisen, wenn Skelette von (schwarzen) Tieren (oft: Hunden) vor Türschwellen entdeckt werden.[28] Diese halten dann durch einen apotropäischen Schutzzauber den Dämon davon ab, in das Haus einzudringen.[29] Der Teufel kann demnach auch durch den Teufel aufgehalten werden oder ein Dämon kann, wie bei Markus, durch seinen obersten Herren ausgetrieben werden.

Dieses Verständnis bildet die Basis für die markinische Erzählung, die den Verdacht der Schriftgelehrten aufgreift, Jesu sei mit dem Teufel im Bunde und könne so die Dämonen austreiben. Die Schriftgelehrten deuten also die Exorzismen Jesu anders als das Markusevangelium, und die Episode dreht sich um die richtige Deutung der Taten Jesu. Die Taten sind ambivalent und keine Beweise der Messianität Jesu. Für diejenigen, die nicht an Jesus glauben, können sie auch als Taten eines Exorzisten erscheinen, der sich mit *Beelzebul* eingelassen hat. Obgleich es möglich ist, dass hier an die bewusste Karikatur der ursprünglichen Gottheit gedacht ist, wie sie in 2 Kön 1 anzutreffen ist,[30] zeigt sich hier bereits eine Verschmelzung von höchstem Dämon und Teufel, da Markus keinen Unterschied mehr macht und Jesus vom *Satan* reden lässt. Der Vorwurf der Schriftgelehrten ist deshalb für Jesus gefährlich, weil ein Exorzist, der mit dem Teufel im Bunde steht, selbst dem Tod geweiht ist. Seine Heilstaten wirken dann auch nur scheinbar und verstricken den Exorzierten eher noch mehr in die dämonische Besessenheit. Jesus kontert den Vorwurf der Schriftgelehrten direkt durch drei Bildworte. Er ruft seine Jünger zusammen und unterweist sie in der für Markus typischen Form in Gleichnissen. In einer rhetorischen Frage wird zurückgewiesen, dass der Satan sich selbst bekämpft. Die Bildworte von Reich und Haus, die nicht bestehen können, wenn sie Risse aufweisen und mit sich selbst un-

---

[28] Das Motiv des schwarzen Hundes als Verkörperung des Satans findet sich z.B. im Film *Das Omen* wieder. Siehe weiter unten S. 186.

[29] Vgl. zum Thema „Schutzzauber": Otto Böcher, *Dämonenfurcht und Dämonenabwehr. Ein Beitrag zur Vorgeschichte der christlichen Taufe*, BWANT 90, Stuttgart 1970.

[30] Siehe oben S. 14 f.

eins sind, zeigen, dass das Reich Satans nicht von innen heraus bekämpft wird, sondern von außen. Das dritte Bildwort vom Fesseln des Starken verdeutlicht die Rolle Jesu nun positiv. Er ist derjenige, der aufgrund seiner göttlichen Vollmacht in das Haus des Satans eindringen und ihn fesseln kann. Nur weil er Satan zuerst besiegt hat bzw. weil Satan zuerst besiegt wurde, kann Jesus die Dämonen austreiben und das Reich des Satans berauben. Deutlich ist mit dieser Episode also zum Ausdruck gebracht, dass die Entmachtung Satans, wie sie bei Lk 10,18 vorausgesetzt wird, schon geschehen ist. Dies ist der Grund, warum sein Reich nun zerfällt und Gottes Reich errichtet werden kann.

Der Mörder von Anbeginn (Joh 8)

Eine besonders katastrophale Wirkungsgeschichte geht von Joh 8 aus. Schwer erträglich ist dieser Text, wenn man ihn vor dem Hintergrund der unheilvollen Geschichte zwischen Juden und Christen im Allgemeinen und der deutschen Verbrechen während des Nationalsozialismus im Besonderen liest. Seine Spitzenaussagen, wonach der Teufel der Mörder von Anfang an sei und als solcher Vater der Juden (Joh 8,44), lesen sich wie die Legitimation des Antijudaismus. Deshalb ist es wichtig, den Text in seinem historischen Kontext zu verstehen und so klarzustellen, dass er nicht als Beleg für Judenfeindschaft dient. Das Kapitel dreht sich um die Identität und Autorität Jesu und muss somit als dezidiert theologischer Text betrachtet werden, der auf keinen Fall als historische Begebenheit misszuverstehen ist. Zum Verständnis dieser Aussagen ist es notwendig, den Text in seinen historischen Horizont einzuzeichnen und ihn als theologische Deutung der Erfahrungen zu lesen, auf die er reagiert. Es geht hier „um Proklamationen zur Vergewisserung der eigenen Gruppe",[31] die sich durch die Erfolglosigkeit ihrer Mission verunsichert fühlt und sich inmitten eines Konflikts zwischen „jüdischen Menschen, die den gekreuzigten Jesus für den Messias hielten, und der Mehrheit ihrer Landsleute, die diesen Glauben

---

[31] Klaus Wengst, *Das Johannesevangelium*, ThKNT 4,1, Stuttgart 2000, 326.

entschieden ablehnten",[32] wiederfinden. Die johanneische Gemeinde sieht sich als von ihrer eigenen Umgebung verstoßen (Joh 16,2) und versucht, ihre eigene Existenz zu begründen. Dieser Rechtfertigungsdruck wird in diesem Kapitel durch ein Gespräch zwischen Jesus und den Juden aufgefangen. Die harte Ausdrucksweise und die Zuordnung „der" Juden zum Teufel erklären sich aus diesem Konflikt und dürfen nicht als theologische Wahrheit, sondern nur als zeitbedingtes Urteil einer Gruppe verstanden werden. Der theologische Konflikt dreht sich in diesem Textabschnitt Joh 8,31–59 um das Thema der wahren Freiheit. Die johanneische Perspektive beharrt darauf, dass diese Freiheit nur im Glauben an Jesus gefunden werden kann. (Joh 8,32). Dem traditionellen Judentum ist dies fremd, da durch die Tora bereits Freiheit gewährt ist, und so lässt Johannes die Juden ihr Erstaunen bekunden: Als Kinder Abrahams sind sie doch schon frei. Der Text bindet hingegen die Freiheit an Jesus (Joh 8,36) und spricht der Gemeinde auf diese Weise zu, in der Wahrheit zu sein, auch wenn dies aufgrund der Angriffe und der Spaltungen, die sie erlebt, nicht augenscheinlich ist. In seinem Kern erweist sich der theologische Dialog als Trost der angefochtenen Gemeinde. In gewisser Weise projiziert der Text damit ein Problem seiner Gegenwart in die Zeit Jesu zurück und erklärt die historisch schwierig zu verifizierende Feindschaft, die die johanneische Gemeinde erlebt, mit dem falschen Glauben ihrer ehemaligen Brüder. Die Logik des Textes, der unter dem Zwang steht, seine Gegenwart erklären zu müssen, führt also zur Anklage der Juden als Kinder des Teufels. Der wahre Konflikt, um den es hier geht, ist der Misserfolg der johanneischen Mission bei den eigenen Landsleuten: Ihr Wort findet keinen Raum bei den Juden (Joh 8,37). Der johanneische Jesus spricht deshalb den Juden ihre jüdische Identität ab, indem er faktisch leugnet, dass sie Abrahams Kinder seien. Dies folgert er aus seiner Behauptung, dass sie nicht die Werke Abrahams ausführen, sondern ihn töten wollen (Joh 8,40). Dies aber ist kein Werk Gottes, sondern ein Vorhaben des Teufels. Zwar behaupten die Juden, dass ihr Vater Gott sei (Joh 8,41), doch zeigen ihr Verhalten und die Tatsache, dass sie Jesus nicht lieben (Joh 8,42), dass Gott nicht ihr Vater sein kann: Sie sind weder Kinder Abrahams noch

---

[32] Wengst, Johannesevangelium, 21.

Gottes. Weil sie Jesu Wort, also die johanneische Botschaft, nicht annehmen, schließt der Text: „Ihr habt den Teufel zum Vater, und nach eures Vaters Gelüsten wollt ihr tun. Der ist ein Mörder von Anfang an und steht nicht in der Wahrheit; denn die Wahrheit ist nicht in ihm. Wenn er Lügen redet, so spricht er aus dem Eigenen; denn er ist ein Lügner und der Vater der Lüge."

(Joh 8,44) Der Text folgert diesen verheerenden Satz weniger aus christlichem Glauben, sondern eher „aus einer Wirklichkeit ..., die Johannes mit seiner Gruppe als teuflisch erfährt"[33]. Ähnlich wie die Texte von Qumran das Selbstverständnis der Gruppe und die „Verteufelung" ihrer Gegner belegen, muss auch für das Johannesevangelium konstatiert werden: „Die als schlimm empfundene Erfahrung, ausgeschlossen worden zu sein, führt zur Verteufelung derer, von denen man sich verleumdet und bedroht fühlt."[34]

Für die Teufelsfigur ist hier ersichtlich, dass auf Gen 3 angespielt wird, obwohl die Schlange dort eigentlich nicht lügt. In Kombination mit Weish 2,24 wird der Teufel aber zu dem entscheidenden Gegenspieler der christlichen Gemeinde. Der Teufel hat für Johannes daher „seinen Ort nicht in der Wirklichkeit, jedenfalls nicht in der Wirklichkeit Gottes, die wirkliches Leben will, ermöglicht und bewirkt, sondern in ihrer Verneinung"[35]. Allerdings liegt es nicht im Interesse des Textes, grundsätzliche Aussagen über den Teufel zu machen, sondern seine Gegenwart zu erklären. Deshalb interessiert sich Johannes nur für die Rolle des Teufels im kosmischen Heilsdrama und nicht für seine Genese. Für Johannes steht der klare Gegensatz fest, dass Christus das Licht der Welt ist, während *der Fürst dieser Welt*, der durch die Sendung Jesu besiegt wurde (Joh 12,31), die Finsternis beherrscht. Dem schroffen Gegensatz dieser Weltdeutung eignet ein dualistischer Zug, der in der Wirkungsgeschichte zuweilen stark betont wurde. Denn einen wirklichen Gegensatz zwischen Gott und Teufel auf einer Ebene lässt das Evangelium nicht erkennen.

---

[33] Wengst, Johannesevangelium, 337.
[34] Wengst, Johannesevangelium, 337.
[35] Wengst, Johannesevangelium, 339.

Der letzte Kampf (Offb 12; 20)

Die Teufelsvorstellung im Neuen Testament findet ihren Höhepunkt sicherlich in der Offenbarung des Johannes. Es geht in diesem Buch um die Offenbarung der Gegenwart und der Zukunft. Der Seher Johannes deutet seinen Lesern die Welt unter einer ganz bestimmten Perspektive mit dezidierten Absichten. Es geht ihm zum einen um einen ethischen Impuls. Er will seine Leser darauf einschwören, ihr Leben so zu leben, wie es in seinen Augen ein Christ tun muss, auch wenn er von seiner Umwelt dann Nachteile in Kauf nehmen muss. Weder darf sich ein Christ an die Welt anpassen, noch sich mit ihr arrangieren. Er soll zur Umwelt eine radikale Distanz halten und sich so seiner Berufung würdig erweisen. Deshalb blickt der Seher auch in die Zukunft und gewinnt aus dieser Perspektive die Berechtigung seiner Forderung. Er motiviert sie mit dem Ausblick, dass diese Zeit des Ausharrens nicht mehr lange dauern und dass Gott diejenigen belohnen wird, die jetzt standhaft bleiben. Der Trost ist damit die zweite wichtige Botschaft der Offenbarung des Johannes. Deshalb kann die Gemeinde auch über das kommende Gericht jubeln und es herbeisehnen. Denn dann wird endgültig und sinnfällig offenbar, was jetzt schon gilt: Der Sieg über den Teufel ist errungen und die Seligkeit der Gerechten garantiert. Das positive Urteil ist schon gefallen. Das bereits bestandene Gericht wird zur Ermöglichung und Motivation der Ethik. Das dritte grundlegende Anliegen der Offenbarung ist ihr Aufruf zum Dank angesichts des errungenen Sieges. Deshalb kann Johannes jetzt schon zum Lob Gottes aufrufen, obwohl der Teufel noch in der Welt ist. In dieser Perspektive geht es der Offenbarung also nicht um Drohung oder Verbreitung von Angst, sondern letztlich um Trost, Zurüstung zum christlichen Leben und Gotteslob.

Im Kleinen findet sich diese ganze Theologie in der Betrachtung von Offb 12, wo sich die Verschmelzung von Teufelsvorstellungen definitiv und stilbildend vollzieht.[36] Offb 12 berichtet

---

[36] Vgl. Jürgen U. Kalms, *Der Sturz des Gottesfeindes. Traditionsgeschichtliche Studien zu Apokalypse 12*, WMANT 93, Neukirchen-Vluyn 2001; Paul Metzger, „,Der Teufel hat wenig Zeit' (Offb 12,12). Hans Blumenberg,

in einer großen Vision vom Kampf im Himmel und dem Sturz des Teufels. Nachdem die Himmelsfrau in die Wüste gerettet wurde, entbrennt ein Kampf im Himmel. Michael und seine Engel kämpfen gegen den Drachen, der das Kind der Himmelsfrau bedroht. Anders als in den bekannten Traditionen vom Sturz der Engel wird hier keine Begründung gegeben, wie sie etwa das äthIIen kennt, allerdings hat der Drache auch Anhänger, die mit ihm bekämpft werden. Der Text zielt aber deutlich darauf ab, dass der Drache aus dem Himmel geworfen wird. Der Seher vermischt hierbei unterschiedliche Teufelstraditionen und setzt den Drachen, der an die alttestamentlichen Ungeheuer (z.B. Leviatan) erinnert, die Schlange aus der Genesis, den alttestamentlichen Satan und den Teufel jetzt in eins: „... hinausgeworfen wurde der große Drache, die alte Schlange, die da heißt: Teufel und Satan, der die ganze Welt verführt" (Offb 12,9). Charakterisiert wird der Teufel als derjenige, der die Welt verführt, weshalb sie den Christen feindlich gegenübersteht, und der die Brüder vor Gott verklagte – hier also eine deutliche Anleihe an die Vorstellung bei Sacharja. Im Drachen bzw. Teufel werden damit alle widergöttlichen Gewalten verkörpert, an die der Seher denkt. Dies passt zu der Beobachtung, dass der Teufel nicht nur der Feind der Christen ist, sondern auch gleichzeitig als Herr der heidnischen Götter verstanden wird, die ihrerseits zu Dämonen herabgestuft werden. Wenn z.B. in Pergamon der „Thron des Satans" (Offb 2,13) steht, dann wird die Beziehung von heidnischer Gottheit und Teufel sichtbar, weil damit ein heidnisches Heiligtum gemeint ist. Die Niederlage des Teufels ist damit der ultimative Triumph Gottes über das Böse im Himmel und auf der Welt. Dieser Sieg wird nun im Duktus von Offb 12 durch einen Hymnus besungen, der den entscheidenden Wendepunkt der Weltgeschichte feiert. Allerdings hängt damit noch nicht das Heil des Individuums zusammen. Denn der Jubel über den Sturz des Teufels bricht nur im Himmel aus. Im Gegensatz zum Aufruf zur Freude in Jes 44,23; 49,13 betrifft der Jubel nur den

---

die Wahrheit der Apokalyptik und die Legitimität der Auslegung", in: Zeitschrift für Neues Testament 22 (2008), S. 34–43; Jan Dochhorn, Schriftgelehrte Prophetie. *Der eschatologische Teufelsfall nach Apc Joh 12 und seine Bedeutung für das Verständnis der Johannesoffenbarung*, WUNT 268, Tübingen 2010.

Himmel. Die Erde muss sich dagegen vorsehen, da der Teufel jetzt auf ihr sein Unwesen treibt. Den Menschen steht eine harte Zeit bevor, gerade weil der Drache aus dem Himmel geworfen wurde. Er weiß nun, dass ihm nur noch eine kurze Zeit bleibt, um sein unheilvolles Werk auszuführen. Deshalb ist er umso zorniger, und seine Aktivität wird noch unheilvoller ausfallen. Die negative Wahrnehmung der Umwelt aus der christlichen Minderheitsperspektive wird durch die mythologische Rede vom Teufel erklärt. Die Welt ist „böse", weil der Teufel aufgrund seiner endgültigen Niederlage einen besonderen Zorn hat. Obwohl die Weltwahrnehmung also das Gegenteil suggeriert: Die Christen sind trotzdem schon erlöst. Allein der wütende Teufel ist noch unter ihnen, und die Christen müssen die Konsequenzen des himmlischen Kampfes jetzt ertragen. Dass diese Gegenwart nicht mehr lange dauern wird, ist der Trost für die angefochtenen Christen. Ihnen wird im Ausblick in die Zukunft auch der sinnfällige Sieg über den Teufel verheißen.

Die Zukunft stellt sich für den Seher allerdings sehr komplex dar.[37] Sobald das Römische Reich gefallen ist, dessen Ende als Initiation des endzeitlichen Dramas gilt (Offb 19), beginnt das 1000-jährige Reich.[38] Die Agenten des Teufels sind entmachtet, der Reiter auf einem weißen Pferd aus Offb 19 hat sowohl das Tier aus Offb 13, das Spiegelbild des Drachens, als auch dessen Handlanger, den falschen Propheten, getötet. Auch die Könige der Erde, die mit diesen gegen die christliche Gemeinde gekämpft haben, werden durch das im Reiter personifizierte Wort Gottes (Offb 19,13) vernichtet. Der Teufel, der in Offb 20,2 analog zu seiner Bezeichnung in Offb 12,9 wieder mit den Hauptgestalten des Bösen in der Tradition in eins gesetzt wird, steht jetzt allein da und sieht sich dem Angriff eines Engels vom Himmel her ausgesetzt. Dieser Engel fesselt ihn für tausend Jahre und verhindert damit sein Wirken in dieser Zeit, in der den Märtyrern Gerechtigkeit zuteil wird, indem sie auferstehen und mit Christus diese Zeit regieren. Die Märtyrer sind also bereits

---

[37] Vgl. Ulrich B. Müller, *Die Offenbarung des Johannes*, ÖTK.NT 19, Gütersloh 1984; Otto Böcher, *Johannesoffenbarung und Kirchenbau. Das Gotteshaus als Himmelsstadt*, Neukirchen-Vluyn 2010.

[38] Vgl. Otto Böcher, „Chiliasmus. I. Judentum und Neues Testament", in: TRE 7, 1981, S. 723–729.

gerettet, bevor das Gericht über die ganze Welt einsetzt und sich alle Menschen dem Gericht stellen müssen.

Gott verbannt den Teufel in die Unterwelt und schafft so eine Friedenszeit. Dies entspricht dem Schöpfungshandeln Gottes, der am Anfang der Welt das Meer als die gefürchtete Chaosmacht besiegt und sich untertan gemacht hat. Beginn und Ende der Welt entsprechen so einander. Die Idee, wonach der Messias für eine begrenzte Zeit ein Reich auf der Erde errichten wird, entstammt wahrscheinlich der Erwartung eines politischen Messias. Johannes kombiniert die Erwartung eines messianischen Königtums mit dem Ausblick auf das Ende der ganzen Welt. Eine nationale Perspektive, die auf das Königtum Israels blickt, wird so mit einer eher universalen Erwartung verbunden. Dass das messianische Reich ausgerechnet tausend Jahre dauert, dürfte auf eine rechnerische Kombination zurückgehen, die alttestamentliche Bezüge zusammenführt und annimmt, dass die Welt in bestimmte Zeiten eingeteilt ist, z.B. Wochen. Wenn in Gen 2,2 festgestellt wird, dass Gott die Welt in sechs Tagen erschaffen hat, und dies mit der Aussage in Ps 90,4 kombiniert wird, wonach ein Tag für Gott wie tausend Jahre sind, dann dauert die Weltgeschichte sechstausend Jahre. Der siebte Tag ist dann ein tausendjähriger „Ruhetag". Diese Sicht belegt eine Stelle aus dem apokryphen Barnabasbrief, die besagt, dass der Sohn Gottes am siebten Tag ruhen wird, wenn er kommt, die Gottlosen zu richten (Barn 15,4ff). Es ist demnach anzunehmen, dass hier an die Vorstellungen eines „Weltensabbats" angeknüpft wird.

Nach Ablauf der tausend Jahre kommt der Satan wieder frei. Er hat nun keine Helfer mehr, da seine beiden Agenten und das römische Imperium vernichtet sind. Daher muss er bis an die Enden der Erde ziehen, um neue Mitstreiter zu finden, die sich mit ihm dem letzten Kampf gegen Gott stellen. Johannes orientiert sich dabei an Vorstellungen aus dem Alten Testament. Er benennt die aus Ez 37 ff bekannten *Gog* und *Magog* als Verbündete des Teufels. Bei Ez 38 heißt das Land, aus dem der Fürst Gog kommt, Magog, doch haben sich beide Bezeichnungen so weiterentwickelt, dass Gog und Magog Eigennamen wurden und in ihrer Doppeltheit als Symbol für ein gewaltiges Heer stehen, das Jerusalem bedroht. Der konkrete Bezug aus Ez 38 wird abgelegt und die Bedeutung aus einem etwaigen historischen Kontext gelöst. Gog und Magog sind jetzt die bösen Gegner, die mit ihren mächtigen Heeren gemeinsam mit dem Teufel gegen Gott antreten. Der Seher betont die Macht des angreifenden Heeres, indem er sie mit der unzählbaren Menge des Sandes am Meer vergleicht. In Anlehnung an Ez 38,11 f lokalisiert Johannes den Krieg auf der Ebene der Erde, wo die geliebte Stadt Jerusalem liegt. Die Feinde umzingeln die Stadt, doch bevor es zu einem Kampf kommt, fällt Feuer vom Himmel (vgl. 1 Kön 19,38) und vernichtet sie. Dann wendet sich der Blick dem Teufel zu. Er wird wieder als derjenige gebrandmarkt, der die feindlichen Völker verführt hat, und so rückgebunden an seine ursprüngliche Funktion, wie sie in Offb 12,9; 20,2 skizziert ist. Er findet sein Ende, indem er in einen See von Feuer geworfen wird, wo sich bereits das Tier und der falsche Prophet aus Offb 19 befinden. Dort werden sie bis in alle Ewigkeit gequält. Nun beginnt das Letzte Gericht, das alle Menschen nach ihren Werken beurteilt. Wer dabei nicht im Buch des Lebens steht, wird in den Feuersee geworfen. Und erst nachdem das Jüngste Gericht beendet ist und auch Tod und Hades entmachtet, ihrer Toten beraubt und selbst in den Feuersee geworfen sind, strebt die Zukunftsvision ihrem endgültigen Höhepunkt entgegen: der Herabkunft des himmlischen Jerusalem.

Einzelmotive

Ein vor allem in der Kunstgeschichte und im Kirchenbau bedeutender Vergleich findet sich im ersten Petrusbrief.[39] Der Verfasser warnt seine Leser: „Seid nüchtern und wacht; denn euer Widersacher, der Teufel, geht umher wie ein brüllender Löwe und sucht, wen er verschlinge. Dem widersteht, fest im Glauben, und wisst, dass ebendieselben Leiden über eure Brüder in der Welt gehen." (1 Petr 5,8 f). Die Erfahrung des Bösen wird hier durch den im biblischen Bereich einmaligen Vergleich von Löwe und Teufel ausgedrückt, der die Gemeinde in der Welt bedroht. Offensichtlich rechnet der Verfasser mit dem nahenden Ende der Welt und ruft deshalb seine Leser dazu auf, sich des kommenden Gerichts als würdig zu erweisen. Durch den Hin-

---

[39] Vgl. Norbert Brox, *Der erste Petrusbrief*, EKK XXI, Neukirchen-Vluyn ²1986, 238ff.

weis auf den umhergehenden Teufel wird ausgedrückt, dass alle Christen zu jeder Zeit in der Welt in der Gefahr stehen, vom Teufel in Versuchung geführt zu werden. Das, was die Christen an Bösem in dieser Zeit erfahren, wird also letztlich auf den großen Feind zurückgeführt, der hinter diesen Angriffen steht. Um seine Leser zu trösten und sie zu ermuntern, die Härten ihres Alltags zu bestehen, greift der Verfasser auf das Bild eines kosmischen Dramas zurück. Aufgabe der Christen ist es, in der Endzeit den Nachstellungen des Teufels Widerstand entgegenzusetzen, also in ihrer Gegenwart und in ihrer Umwelt mit einem tadellosen Lebenswandel zu glänzen, sodass die Umwelt keinen Anstoß an ihnen nimmt. Konkrete ethische Unterweisung wird demnach eingebunden in eine mythologische Erzählung, die das Leben der Gemeinde deutet. Der Teufel ist demnach Ursache der Bedrohung und insofern eine die Gegenwart der Gemeinde bestimmende Macht.

Obwohl der Vergleich von Teufel und Löwe in der Bibel ansonsten nicht geläufig ist, hat er dennoch eine große Wirkungsgeschichte entfaltet. Zuweilen werden Bodenfließen in Kirchengebäuden mit Löwen bemalt, denen der getaufte Christ buchstäblich auf den Kopf treten kann (z.B. Mosaikfußboden S. Giovanni Evangelista in Ravenna)[40], oder Taufsteine werden von Löwen getragen, wodurch symbolisiert werden kann, dass die Taufe den Teufel besiegt (z.B. beim Taufstein der Martinskirche in Bockenheim a.d.W.)[41].

Ein weiteres wirkmächtiges Motiv findet sich im Judasbrief, der seine Adressaten in die Lage versetzen will, für ihren Glauben Rechenschaft abzulegen und sich angesichts von Gegnern behaupten zu können.[42] Deshalb liest sich der Brief über weite Strecken wie eine Anklage gegen diese konkurrierende christliche Lehre und deren Anhänger. Im ersten Teil schildert der Brief, dass das Gericht Gottes über diese Feinde bereits ergangen ist, und ruft biblische Beispiele in Erinnerung (Exodus, Sodom und Gomorra), die zeigen, dass Gott seine Feinde bestraft. Der Ver-

---

[40] Vgl. Böcher, Johannesoffenbarung, 55 (mit Abbildung).

[41] Vgl. Otto Böcher, „Der Taufstein der protestantischen Pfarrkirche zu Klein-Bockenheim", in: Der Wormsgau 7, 1965/66, 63f.

[42] Vgl. Anton Vögtle, *Der Judasbrief. Der zweite Petrusbrief*, EKK XXII, Neukirchen-Vluyn 1994.

fasser bezichtigt seine Gegner, Träumer zu sein, die ihr Fleisch beflecken und alles lästern, wovon sie nichts verstehen. Inmitten dieser Anklage findet sich ein Vergleich, der zeigen soll, dass die Feinde sich ein Urteil anmaßen, zu dem sich selbst der Erzengel Michael nicht in der Lage sah: „Als aber Michael, der Erzengel, mit dem Teufel stritt und mit ihm rechtete um den Leichnam des Mose, wagte er nicht, über ihn ein Verdammungsurteil zu fällen, sondern sprach: Der Herr strafe dich!" (Jud 9) Der Verfasser kontrastiert die Anmaßung seiner Feinde mit der Demut des Erzengels. Während sonst biblisch argumentiert wird, kennt das Alte Testament keinen Streit um den Leichnam des Mose. In Dtn 34 scheint Mose von Gott selbst begraben zu werden. Diese Szene wird in der Überlieferung so weit ausgeschmückt, dass nun ein Kampf um den Leichnam zwischen dem Engel und dem Teufel stattfindet. Warum der Teufel Anspruch auf den Leichnam anmeldet, lässt sich nur vermuten. Entweder weil ihm als dem Fürsten der Welt alles Materielle gehört oder weil er als Ankläger Gottes Mose vor dem himmlischen Gericht verklagen will, da dieser schließlich ein Mörder war. Wichtig für den Text ist aber vor allem die Divergenz zwischen dem Engel, der nicht einmal über den Teufel ein Urteil sprechen, sondern dieses Gott selbst überlassen will, und den Briefgegnern, die größere Mächte, nämlich die Engel, lästern. In der Wirkungsgeschichte ist vor allem der Streit zwischen Teufel und Engel um einen Toten interessant, was dazu führt, dass generell um die Seele gestritten werden kann, und was die vor allem im Märchen präsente Vorstellung freisetzt, dass Engel und Teufel am Ende des menschlichen Lebens um die Seele eines Menschen streiten.[43]

Fazit

Insgesamt zeigt sich, dass der Teufel im Neuen Testament in allen literarischen Schichten vorkommt und das theologische Denken bestimmt. Er ist der Gegner der christlichen Gemeinde, der aus der Feindschaft gegen Gott und Christus heraus

---

[43] Siehe weiter unten, S. 164. Dieses Motiv findet sich aber auch in der Pop-Musik, z.B. bei Chris de Burghs *Spanish Train*, siehe weiter unten S. 192.

versucht, die Christen von ihrem Glauben abzubringen. Er versucht erstens in der Gegenwart die Gemeinde zu spalten und in ihrer Existenz zu bedrohen, indem er ihr Irrlehrer schickt und die Umwelt gegen sie aufstachelt. Zweitens kämpft er auch gegen Christus und sein Heilswerk in der Endzeit, wo er eine Rolle im kosmischen Drama übernimmt und den letzten Krieg gegen Gott und die Christen anführt. Allerdings weiß das Neue Testament auch, dass der Teufel zwar eine reale Bedrohung ist, dass er aber grundsätzlich bereits von Gott bzw. Christus oder den Engeln besiegt wurde und so nur noch eine kurze Zeit wirken kann. Wichtig ist daher vor allem die Überzeugung, dass der Teufel entmachtet ist: „Dazu ist erschienen der Sohn Gottes, dass er die Werke des Teufels zerstöre." (1 Joh 3,8) Auf einer Ebene mit Gott steht er deshalb an keiner Stelle, sondern wird immer zu einem bösen Prinzip degradiert, das am Ende nicht gewinnen kann. Seine Entwicklung speist sich daher letztlich aus dem monotheistischen Prinzip: „Um das Böse von Gott fernzuhalten, wurde es einer Gott untergeordneten Gestalt zugeschrieben: dem Satan."[44]

Die Entwicklung des Teufels – Antike und mittelalterliche Kirchengeschichte

Die neutestamentliche Vorstellung von der Existenz böser Engel bzw. Dämonen und deren Herrscher, dem Teufel,[45] wird auch von der Alten Kirche übernommen, weiter ausdifferenziert und in ein theologisches System integriert. Teilweise droht dieses System dabei die Majestät Gottes anzugreifen, da sich die Vorstellung des Teufels weiterentwickelt; er rückt von dem gefallenen Engel zu einem bösen Schöpfergott, einem Gegengott mit eigenem Reich auf, der dem wahren Gott gegenübersteht. Dem Teufel wird vor seinem Fall die Macht über die Materie zugeschrieben, was die Materie abwertet[46] und den Teufel als

---

[44] Theißen, Monotheismus, 50.
[45] Vgl. zu den verschiedenen Teufelsnamen Jan Dochhorn, „Der Sturz des Teufels in der Urzeit", in: ZThK 109, 2012, 3–47.
[46] Vgl. Dochhorn, Sturz, 28.

negativen Schöpfer einführt. Diese Lehre wird aber von den sich später als „orthodox" erweisenden Kirchenvätern leidenschaftlich bekämpft, sodass gerade in der Auseinandersetzung um das rechte Verständnis Gottes auch die Vorstellung vom Teufel weiter konkretisiert wird. Der Teufel gewinnt an Einfluss, erhält Konturen und wird als Gestalt immer greifbarer.

Im Hintergrund dieser Entwicklung stehen verschiedene Faktoren. Zunächst begegnet das Christentum im 2. Jahrhundert einem radikal religiösen Dualismus, der vor allem aus Persien bekannt ist.[47] Daneben sieht sich das frühe Christentum immer wieder Verfolgungen ausgesetzt. Christen werden um ihres Glaubens willen gefoltert, was in den härtesten Konsequenzen bis in den Märtyrertod führt. So wird das Böse am eigenen Leib erfahren, es wird sichtbar und spürbarbar, und dies prägt die Auffassung von Engeln, Dämonen und Teufel. So ist sich Justin der Märtyrer sicher: „Ursache der Verfolgungen sind die Dämonen."[48] Hinzu kommen ein weit verbreiteter Chiliasmus, also die Erwartung eines tausendjährigen neuen Friedensreichs Christi auf Erden, sowie heidnische und jüdische Vorstellungen von einem Geisterreich, das zwischen Himmel und Erde angesiedelt ist. Analog zur jüdischen Engellehre finden sich auch bei den ersten Kirchenlehrern Rangordnungen der Engel, deren Entwicklung auch auf die sich ausbildende kirchliche Hierarchie Einfluss nimmt, da die himmlische Rangfolge auf die irdische und teuflische „Amtsstruktur" übertragen wird. So wie Gott den Engeln Aufgaben überträgt, so kann auch der Teufel seinen Dämonen bestimmte Dinge anvertrauen. Besonders deutlich wird dies in der – bereits in Qumran anzutreffenden[49] – Vorstellung, dass dem Menschen ein Engel und ein Teufel zur Seite gestellt werden können, die versuchen, den Willen des Menschen zu beeinflussen.

Vor diesem geistesgeschichtlichen Hintergrund sind die Beschreibungen des Teufels und der Dämonen zu lesen. Ab der Mitte des 2. Jahrhunderts entsteht eine Fülle von Varianten der

---

[47] Siehe weiter oben S. 16.
[48] Justin, Zweite Apologie, Kapitel 4; http://www.unifr.ch/bkv/kapitel78-3.htm (Zugriff am 2. 4. 2012).
[49] Siehe weiter oben S. 36.

Engelsfalldarstellung.[50] Als Begründung für das Abfallen des Teufels von Gott wird entweder sein Hochmut (Origenes[51]), seine Anmaßung, wie Gott zu sein (Augustin[52]), oder sein Neid auf die Menschen (Tertullian[53], Gregor von Nyssa[54]) angeführt. Der Neid richtet sich dabei in erster Linie nicht gegen Gott, sondern gegen den Menschen.[55] Als Konsens bildet sich dabei heraus: Der Teufel hat als ursprünglicher Engel den rechten Bezug zu Gott und seinen Geschöpfen verloren und verfolgt stattdessen ausschließlich selbstsüchtige und egoistische Ziele, weshalb ihn Gott verstoßen hat. Die einzelnen Darstellungen unterscheiden sich vor allem darin, wann, wie und warum Luzifer von Gott abgefallen ist.

Ab dem 2. Jh. n. Chr. rückt die Deutung von Jes 14,12 ff[56] auf den Teufel in das Blickfeld der christlichen Theologen und verbindet sich mit dem Nachdenken über den ursprünglichen Fall des Teufels.[57] So wird der Teufel zum gefallenen Gegenspieler Gottes – nicht mehr des (ersten) Menschen – und wird gestürzt, weil er Gott dessen Rang streitig machen wollte. Dass Satan in seinem Fallen andere Engel durch seine Überredungskunst mitgerissen hat, ist am Ende des 4. Jh. n. Chr. schließlich gängige Lehrmeinung.

Der Teufel und der Kampf um die christliche Lehre

Zu Beginn des zweiten Jahrhunderts sind die Rollen klar verteilt: Gott ist der gute Schöpfer – der böse Teufel ist von ihm abgefallen. Durch die aufkommende christliche Gnosis wird diese

---

[50] Vgl. Dochhorn, Sturz, 17.

[51] Vgl. Origenes, De orat. II, XXVI,5; http://www.unifr.ch/bkv/kapitel126-4.htm (Zugriff am 3. 4. 2012)

[52] Vgl. Augustin, Tract. in Iohann. Euang., 17,16; http://www.unifr.ch/bkv/kapitel1790-16.htm (Zugriff am 3. 4. 2012).

[53] Vgl. Tertullian, De patient. 5; http://www.unifr.ch/bkv/kapitel58-4.htm (Zugriff am 2. 4. 2012)

[54] Gregor v. N., Orat. catech. VI,3; http://www.unifr.ch/bkv/kapitel2360-2.htm (Zugriff am 2. 4. 2012)

[55] Vgl. Dochhorn, Sturz, 27

[56] Siehe weiter oben S. 26 f.

[57] Vgl. Dochhorn, Sturz, 34ff.

Rollenverteilung allerdings in Frage gestellt.[58] Jene Zeit – von Christof Markschies als „Laboratorium"[59] der christlichen Theologie bezeichnet – muss klären, was „wahre" christliche Lehre ist und was abgelehnt wird. Das Ringen um die „orthodoxe" Theologie bestimmt auch die Frage nach dem Teufel. Die später so genannten „Verteidiger" des Glaubens, die Apologeten, wenden sich in diesem Kontext gegen die von ihnen als solche erkannten Häretiker und versuchen deren Lehre als Irrlehre zu enttarnen.

Der Apologet Tatian (2. Jh. n. Chr.) verbindet in seiner *Rede an die Bekenner des Griechentums* den Fall Satans zunächst mit der Verführung des ersten Menschenpaares. Nicht Adam, sondern der Teufel ist der erste Sünder, der mit seinem verführerischen Auftreten im Sündenfall auch seine eigene teuflische Existenz verursacht hat. Die wirkmächtige Sündenfallerzählung steht auch im Hintergrund der Teufelsdarstellungen dieser Zeit. Dabei ist die bereits bei Justin dem Märtyrer begegnende Gleichsetzung von Teufel und Schlange (nach dem Vorbild von Offb 12) grundlegend.[60] Die Verführung im Paradies wird zum Grundmotiv aller weiteren Teufelsversuchungen, sodass der Teufel der Versucher schlechthin ist.

Seit seiner Verstoßung wohnt er mit seiner bösen Engelschar in Anlehnung an Eph 2,2 in der oberen Luftschicht.[61] Von dort aus agiert er und verfolgt mit den Dämonen ein gemeinsames Ziel: Sie wollen die Menschen verwirren und von Gott abbringen, ihnen Leid und Schmerzen zufügen. Dies geschieht allerdings – in Anlehnung an die Ijob-Erzählung – nur mit der Zustimmung Gottes, als dessen Werkzeuge sie zuweilen in Erscheinung treten. Sie versuchen Menschen durch Einflüsterungen zu beherrschen, nehmen Besitz von Leibern oder täuschen die Menschen

---

[58] Vgl. zur Gnosis: Johanna Brankaer, *Die Gnosis. Texte und Kommentar*, Wiesbaden 2010.

[59] Christoph Markschies, *Kaiserzeitliche christliche Theologie und ihre Institutionen. Prolegomena zu einer Geschichte der antiken christlichen Theologie*, Tübingen 2007, 380.

[60] Vgl. Justin, *Erste Apologie*, 28.

[61] Vgl. Dochhorn, Sturz, 34. Diese Vorstellung übernehmen in der Gegenwart bestimmte Spielarten der pentekostalen Theologie. Siehe weiter unten S. 105,111.

mithilfe magischer Kunststücke.[62] Dazu können sie an verschiedenen Orten gleichzeitig auftreten.

Dass die Dämonen weiterhin Anteil an ihrem ursprünglichen Sein als Engel haben, zeigt die Vorstellung, dass sie zwar als die dunkle Seite der himmlischen Wesen, aber grundsätzlich analog zu ihnen gedacht werden. Denn von ihrer Natur her sind sie geistige Geschöpfe Gottes, deren irdisches Aussehen zwischen Immaterialität und Materialität changiert, was sich zum Beispiel u.a. darin zeigt, dass ihnen ein luft- und lichtartiger Körper zugesprochen wird. Nach Ansicht Tatians bestehen die Dämonenkörper aus den Elementen Luft und Feuer. In ähnlicher Weise werden sie später auch noch von Origenes dargestellt. Dabei setzt sich die Vorstellung durch, dass die Engel, je tiefer sie stürzen, desto schwerer und damit materieller (und „feuriger") werden. Die Apologeten vertreten hier also die Ansicht, dass ein Dämon sein geistiges Element zugunsten des materiellen vernachlässigt. Eine Grundüberzeugung aber übernehmen die Apologeten aus dem Neuen Testament: Der Teufel ist von Christus durch das Ostergeschehen zwar bereits besiegt, kann allerdings noch bis zum endzeitlichen Sturz sein Unwesen treiben und in der Welt Schaden und Unheil anrichten. Daraus resultiert die Überzeugung, welche die leidvollen Zeiten und z.B. Christenverfolgungen als Werk des Teufels erklärt.

Daraus erwächst Skepsis, und die Frage drängt sich auf, wie der gute Gott es zulassen kann, dass seine Schöpfung von bösen Mächten konterkariert wird. Hat Gott seine Geschöpfe etwa getäuscht oder im Stich gelassen?

Diese Frage greifen gnostische Denksysteme auf und betonen den Gegensatz von Geist und Materie. Dahinter steht die Grundüberzeugung, dass die unsterbliche (Licht-)Seele im Leib und damit in der bösen materiellen Welt gefangen ist. Hierfür wird ein dualistisches Grundprinzip aufgenommen: Dem bösen Schöpfergott, dem Demiurgen, steht der Gott der Liebe, der Vater Jesu, gegenüber. Der böse Demiurg habe Jesu Wirken als Eingriff in seine Herrschaft verstanden und veranlasst, ihn umzubringen. Der Demiurg wird damit zum Teufel und zum echten Widerpart Gottes, letztlich zu einem diabolischen „Ur-

---

[62] Vgl. Tertullian, Apol. 22.

wesen". Die Kirchenväter sehen darin jedoch einen eklatanten Widerspruch zum Monotheismus und kämpfen gegen die von ihnen als Häresien abgelehnten gnostischen Lehren.

Der lateinische Kirchenvater Irenäus von Lyon (gest. 202 n. Chr.) bekämpft mit seiner Schrift *Adversus haereses* („Gegen die Häresien") die aus seiner Sicht falschen Lehren und ordnet den Fall Satans zwischen der Schöpfung und der Verführung des ersten Menschenpaares als ein transzendentes Geschehen ein. Dass der alttestamentliche Schöpfer in Wirklichkeit ein blendender Demiurg sein soll, lehnt Irenäus ab. Nicht der Schöpfer sei ein Demiurg und ein Blender, sondern der Teufel. Irenäus beschreibt das Verhältnis von Teufel, Gott und Mensch analog zu einem juristischen Fall. Der Teufel hat einen ihm von Gott eingeräumten Rechtsanspruch auf die Menschen. Diese haben sich durch eigene Einwilligung im Sündenfall Adams zum Ungehorsam gegen Gott verleiten lassen und somit dem Teufel dieses Recht auf sich selbst gewährt. Der Teufel will deshalb von seinen Anhängern als Gott verehrt werden.[63] Diese Anhänger, die nun selbst zum teuflischen Heer gehören, müssen daher bekämpft werden, was z.B. die Verfolgung von „Ketzern" rechtfertigt. Diesen Anspruch hat Gott aber durch die Erlösung in Christus selbst zurückgewiesen. Die Befreiung aus diesem Vertrag besteht darin, dass Jesus durch seinen vollkommenen Gehorsam gegenüber Gott den Teufel überwunden hat. Indem der Teufel einen Gerechten getötet hat, beging er einen Vertragsbruch, da er auf Jesus keinen Anspruch gehabt hat. Damit ist für Irenäus zugleich auch die Vernichtung des Todes erwirkt worden. So entwickelt Irenäus im Kampf gegen die Gnosis eine Erlösungslehre, die dem Teufel einen Platz in der christlichen Dogmatik einräumt.

Der östliche Kirchenlehrer Origenes (185–253/54 n. Chr.) entwickelt die Lehre des Irenäus in seinem Werk *De Principiis* weiter. Der Teufel wird als gefallener Engel verstanden, der sich von Gottes gutem Schöpfungsplan distanziert hat und deshalb verstoßen wurde. Ihm und seinen Dämonen wird eine Leiblichkeit zugesprochen, sodass sie auch Nahrung brauchen. Als solche dient ihnen der Dampf der Weihrauchopfer, der zu ihnen

---

[63] Vgl. Dochhorn, Sturz, 33.

nach oben steigt.[64] Von seiner Sphäre aus versucht der Teufel in die Geschichte und das Leben der Menschen einzugreifen. Weil er befürchtet, dass Jesus den Menschen zu viel Macht vermitteln könnte, lässt er den Gottessohn durch die Menschen töten. Dies gelingt ihm nur deshalb, weil Gott dem Teufel eine gewisse Selbstständigkeit eingeräumt hat. Damit wahrt Origenes Gottes Allmacht, weil der Teufel nicht wirklich selbstständig gegen Gottes Willen handeln kann. Denn was wie ein Sieg für den Teufel aussieht, ist in Wirklichkeit der – zunächst verborgene – Heilsplan Gottes. Gott täuscht den Teufel, indem er Christus als Lösegeld für alle in die Hände des Teufels gibt und so alle Menschen befreit. So wird aus dem scheinbaren Sieg des Teufels eine Niederlage für ihn und ein Sieg für die von ihm beanspruchten Menschen. Doch dabei lässt es Origenes nicht bewenden. Er entwickelt den Gedanken konsequent weiter und kommt zum Ergebnis, dass am Ende der Zeit im Grunde die Versöhnung und Rettung aller Geschöpfe erfolgen muss. Wenn Gott den Teufel wirklich überlistet hat, um für alle Geschöpfe das ewige Leben zu erringen, dann ist der Teufel nur ein Werkzeug Gottes, das in seinem Heilsplan eine wichtige Rolle spielt. Origenes durchdenkt die Idee einer Versöhnung aller Geschöpfe dann so konsequent, dass auch der Teufel letztlich nach langen Reinigungsphasen erlöst werden wird. So sieht er im Rahmen seiner *Allversöhnungslehre* (*Apokatástasis pánton*) eine Möglichkeit zur Umkehr des Teufels gegeben. Der Teufel wird bei Origenes also in Gottes Versöhnungswerk nicht nur als Mittel zum Zweck, sondern auch als Objekt der Versöhnung einbezogen. Diese Ansicht wird später auf dem Konzil von Konstantinopel (553) allerdings als häretisch verurteilt.

Der Teufel und die „Heiden"

Im Lauf der weiteren Entwicklung der Alten Kirche wird der teuflischen Macht zunehmend mehr Einfluss zugeschrieben. Der Blick richtet sich mehr und mehr auf das Verstehen der Welt, in der sich die wachsende Zahl der Christen einrichtet. Diese Welt

---

[64] Vgl. Origenes, Exhort. ad mart. 45; http://www.unifr.ch/bkv/kapitel135-44.htm (Zugriff am 3. 4. 2012).

wird mithilfe der Teufelsvorstellung gedeutet, sodass nun neben den theologischen Gegnern (z.b. dem Manichäismus) auch die Heiden in die Nähe des Teufels gerückt werden. Aber auch böse Gedanken, Begierden und Taten werden zunehmend auf die teuflischen Verführungskünste zurückgeführt.

Für Gregor von Nyssa (335/340–394 n. Chr.) dienen die Menschen im Anschluss an Origenes als Lockspeise für den Teufel. Ihre Schönheit und die Möglichkeit der ersten Menschen, Gott von Angesicht zu Angesicht zu erblicken, seien zum „Zündstoff zur Leidenschaft des Neides"[65] geworden. Doch als Köder habe Gott den Teufel mit seinem Sohn Jesus Christus getäuscht und schließlich am Angelhaken gefangen genommen. An diesem Bild wird stellvertretend für die weitere Entwicklung deutlich, dass die Vorstellung vom Teufel als Widerpart Gottes mit einem eigenen Reich breit akzeptiert ist und weiter ausgebildet wird.

Dass der Teufel ein prinzipielles und ontologisches Gegenüber von Gott sein kann, wird in der Folgezeit vom Kirchenvater Augustin (354–430 n. Chr.) in seiner Auseinandersetzung mit dem Manichäismus – einer leib- und materiefeindlichen Lehre, der Augustinus selbst lange Zeit anhing – bestritten. Der Teufel ist der erste von Gott abgefallene Engel, der jedoch nicht ohne Weiteres über einen Menschen verfügen kann, sondern an dessen freiem Willen eine Grenze findet. Weil der Teufel also nicht direkt auf den Menschen zugreifen kann, versucht er mit seinen Dämonen Menschen zu verführen und vom Guten abzubringen. Das Böse an sich hat jedoch kein eigenes Sein, nur ein Nicht-Sein, und entsteht durch Mangel am Guten. Der Teufel wirkt daher, aber ihn gibt es eigentlich nicht wirklich. (Dieser Gedanke von der Nicht-Existenz des Bösen – bei gleichzeitiger Wirksamkeit des Bösen – wird in der späteren Theologie bis in die Gegenwart hinein aufgenommen.[66])

Zu dieser Erkenntnis gelangt Augustin jedoch erst nach einer langen Suche nach der Antwort auf die Frage, woher das Böse in der Welt kommt. Zunächst scheint er eine Antwort bei den Manichäern zu finden, denen er sich für etwa neun Jahre anschließt. Der Manichäismus geht zurück auf den persischen Religions-

---

[65] Gregor v. N., Orat. Catech. VI.3. (http://www.unifr.ch/bkv/kapitel2360-2.htm, Zugriff am 2. 4. 2012)
[66] Siehe Teil III.

stifter Mani (216–276/77 n. Chr.), der die drei wichtigsten Religionen seiner Zeit – Christentum, Buddhismus und Zoroastrismus – zu einer gemeinsamen Religion für das Sassanidenreich verschmelzen will und dazu auf einen absoluten Dualismus zurückgreift. Mithilfe einer ausgefeilten Mythologie wird die Schöpfung der Welt unter der Prämisse beschrieben, dass Gott keine unvollkommene und vergängliche Welt erschaffen haben kann, wenn er selbst allmächtig und gut ist. Mani geht deshalb von zwei uranfänglichen Reichen aus: einem Reich des Lichts (Seele) und einem Reich der Finsternis (Materie). Das Reich des Lichts wird vom bösen Reich der Finsternis überschattet, sodass immer zwei Prinzipien einander gegenüberstehen. Der Herrscher des bösen Reiches ist der zweifüßige Dämon Hyle in Form einer riesigen menschlichen Gestalt. Er täuscht die Menschen, indem er vorgibt, gut und vollkommen zu sein. Der Mensch als (Teil-)Abbild Hyles ist zerrissen, weil er aus einer Mixtur von guter Seele und bösem Leib besteht, sodass die unsterbliche menschliche Seele im Kerker des materiellen Körpers gefangen ist. Das Ziel des Menschen muss daher darin bestehen, die Seele aus dem Dunkel der irdischen Abgründigkeit zu befreien.

Diese Lösung der Frage nach dem Bösen überzeugt Augustin letztlich aber nicht, und er findet zu einem positiven Welt- und Schöpferbild zurück. Er geht jetzt davon aus, dass der eine Gott, der Schöpfer der Welt, vollkommen und gut ist. Die Verantwortung für das Böse, das in der Welt erfahrbar ist, muss damit konsequenterweise auf den Menschen und seinen freien Willen zurückfallen. Doch die grundsätzliche Möglichkeit eines bösen Willens überhaupt lenkt Augustins fragenden Blick wieder auf den Schöpfer aller Dinge. Von dort aus entwickelt er seine sogenannte *Privations-These*: Das Böse entsteht durch Ablassen vom Guten. Damit spricht Augustin dem Bösen an sich grundsätzlich jegliche ontologische Existenz, geschweige denn eine Urexistenz, ab, weil eine solche nicht mit dem christlichen Monotheismus vereinbar ist. Weder Gott noch Satan, dessen Existenz als gefallener Engel bei Augustin nicht zur Disposition steht, verursachen das Böse in der Welt, sondern der Mensch. Allein durch menschliche Schuld, verursacht vom ersten Menschen Adam, kam das Böse in die Welt. So kommt Augustin dazu, das Böse in den sittlich-moralischen Raum zu verweisen, was letztlich dazu führt, dem Menschen eine *Erbsünde* zuzuschreiben, die er als Geschöpf Adams von Natur aus mit sich bringt. Dass der Mensch überhaupt böse denken und handeln kann, verdankt er der freien Entscheidung Gottes, der den Willen des Menschen akzeptiert. (vgl. vor allem Augustins Schrift *De civitate Dei, Vom Gottesstaat*).

Trotz Ablehnung einer eigenen ontologischen Existenz des Bösen bleibt Augustin aber bei der Auffassung, dass Engel und Dämonen existieren und dass diese von Gott aus dem Nichts geschaffen seien. Ihre Bestimmung finden Engel wie Menschen, wenn sie Gott dienen und nach seinen Geboten leben. Fallen die Engel ab, werden sie zu Dämonen, die sich an den Verfehlungen der Menschen erfreuen.

Das Bild des Teufels wird auch in der Folgezeit durch die Vorstellung von Hyle beeinflusst. So kann Augustin in den heidnischen Göttern nichts anderes als Dämonen sehen und polemisiert nachdrücklich gegen ihre Verehrung, die er als Teufelsverehrung kennzeichnet und somit die Grundlage für eine spätere mittelalterlich-scholastische Rezeption und letztlich der Hexenverfolgung legt.[67] Augustin kennt daher auch einen möglichen Pakt mit dem Teufel und warnt davor, eine Verbindung einzugehen, in der der Mensch seine Seele vertraglich dem Teufel überschreibt und im Gegenzug mit magischen Fähigkeiten ausgestattet wird.[68] Dieses Motiv zieht sich spätestens von hier an durch die Geschichte des Teufels bis in die Literatur („Faustmotiv") oder den modernen Film.[69]

Wie wirkmächtig die augustinische Theologie und seine „Lehre" vom Teufel sind, zeigt der nach seinem Beginn benannte Text *Canon episcipi*, der im Sendhandbuch des Abtes Regino von Prüm (*Libri duo de synodalibus causis et ecclesiasticis disciplinis*; 906 n. Chr.) greifbar wird und dessen Ursprung weiter zurückliegen dürfte. Hier werden die für die Verbindung von heidnischer Religion und ihrer christlichen Verteufelung typischen Kennzeichen augustinischen Denkens deutlich. Der Teufel gilt als Initiator der dunklen Magie und Partner der Hexen.

---

[67] Vgl. Ute Leimgruber, *Teufel. Die Macht des Bösen*, Kevelaer 2010, 60.

[68] Vgl. zum Thema des „Teufelspaktes" ausführlich: Almut Neumann, *Verträge und Pakte mit dem Teufel. Antike und mittelalterliche Vorstellungen zum „Malleus maleficarum"*, St. Ingbert 1997.

[69] Siehe weiter unten S. 134–140, 151–157, 177–182.

Der Text berichtet von Hexenritten, die von der Göttin Diana angeführt werden. Das Böse wird dabei auf die Wirkung des Teufels zurückgeführt, der so immer mehr in den Mittelpunkt des Volksglaubens tritt. Er ist der entscheidende Gegenspieler Gottes, der für die Menschen eine ständige Gefahr darstellt, sodass die Angst schließlich zur ständigen Begleiterin des Glaubens wird.

Die „Versuchungen des heiligen Antonius" – Der Teufel und das Mönchtum

Die Bewegung, aus der sich das Mönchtum entwickelt, hat eine besondere Beziehung zum Teufel. Die Begegnung mit dem Teufel und die Anfechtung durch Dämonen werden nämlich zum Grundmotiv des asketischen Lebens und letztlich zum Ausweis des echten Asketentums. Denn wie Jesus in der Wüste vom Teufel versucht wurde, so tritt dieser auch den Mönchen und Eremiten in der Einsamkeit des lebensfeindlichen und dämonischen Ortes als Versucher entgegen. Die wahrhaft christliche Gegenwelt zur säkularen Welt wird durch den Teufel besonders bedroht. Prägend ist hierbei die biografische Überlieferung des heiligen Antonius (ca. 250–356 n. Chr.), die von dessen Schüler Athanasius verfasst wurde. Laut der Legende lebt Antonius asketisch, ernährt sich lediglich von Brot, Salz und Wasser und schläft nur wenige Stunden, entweder auf der bloßen Erde oder auf einer dünnen Binsenmatte. Nachdem er zunächst beschlossen hatte, sich in eine Grabeshöhle zurückzuziehen, wird er dort von dämonischen Wesen in Gestalt von Tieren wie u.a. Löwen, Bären, Leoparden heimgesucht und angegriffen. Auch ein Ortswechsel in die Wüste kann die teuflischen Übergriffe nicht verhindern. Antonius wird vom Teufel durch schmutzige Gedanken, durch Zweifel am eigenen Lebensstil und durch aufkeimende Habgier in Versuchung geführt. Dies gipfelt in der Behauptung, Satan habe sich trickreich in einen attraktiven Frauenleib verwandelt, um Antonius zu stürzen. Der Heilige vermag jedoch den Versuchungen im Namen Christi durch strenge Askese, Gebet und Fasten zu widerstehen.

Mit dieser Heiligenlegende legt Athanasius den stilbildenden Grundentwurf eines „heiligen" Lebens vor, das andere Biografen aufnehmen und weiter tradieren. Die Erzählungen dienen dabei auf der einen Seite der Verherrlichung des Asketen und auf der anderen Seite der Erbauung und Ermahnung der Leser. Ihnen wird eingeschärft, dass den Verlockungen des Teufels nur durch ein hohes Maß an Selbstbeherrschung begegnet werden kann. Der Teufel erscheint in den frühen Mönchsviten in einer doppelten Rolle. Zunächst versucht er die Asketen von ihrem Weg abzubringen. Falls ihm das gelingt, beschuldigt er sie vor Gott. Seine Funktion als Ankläger, wie sie bei Sacharja begegnet, wird also mit seiner Funktion als Versucher kombiniert, um so das böse Wesen des Teufels deutlich zu verstärken.

Der Teufel und die Taufe

Die Mönchsviten dienen den Lesern zur Erbauung. Diese finden hier Vorbilder für ihr eigenes Leben und lernen, dass das wahre Christentum darin besteht, dem Teufel die Stirn zu bieten. Zwar stehen die Mönche als „ausgezeichnete" Christen besonders im Fokus des Teufels, doch versucht er auch, die „normalen" Christen zu verführen. Deshalb stellt sich die Frage, wie man sich vor dem Teufel schützen kann. Der lateinische Kirchenvater Tertullian (gest. 220 n. Chr.) empfiehlt z.B. in der konkreten Gefahr, das Zeichen des Kreuzes zu schlagen und den Namen Jesu anzurufen, um den Teufel abzuwehren. Als wirkungsvollstes Instrument zur Teufelsabwehr sieht er aber grundsätzlich die Taufe:[70] „Wer Sünde tut, der ist aus dem Teufel, weil der Teufel von Anfang an sündigt. Denn dazu ist der Sohn Gottes geoffenbart worden, um die Werke des Teufels zu zerstören. Er hat sie auch zerstört, indem er den Menschen befreite durch die Taufe, nachdem die Handschrift des Todes getilgt ist. Und darum tut niemand, der aus Gott geboren ist, Sünde, weil der Same Gottes in ihm bleibt, und er kann nicht sündigen, weil er aus Gott geboren ist. Darin sind offenbar die Kinder Gottes und die Söhne des Teufels."[71]

---

[70] Vgl. Leimgruber, Teufel, 48.
[71] Tertullian, De pudicitia 19; http://www.unifr.ch/bkv/kapitel97-18. htm (Zugriff am 14. 4. 2012);

Wer aus der Sünde befreit, also getauft ist, der ist aus den Händen des Teufels gerissen und sündigt – so die Theorie – nicht mehr. Allerdings kennt auch Tertullian die Realität des christlichen Lebens und betont deshalb, dass die im Alltag dann doch erfolgenden Sünden von der Kirche und von Gott vergeben werden können. Doch grundsätzlich – so hält er fest – ist mit der Taufe der Lebensabschnitt zu Ende gegangen, in dem der Teufel die Herrschaft über den Menschen besessen hat oder zumindest erringen konnte. Der Taufe kommt damit eine existenzielle Bedeutung zu. Aus den Söhnen des Teufels werden Kinder Gottes. Durch diese Deutung der Taufe wird schließlich auch der augustinischen Erbsündenlehre der Boden bereitet, die davon ausgeht, dass alle Menschen seit dem Sündenfall Adams durch Vererbung von Geburt an in die Sünde verstrickt, d.h. von Gott getrennt sind und durch ihre triebhaften Begierden im Bereich der Finsternis leben. Deshalb tritt zur Taufe auch schnell ein Exorzismusritual hinzu, in dem der Täufling dem Teufel explizit abschwört. Dieser Ritus hat sich von da an in vielen Taufliturgien verschiedener Konfessionen erhalten und hält gegenwärtig als „Absage an das Böse" auch in protestantische Agenden wieder Einzug.[72] In der Taufe wird also ein Herrschaftswechsel vollzogen. Der Täufling entsagt aus eigenem, freiem Willen mithilfe der Gnade Gottes dem Teufel. Aus dessen Herrschaftsbereich wird er befreit, indem der alte Mensch ersäuft wird und der neue – nun vom Teufel befreite – Mensch aufersteht. Christus bekommt hier die Rolle des ersten und einzig wahren Exorzisten zugewiesen, der als der neue Adam am Täufling handelt und ihn in seinen Herrschaftsbereich aufnimmt.[73]

Besonders eindrücklich wird der Exorzismus im sogenannten byzantinischen Ritus.[74] Nach mehreren Anhauchungen und Bekreuzigungen durch den Priester wird der Täufling, der entkleidet und barfüßig seine Hände emporhält, nun in Richtung Westen, zum Bereich des Bösen, gewendet und dreimal gefragt:

---

[72] Vgl. z.B. die neue Taufagende der Evangelischen Landeskirche der Pfalz aus dem Jahr 2012.

[73] Vgl. ausführlich O. Böcher, *Christus Exorzista. Dämonismus und Taufe im Neuen Testament*, BWANT 96, Stuttgart 1972.

[74] Siehe weiter unten S. 115.

„Entsagst du dem Satan und allen seinen Werken und allen seinen Engeln und all seinem Dienst und all seiner Pracht?" Die
Antwort lautet jeweils: „Ich entsage." Nun wendet der Priester
den Täufling, der die Arme gesenkt hat, gegen Osten und fragt
erneut dreimal: „Schließt du dich Christus an?" Die Antwort
lautet jeweils: „Ich schließe mich Christus an." Nach dem Glaubensbekenntnis wird der Täufling erneut dreimal gefragt, ob er
sich Christus angeschlossen habe, bevor er vor dem dreifaltigen
Gott niederknien soll.

Die Taufe ist damit zwar der wirksamste Schutz vor dem
Teufel, allerdings steht die endgültige Befreiung von den Versuchungen und Angriffen des Teufels noch aus. Der Mensch
unterliegt zwar nicht mehr der Erbsünde, sondern gehört dem
Leib Christi an, doch lebt er weiterhin in der durch Adam gefallenen Welt und teilt mit Adam immer noch die menschlichen
Begierden und Fehler. Deshalb versucht der Teufel weiterhin,
seinen Einfluss auf den Christen auszuüben.

Die Entwicklung im Mittelalter[75]

Die mittelalterliche Theologie knüpft an die Kirchenväter an.
Die Rolle der Heiden, die in der Alten Kirche als Teufelsdiener
gesehen wurden, nehmen nun die Ketzer oder die Juden bzw.
Muslime ein. Während der Volksglaube vor allem populäre
Deutungen aufgreift, die helfen, das Böse zu verstehen, das dem
Menschen widerfährt (Teufelskult und Hexensabbat), bemüht
sich die Theologie, den Teufel in ihrem Lehrsystem zu verar-
beiten. Das Nachdenken über den Teufel wird immer weiter
verfeinert, vor allem in den Werken der Theologen Anselm von
Canterbury und Thomas von Aquin.

Anselm von Canterbury (1033–1109), der als Vater der Scho-
lastik gilt, greift die Tradition der Luzifergeschichte in seinem
Werk *Vom Fall des Teufels*[76] auf. Er rückt darin die Theodizeefra-
ge, also die Frage nach der Verantwortung Gottes für das Böse

---

[75] Vgl. Leimgruber, Teufel, 6off.
[76] Anselm von Canterbury, „Vom Fall des Teufels", in: Ders., *Freiheitsschriften*, übersetzt und eingeleitet von Hansjürgen Verweyen, Fontes
Christiani 13, Freiburg 1994.

in der Welt, ins Zentrum aller theologischen Überlegungen. Anselm fragt konkret, warum es blinde Kühe oder verkrüppelte Säuglinge gibt, und geht somit zunächst nicht von dem moralischen Übel aus, das der Mensch anrichtet, sondern von dem natürlichen Übel, für das der Mensch keine Verantwortung trägt. Trotz dieser Unterscheidung hält Anselm daran fest, dass Gott das Gute will und zugleich das Böse zulässt. Die Kraft, die hinter diesem Bösen steckt, ist für Anselm der Teufel. Gott ist demnach nicht der Verursacher des Bösen, sondern der Teufel, der willentlich gegen Gottes Ordnung handelt. Für Anselm ist also weniger der Teufel als Person interessant, sondern eher als Funktion zur Erklärung der Welt. Daher denkt er schließlich über die Frage nach, warum sich der Teufel von Gott abgewandt hat. Die Motivation des Teufels rückt ins Zentrum des Nachdenkens. Anselm rekurriert auf den freien Willen und denkt beim moralischen Übel nicht von der Tat her, sondern von der Motivation, die diese Tat hervorbringt. Die Vorstellung des freien Willens, wie Anselm sie bereits bei Augustin findet, wird nun weiterentwickelt. Anselm setzt die menschliche Willensfreiheit und Gottes Vorherbestimmung (*Prädestination*) in ein Verhältnis zueinander und folgert: Wenn Gott dem Menschen Willensfreiheit ermöglicht, dann schenkt er dem Menschen zugleich eine große Verantwortung. Gott kann daher auch nur indirekt für das Böse verantwortlich gemacht werden, da sich der Mensch aus freiem Willen dazu entscheidet, das Böse zu tun. So schließt Anselm aus, dass der Teufel ein Gott gleiches negatives Prinzip ist, und kann zugleich den Menschen bei seiner Verantwortung und Schuld behaften. Unter der Prämisse der göttlichen Prädestination kann Anselm aber auch im Bösen etwas Gutes erblicken, da Gott letztlich auch Schmerz und Leid benutzen kann, um seinen Heilsplan zu verwirklichen bzw. um Sünder zu Recht zu bestrafen. Von daher liegt im Vorherwissen Gottes ein großer Trost begründet, der dem Menschen den Schrecken vor dem Bösen nehmen kann.[77]

Thomas von Aquin (1225–1274) fragt ähnlich wie Anselm nach den Ursachen: Wer ist eigentlich der erste Verursacher allen Seins? In seinen „Gottesbeweisen" bestimmt Thomas Gott

---

[77] Vgl. Walter Simonis, *Schmerz und Menschenwürde. Das Böse in der abendländischen Philosophie*, Würzburg 2001, 180f.

im Anschluss an Aristoteles als den ersten unverursachten Verursacher, sodass Gott als Axiom des Seins gedacht wird. Dem
Teufel muss dann also per definitionem eine nachgeordnete
Rolle zukommen. Das Böse – darin steht auch Thomas ganz
in der Tradition von Augustin und Anselm – hat keine eigene
Existenz. Es kann nur im Verhältnis zum Guten als das Böse
erkannt werden. In Bezug auf das Ganze, in Bezug auf den
Kreislauf des Lebens, hat das natürliche Übel immer auch eine
lebenserhaltende, eine gute Funktion. Im Einzelfall kann sich
das Böse negativ auswirken, z.B. wenn ein Tier gefressen wird.
Für die gesamte Schöpfungsordnung ergibt sich daraus ein
Sinn, wenn z.B. um des Überlebens willen ein Tier das andere
frisst.

Schwerer wiegt die Frage nach dem moralischen Übel, ganz
konkret die Frage nach der menschlichen Sünde. Laut Thomas
sind die Sünden nicht auf den Teufel direkt zurückzuführen;
er schreibt dem Teufel keine ursächliche Beteiligung zu. Dennoch kann der Teufel den Menschen dazu bringen, in sündige
Taten einzuwilligen. Ausgangspunkt der Sünde ist daher nicht
der Teufel, sondern der freie Wille, den Gott dem Menschen geschenkt hat. Der freie Wille erlaubt dem Menschen dann allerdings auch, einen Pakt mit dem Teufel zu schließen, der nicht
einmal absichtlich zustande kommen muss. Denn durch magische und abergläubische Handlungen wird dieser Pakt ganz
automatisch geschlossen. Auch einen körperlichen Kontakt
zwischen Mensch und Teufel hält Thomas für möglich und um-
schreibt diesen mit dem Begriff der *Teufelsbuhlschaft*, der in den
späteren Hexenprozessen neben dem Dämonenpakt einer der
Hauptvorwürfe werden sollte. Sexuelle Kontakte mit Dämonen
schließt Thomas nicht aus, auch wenn diese keinen eigenen le-
benspendenden Samen in sich trügen. Sie würden diesen *succu-
bus* (unten liegend) den Männern rauben, um ihn *incubus* (oben
liegend) an Frauen weiterzugeben.[78]

„Wenn jedoch gelegentlich aus dem Beischlaf böser Geister
einige geboren werden, so stammt das nicht aus dem von ihnen
oder von den angenommenen Leibern ausgeschiedenen Samen,

---

[78] Vgl. Leimgruber, Teufel, 70.

sondern aus dem zu diesem Zweck erhaltenen Samen irgendeines Menschen."[79]

Damit spricht Thomas einem etwaigen Nachkommen die Menschlichkeit nicht ab. Dieser Mensch ist nicht Sohn des bösen Geistes, sondern – dem dämonischen Treiben zum Trotz – ganz Mensch. Mit diesem Gedankengang vermacht Thomas dem mittelalterlichen Glauben die Überzeugung, dass es zwischen Menschen und Dämonen sexuelle Kontakte geben könne, was sich im Hinblick auf die Hexenverfolgung als großes Unglück erwies.

HÖLLE UND FEGEFEUER[80]

Im Märchen ist klar, dass der Teufel in der Hölle wohnt, wo er zuweilen sogar eine Familie hat.[81] Dies ist für die Antike allerdings noch nicht geklärt, da dort der eigentliche Aufenthaltsort von Dämonen eher die Wüste oder die Luft ist, was gegenwärtig noch im evangelikalen Bereich angenommen wird.[82] So wenig wie das Alte Testament die Gestalt eines Teufels kennt, so wenig kennt es auch die Hölle. Der Ort, an den die Toten im Alten Testament gelangen, ist deshalb nicht ausgestaltet, sondern über die *Scheol* wird im Grunde nicht nachgedacht. Sie ist das Totenreich, in das jeder Mensch gelangt und über das sonst kaum positive Aussagen gemacht werden. Erst im Zuge der weiteren Religionsgeschichte wird die Vorstellung der Unterwelt weiterentwickelt. Dies wird vor allem durch den Zusammenbruch des Tun-Ergehen-Zusammenhangs, also der Überzeugung von einem innerweltlichen Ausgleich von Gut und Böse, notwendig. Jetzt verlagert sich die Frage nach der ausgleichenden Gerechtigkeit im Rahmen der Apokalyptik auf die Zeit nach dem Tod. Das, was in dieser Welt, in der Gott nur verborgen wirkt, den

---

[79] Thomas von Aquin, Summa Theologiae I q. 51, art. 3; übersetzt in: DThA Bd. 4, S. 157f.

[80] Vgl. Johanna Rahner, *Einführung in die christliche Eschatologie*, Freiburg 2010.

[81] Siehe weiter unten S. 163.

[82] Siehe weiter unten S. 105.

Glaubenden nicht zum Guten gereicht, wird durch ihr Ergehen in einer jenseitigen Welt aufgewogen. Die Vorstellung vom Totenreich muss diesem Gedanken folgend modifiziert werden, sodass zunächst ein Ort für die guten Menschen und einer für die bösen erdacht werden muss, in dem sie ihr unterschiedliches weiteres Schicksal erwarten. Hier lässt sich eine Vielzahl von Vorstellungen feststellen, die kaum miteinander in Einklang gebracht werden können. Entweder fallen z.B. die Seelen aller Menschen in einen Schlaf und warten auf das Gericht Gottes, das sie je nach ihren Taten beurteilt und dann in die Freude oder in die Verdammnis entlässt, oder die bösen Seelen werden direkt vernichtet, während die guten Seelen in einer Art Zwischenstatus verharren, bis sie endgültig ins Paradies einziehen dürfen. Eine andere Vorstellung, die sich bis in die Gegenwart in populären Filmen beobachten lässt (z.B. *Ghost* von Jerry Zucker aus dem Jahr 2002), besagt, dass die Seelen der guten Menschen von Engeln direkt in den Himmel getragen werden, während die der bösen direkt in die Hölle wandern. Lk 16,19–31 setzt z.B. voraus, dass der arme Lazarus direkt nach seinem Tod in den Schoß Abrahams gelangt, während der reiche Prasser direkt in der Unterwelt landet, von wo aus er Lazarus im Himmel sehen kann. Trotz dieses Gleichnisses kann aber gesagt werden, dass auch das Neue Testament noch keine Höllenvorstellung entwickelt, wie sie in der späteren Tradition angenommen wird. Auch die sog. „Höllenfahrt Christi", die sich auf 1 Petr 3,19 bezieht, wird erst durch das apokryphe und nachneutestamentliche Evangelium des Bartholomäus aufgenommen,[83] wobei selbst da noch zwischen Teufel und Hades unterschieden wird, sodass das Totenreich noch nicht die Hölle des Teufels sein kann. Die Vorstellung, die 1 Petr 3,19 f zum Ausdruck bringt, ist nämlich weniger an der Hölle, sondern mehr an der Frage interessiert, wie diejenigen, die Christus nicht erleben konnten – z.B. die Patriarchen des Alten Testaments –, gerettet werden können, wenn doch Christus das Heil der Welt bedeutet. So sagt der Petrusbrief, dass Christus in das Totenreich hinabgestiegen ist und „den Geistern im Gefängnis, die einst ungehorsam waren, als Gott harrte und Geduld hatte zur Zeit Noachs" predigt, da-

---

[83] Siehe weiter oben S. 15.

mit diese auch zum Glauben an ihn kommen können. Von einer Hölle ist hier noch nicht die Rede.

Erst die nachbiblische Zeit bildet im Zuge verschiedener theologischer Überlegungen die Vorstellung einer Hölle aus. Besonders wirkmächtig sind hierbei die von Volksfrömmigkeit geprägten Apokalypsen des Petrus (entstanden im 2. Jh. n. Chr.) und die darauf basierende und sie weiter ausmalende Paulusapokalypse (4.–5. Jh. n. Chr.).[84] In der früheren Petrusoffenbarung (ApkPt) bekommt Petrus von Jesus das Letzte Gericht gezeigt, bei dessen Eintreten die ganze Schöpfung untergeht. Christus schildert sich selbst als Herrscher der Welt, der von seinem Vater gekrönt wird und das Gericht an allen vollzieht, die vom Glauben abgefallen sind. Während die guten Menschen den ewigen Tod nicht erleiden müssen, werden die Sünder und die Bösewichte in die ewige Finsternis gestoßen, wo ihnen von Engeln ein Ort bereitet wird, an dem sie für immer leiden. Die Qualen der Sünder, die in spiegelbildlicher Entsprechung nach ihrem Vergehen bestraft werden, zählt der Text danach detailliert auf und zeichnet so ein wirkmächtiges Bild der Hölle. Diejenigen, die z.B. Gott mit Worten gelästert haben, werden an ihren Zungen, Frauen, die Ehebruch begangen haben, werden an ihren Haaren über brodelndem Schlamm aufgehängt, Mörder und ihre Mittäter werden in eine Grube mit Giftschlangen geworfen, wo sie für immer Qualen erleiden. Der Sinn dieser Schilderung zeigt sich, wenn ermordete Menschen neben der Gruppe stehen und Gott ob seiner Gerechtigkeit loben. Deutlich geht es hier also um den gerechten Ausgleich zwischen Täter und Opfer, zwischen Tat und Vergeltung. Allerdings will der Text auch ethische Normen festigen, indem er die Taten, die er ablehnt, grausam sanktionieren lässt. Z.B. müssen Frauen, die abgetrieben haben, bis zum Hals in ihrem eigenen Eiter sitzen und werden von ihren abgetriebenen Kindern, die ihnen weinend gegenübersitzen, mit Feuerflammen geblendet.

Noch wirksamer als dieser Text ist für die mittelalterliche Höllenvorstellung die Offenbarung des Paulus (ApkPl). Ausgehend von einer Bemerkung des Paulus in 2 Kor 12, wonach er entrückt worden sei, gibt sich dieser Text als Himmelfahrt des Paulus aus, der danach berichten kann, wie Himmel und Hölle vorzustellen

---

[84] Vgl. Hans-Josef Klauck, *Die apokryphe Bibel*, Tübingen 2008.

sind. Paulus erfährt, dass die Geduld Gottes der Grund ist, warum das Ende der Welt noch nicht gekommen ist, er sagt, dass die Engel Gott jeden Morgen und jeden Abend berichten, was die Menschen getan haben, und schildert schließlich, wie angenehm die gerechten Menschen im Himmel weiterleben. Danach sieht er die Hölle und die Qualen der bösen Menschen. Der Text inszeniert also eine permanente Überwachung des Menschen, die nach seinem Tod abgeschlossen und wonach sanktioniert wird. Besonders die Hölle wird zur Abschreckung intensiv ausgemalt und in sich differenziert. Diejenigen, die weder heiß noch kalt für ihren Glauben waren, also mal gebetet und mal gesündigt haben, stehen in einem feurigen Fluss und können weder in den Himmel noch in die Hölle kommen. Ihr Zwischenzustand im Leben wird so verewigt und der Zustand des uneindeutigen Christen damit – wie schon in Offb 3,16 – verurteilt. Diejenigen, die bis zu den Augenbrauen eingesunken sind, haben im Leben ihren Nachbarn freundlich zugewinkt, ihnen insgeheim aber Schwierigkeiten gemacht. So sehr geht die ApkPl ins Detail, damit ein wirklich umfassender Katalog von Sünden und den diesen gebührenden Strafen erstellt werden kann. Gott gestattet demnach dem Menschen, auf Erden nach seinem eigenen, freien Willen zu leben, beurteilt dieses Leben aber nach dem Tod und richtet dann ohne Ansehen der Person nach dem Bericht seiner Engel. Die Vorstellung von der Gerechtigkeit Gottes folgt also nicht dem biblischen Verständnis von Gerechtigkeit, das im Rahmen einer Beziehung definiert werden muss, sondern dem römischen Rechtsempfinden, das jedem das Seine zumisst. Deshalb werden auch Presbyter, Bischöfe und Diakone von bösen Engeln, den späteren Dämonen, und Teufeln gequält, weil sie ihren Dienst nicht aufrichtig versehen haben. Der Klerus hat also keine Privilegien, sondern jeder Mensch muss für sich auf sein eigenes Heil achten. Grundsätzlich „bezahlt" jeder Mensch auf seine eigene Art: Je nachdem, was er getan hat, fällt auch die Strafe aus. Hat er gelästert, muss er auf ewig seine Zunge zerkauen, wer Arme frieren ließ, wird nackt auf Eis und Schnee ausgesetzt und von Würmern aufgefressen, wer sein Fasten gebrochen hat, muss auf ewig hungern und dürsten, obwohl er über einem Wasserlauf aufgehängt wird.

Geprägt sind beide Texte also von der Frage nach der Gerechtigkeit für die Christen, die sich im heidnischen Imperium di-

versen Nachstellungen und Verfolgungen ausgesetzt sahen und
dafür einen Ausgleich nach dem Tod erlangen wollten, und von
der Tendenz, mithilfe der Hölle ethische Vorstellungen durchzusetzen. Die Hölle ist demnach auch ein Regulativ. Ihr wohnt
von Anfang an neben dem seelsorglich-tröstenden Moment auch
ein Motiv der Disziplinierung inne. Dem Bedürfnis nach Rache
entspricht zudem die Vorstellung von einem Zwischenzustand,
wie ihn die apokalyptische Tradition überwiegend kennt (etwa
die Johannesoffenbarung mit ihrer differenzierten Vorstellung
einer doppelten Auferstehung[85]). Dieser Zwischenzustand ist
sowohl für die ausgleichende Gerechtigkeit wie auch die gegen-
wärtige Disziplinierung notwendig und wird deshalb weitgehend gelehrt. Nachdem diese Vorstellung dann von der Kirche
ausdrücklich bejaht und durch Benedikt XII. 1336 zur offiziellen
Lehre erhoben wurde, musste weiter darüber nachgedacht werden, was in dem Zwischenzustand zwischen persönlichem Tod
und dem Jüngsten Gericht passiert. Hier setzt die Lehre vom
Fegefeuer an, das bereits in der ApkPl als Möglichkeit angedeutet wird. Paulus bekommt hier mitgeteilt, dass ein Sünder, der
aufrichtig bereut und Buße tut, die Möglichkeit hat, von Michael
nachträglich gereinigt, getauft und gerettet zu werden. Der Gedanke, der diese Vorstellung speist, ist die Überzeugung, dass
auch im Tod eine Weiterentwicklung stattfinden kann. Denn
wenn die Kirche sich als Gemeinschaft von Lebenden und Toten
versteht, dann liegt die Idee nahe, in der Gemeinschaft von den
Lebenden aus auch auf die Toten einzuwirken.

Diese verschiedenen Fragen und Impulse aus dem kirchlichen Leben und dem Volksglauben müssen also theologisch
bedacht und verarbeitet werden. Himmel und Hölle erfahren
so weitere Ausgestaltungen, die letztlich darin münden, die
katholische Lehre von der Hölle und vom Fegefeuer zu entwickeln. Vor allem Augustin gibt diesen Fragen einen wichtigen
Impuls, indem er die Hölle als den Ort denkt, an dem die meisten Menschen nach dem Jüngsten Gericht ewige Strafe erleiden
werden. Diejenigen, die aber von Gott erwählt sind, werden
in der Hölle nur vorläufig zur Läuterung bestraft und dürfen
danach gereinigt in den Garten Eden einziehen. Papst Gregor
der Große gestaltet diese Gedanken seelsorgerlich aus, indem

---

[85] Siehe weiter oben S. 57 f.

er die Kirche als den Ort des Heils betont, an dem der Mensch vor den Nachstellungen des Teufels sicher ist. Gregor und Augustin prägen damit die Höllenvorstellung des Mittelalters, die darauf beruht, dass ein großer Teil der Menschen der endgültigen Verdammung anheimfallen wird, während nur ein kleiner Teil zum ewigen Leben bestimmt ist. Die Erzählungen von der Hölle dienen dabei (wie auch das Beispiel Dantes zeigt[86]) vor allem der Ermahnung und Disziplinierung der Gläubigen. Mittelalterliche Theologen differenzieren in immer subtileren Kategorien und stellen einen Buß- und Strafkatalog auf, der sich in den Graden der Höllenqualen widerspiegelt: „Das Jüngste Gericht wird zu einem formal wohlgeordneten Prozess, bei dem Engel, Apostel und Heilige assistieren. So etabliert sich der Erzengel Michael als Seelenrichter und Maria und Johannes … interzedieren, leisten Fürbitte, ohne freilich verhindern zu können, dass eine stattliche Menge der vor Gericht Stehenden für immer verloren geht."[87] Bezüglich der Fürbitte Marias und der Heiligen wird eine weitere Entwicklung immer wichtiger, die sich auf die Stellung der Kirche zur Hölle auswirkt. Die Frage der Gemeinschaft von Lebenden und Toten taucht hier wieder auf und läuft auf die Lösung hinaus, dass die Kirche kraft ihrer Verdienste um das Heil der Menschen etwas für ihre Gläubigen tun kann. In dieser Perspektive ist verständlich, warum die Buße jetzt als vollwertiges Sakrament angesehen wird (Konzil von Lyon; 1274), da sie direkt auf das Fegefeuer einwirkt. Die Idee einer Leistung der Lebenden für die Verstorbenen ist damit geboren, und die Höllenvorstellung wird weiter ausdifferenziert. Interessant wird nun die Vorstellung von der Hölle als einem Ort, an dem die verstorbenen Seelen gereinigt werden. Allerdings läuft diese „Purgatorium-Vorstellung" nicht wie bei Origenes darauf hinaus, dass dann alle Menschen – und sogar der Teufel – nur lange genug im Fegefeuer sitzen müssen, bis sie in den Himmel gelangen. Das (lateinische) Mittelalter hält daran fest, dass die meisten Menschen verloren gehen werden, trotz der Bußmittel der Kirche. So wird die Angst vor der Hölle zu einem das Bewusstsein des Gläubigen beherrschenden Element, und „das Fegefeuer wird zum größten Motiv für die ak-

---

[86] Siehe weiter unten S. 122–128.
[87] Rahner, Einführung, 271.

tive Werkfrömmigkeit des Mittelalters"[88]. Hölle und Fegefeuer sind damit Antworten der alten und mittelalterlichen Kirche auf die Frage nach dem Tod und der Gerechtigkeit. Sie können im Grunde dem Menschen durchaus den Trost spenden, im Tod Gerechtigkeit zu erfahren, und zugleich die Möglichkeiten bieten, den geliebten Menschen auch nach deren Tod etwas Gutes tun und ihnen helfen zu können. Die Idee, wonach bei Gott Tote und Lebende zu einer Gemeinde zusammengeführt werden, ist demnach der christlichen Überzeugung, dass Gott als Schöpfer der Welt auch Herr über den Tod ist, durchaus inhärent, sodass kritisch lediglich die Gefahr zu benennen ist, dass das Drohpotenzial der Hölle die frohe Botschaft der Liebe Gottes letztlich überlagern kann. Auch die Verrechtlichung der Buße und der damit in Verbindung stehende Gnadenschatz der Kirche, der eine theologische Voraussetzung des Ablasses ist, liefert die unverfügbare göttliche Gnade der Kirche aus, wodurch sie zuweilen vergessen hat, dass sie zwar Fürbitte für die Toten leisten, aber dadurch nicht wirklich ins Jenseits hineinregieren kann. Der Tod bleibt eine Grenze, die nur Gott überschreiten kann; ein Rechtssystem ist hier nicht zu verankern. Deshalb ist es bedenklich, dass die mittelalterliche Kirche letztlich die Höllenvorstellung dazu benutzt, um innerweltlich zwischen sich und denen, die ihr nicht angehören, einen definitiven Schnitt zu setzen. So definiert das Konzil von Florenz 1439: Die Kirche „glaubt fest, bekennt und verkündet, dass niemand, der sich außerhalb der katholischen Kirche befindet, nicht nur keine Heiden, sondern auch keine Juden oder Häretiker und Schismatiker, des ewigen Lebens teilhaft werden können, sondern dass sie in das ewige Feuer wandern werden, das dem Teufel und seinen Engeln bereitet ist, wenn sie sich nicht vor dem Lebensende ihr angeschlossen haben, und dass die Einheit mit dem Leib der Kirche eine solch große Bedeutung hat, dass nur denen, die in ihr verharren, die Sakramente der Kirche zum Heil gereichen ... Und niemand kann, wenn er auch noch so viele Almosen gibt und für den Namen Christi sein Blut vergießt, gerettet werden, wenn er nicht im Schoß und in der Einheit der katholischen Kirche bleibt." (DH 1351)

---

[88] Rahner, Einführung, 244.

Was als seelsorgerliche Frage begann, die einen gewissen Trost für angefeindete Christen leisten sollte, hört damit als kirchenrechtliche Bedingung auf, die Ausschlusskriterien setzt: „Die Jenseitsfrage wird zur Diesseitsfrage der Zugehörigkeit oder Nichtzugehörigkeit"[89] zur Kirche.

---

[89] Rahner, Einführung, 274.

II. Die Gegenwart des Teufels

Der Teufel in den christlichen Kirchen

Römisch-katholisch

„Tatsächlich, das Böse, das sich in [der Welt] findet, die Unordnung in der Gesellschaft, die Widersprüchlichkeit des Menschen, die innere Zerbrochenheit, deren Opfer er ist, sind nicht nur Folgen der Erbsünde, sondern auch des verheerenden und dunklen Wirkens Satans, dieses hinterlistigen Feindes des moralischen Gleichgewichtes des Menschen, den der heilige Paulus entschieden als den ‚Gott dieser Weltzeit‘ bezeichnet, da er sich als gerissener Betörer kundtut, der es versteht, sich ins Spiel unseres Handelns einzuschleichen, um dort Abweichungen zu bewirken, die ebenso schädlich wie unseren instinktiven Wünschen scheinbar gemäß sind." [90]

Laut Papst Johannes Paul II. lebt der Teufel und ist in der Welt aktiv. Deshalb warnt der Papst bei einer Generalaudienz 1986 davor, „die Bedeutung des Teufels [zu] übertreiben, [oder] die Existenz des Teufels [zu] leugnen oder seine schädliche Macht und Tätigkeit [zu] verharmlosen". [91] Der Teufel sei kein reines Symbol, sondern existiere wirklich. Ihm stimmt sein Nachfolger im Amt, Benedikt XVI., zu, wenn er formuliert, dass der Teufel „eine rätselhafte, aber reale, eine gestalthafte und keine symbolische Präsenz" ist. [92]

---

[90] Papst Johannes Paul II., Ansprache an die Bevölkerung von Monte Sant'Angelo, 24. 5. 1987; http://www.vatican.va/holy_father/john_paul_ii/speeches/1987/may/documents/hf_jp-ii_spe_19870524_monte-sant-angelo_it.html (Zugriff am 20. 3. 2012).

[91] Papst Johannes Paul II., Ansprache bei der Generalaudienz am 13. 8. 1986; http://www.vatican.va/holy_father/john_paul_ii/audiences/1986/documents/hf_jp-ii_aud_19860813_it.html (Zugriff am 20. 3. 2012).

[92] Zitiert nach Georg Siegmund (Hg.), *Der Exorzismus der katholischen Kirche*, Stein am Rhein 2005, o.S.

Damit kennzeichnet der Papst die amtliche Überzeugung der römisch-katholischen Kirche. Zwar wird im 2010 erschienenen *Youcat*, dem Jugendkatechismus der katholischen Kirche, nur selten von Teufel und Satan gesprochen (etwa in Frage 54, wo von gefallenen Engeln die Rede ist, oder in Frage 91, wo Satan als der Herrscher dieser Welt benannt wird), doch zeigt ein Blick in den grundlegenden *Katechismus der katholischen Kirche* (KKK; 1993), der allen Katholiken zum gläubigen Gehorsam vorgelegt wird, dass der Teufel bereits im Paradies am Werk war. Hier wird deutlich mehr über den Teufel gelehrt.

Laut dem KKK verführte der Teufel die ersten Menschen, Adam und Eva, zum Ungehorsam gegenüber Gott. Er sei auf die Menschen neidisch gewesen und habe ihnen deshalb in Aussicht gestellt, dass sie wie Gott sein könnten, wenn sie das Gebot Gottes übertreten und vom Baum der Erkenntnis essen würden. Dieses Versprechen ist die grundsätzliche Lüge des Teufels und wird von nun an als ein wesentliches Merkmal des Teufels gelten: Der Teufel lügt. Der Mensch verliert das Vertrauen in Gott und gibt der Versuchung des Teufels nach. Die Sünde, zu der der Teufel den Menschen gebracht hat, liegt demnach im Ungehorsam gegenüber Gott und dem mangelnden Vertrauen in ihn. Laut katholischer Doktrin hat der Teufel den Menschen letztlich den Tod gebracht, da dieser die Folge der Vertreibung Adams und Evas aus dem Paradies ist.

Bevor der Teufel aber diese grundlegende, weil für den Menschen schicksalhafte Verführung beging, war er ein Engel. Am Anfang war der Teufel also ein gutes Geschöpf Gottes, das von sich aus böse wurde. Diese Lehre des Vierten Laterankonzils von 1215 wird noch immer gelehrt und basiert auf einer Kombination von biblischen Motiven. Vor allem die Paradiesgeschichte (Gen 2–3), in der vom Teufel allerdings keine Rede ist, wird mithilfe von aus dem Kontext gerissenen neutestamentlichen Aussagen über den Teufel interpretiert (1 Joh 3,8: „Der Teufel sündigt von Anfang an."), und damit wird der Teufel in den Anfang der Welt eingetragen. Den Teufel gab es demnach bereits vor der Erschaffung der Welt und des Menschen. Er gilt als Anführer von Dämonen, die ehemals genau wie er Engel waren und mit ihm von Gott abgefallen sind. Deutlich stehen hier nicht nur biblische Belege hinter der Lehre, sondern auch außerkanonische Texte wie z.B. das äthHen.

Der KKK erklärt, dass Teufel und Dämonen Gott aus freien Stücken und aufgrund eigener Entscheidung zurückwiesen. Ein Motiv dieser Zurückweisung kennt die offizielle katholische Lehre nicht, sodass das Wissen um die Motivation des Teufels ein Geheimnis bleibt. Klar ist hingegen, dass seine Entscheidung unwiderruflich ist und ihm deshalb niemals vergeben werden kann. Weil der Teufel nicht bereut, kann ihm auch keine Gnade zuteil werden. Seit seiner Abwendung von Gott versucht der Teufel gegen Gott zu arbeiten und erdreistet sich sogar, Jesus Christus selbst zu verführen. Dieser erliegt der Verführung aber nicht und bricht letztlich durch seine Sendung die Macht des Teufels.

Die zentrale Verführung des Teufels besteht in dem Versuch, Menschen davon abzubringen, Gott zu gehorchen. Der Glaube des Menschen wird also durch den Teufel bedroht. Allerdings weiß der KKK, dass der Teufel nur eine begrenzte Macht hat. Er ist Gott bei Weitem nicht ebenbürtig, weil er letztlich nur ein Geschöpf ist. Zwar existiert er – wie die Engel und die Dämonen – als reiner Geist, doch kann er letztlich gegen den Willen Gottes nichts ausrichten. Der Teufel unterliegt der göttlichen Gnade. Unbegreiflicherweise lässt Gott das Wirken des Teufels manchmal zu, doch ist die katholische Kirche davon überzeugt, dass Gott grundsätzlich die Geschicke der Welt mit Güte lenkt. Dass er das Tun des Teufels toleriert, gehört zum unbegreiflichen Geheimnis Gottes. Der Hass des Teufels gegen Gott und seine Welt wird deshalb die Aufrichtung des göttlichen Reiches nicht verhindern können.

Das heißt aber wiederum nicht, dass der Teufel nicht real in das Leben der Menschen eingreifen könnte. Den göttlichen Heilsplan kann der Teufel zwar nicht verhindern, doch ist er dazu fähig, den einzelnen Menschen zu schädigen. Sein böses Wirken betrifft sogar ganze Gesellschaften: „Die besondere Gewandtheit des Teufels in dieser Welt besteht darin, die Menschen dazu zu verführen, seine Existenz zu leugnen, und zwar im Namen des Rationalismus und eines jeden derartigen Denksystems, das alle möglichen Ausflüchte sucht, um ja nicht das Wirken des Teufels zugeben zu müssen."[93] Ihnen kann er geistig

---

[93] Papst Johannes Paul II., Ansprache bei der Generalaudienz am 13. 8. 1986; http://www.vatican.va/holy_father/john_paul_ii/audiences/1986/documents/hf_jp-ii_aud_19860813_it.html (Zugriff am 20. 3. 2012).

wie körperlich zusetzen. Letztlich versucht er die Menschen sogar zu einem Aufstand gegen Gott zu verführen.

Außerdem übt der Teufel seit dem Sündenfall des Menschen
über diesen eine gewisse Form der Herrschaft aus. Wie durch
die Sünde des Menschen der Tod in die Welt kam, so steht der
Mensch – und mit ihm die ganze Welt – durch die Erbsünde
unter der Knechtschaft des Teufels. Deshalb ist auch die Natur
des Menschen grundsätzlich zum Bösen hingeneigt, obwohl der
Mensch ein Geschöpf Gottes ist. Trotzdem lehrt die katholische
Kirche, dass der Mensch in seinem Willen frei bleibt, das Gute
zu wählen. Allerdings richtet der Teufel sein Tun darauf, den
Menschen von Gott zu entfernen. „Die Tätigkeit Satans besteht
vor allem darin, die Menschen zum Bösen zu verführen, indem
er ihr Vorstellungsvermögen und ihre höheren Fähigkeiten
beeinflusst, um sie in die dem Gesetz Gottes entgegengesetzte
Richtung zu lenken."[94]

Durch den Tod Jesu am Kreuz ist dem Teufel aber endgültig
die Macht genommen. Allerdings treibt er bis zum Jüngsten Tag
weiter sein Unwesen auf der Erde. Da Christus aber in das Reich
des Todes und des Teufels hinabgestiegen ist, hat er den Teufel,
den Herrscher der Hölle, entmachtet.

In der Taufe bekommt jeder Täufling diesen Sieg Jesu zuge-
eignet. Der Täufling wird dem Reich des Teufels entrissen und
in den Leib Christi inkorporiert. Als Glied am Leib Christi, als
getaufter Katholik, ist der Mensch grundsätzlich der Herrschaft
des Teufels entzogen, und seine Sünde ist getilgt. Deshalb ist
eine ausdrückliche Absage an den Teufel ein Teil des Taufrituals
der katholischen Kirche.

Vor allem das Gebet – so lehrt die katholische Kirche – hilft,
um im Alltag der Macht des Teufels zu entkommen. Insbesondere beziehe sich die Bitte des Vaterunsers („… erlöse uns von
dem Bösen") nicht auf eine abstrakte Idee des „Bösen", sondern
sei im Hinblick auf den Teufel formuliert. Das „Böse" bezeich-
ne eine Person, die sich Gott widersetze; es sei der Teufel, der
sich „dem göttlichen Ratschluss und dem in Christus gewirkten
Heilswerk entgegen[stellt]" (KKK 2851). Nur Gott könne den

---

[94] Papst Johannes Paul II., Ansprache bei der Generalaudienz am 13.
8. 1986; http://www.vatican.va/holy_father/john_paul_ii/audiences/1986/
documents/hf_jp-ii_aud_19860813_it.html (Zugriff am 20. 3. 2012).

Menschen vor dem Teufel schützen, der gegen ihn kämpfe und Sünde und Tod in die Welt gebracht habe. Nur wer sich Gott anvertraut, der ist vor dem Teufel geschützt.

Ein besonderer Fall des Kampfes zwischen der Kirche und dem Teufel bzw. einem beliebigen Dämon ist der Exorzismus. Als Exorzismus definiert die katholische Kirche: „Wenn die Kirche öffentlich und autoritativ im Namen Jesu Christi darum betet, dass eine Person oder ein Gegenstand vor der Macht des bösen Feindes beschützt und seiner Herrschaft entrissen wird, spricht man von einem Exorzismus." (KKK 1673) Der *Youcat* sagt abschwächend: „Der Exorzismus ist ein Gebet, kraft dessen ein Mensch vor dem Bösen beschützt oder vom Bösen befreit wird." In der Frage 273 wird zudem klargestellt, dass die Kirche heute noch den Exorzismus durchführt, als „Abwehr eines geistigen Versucht- und Bedrängtwerdens" und als „Befreiung von der Macht des Bösen".

Berühmt-berüchtigt ist diese unter die „Sakramentalien"[95] zu zählende Handlung der Kirche durch zahlreiche Horrorfilme und -bücher. In Deutschland ist der Exorzismus vor allem durch den tragischen Fall der Anneliese Michel bekannt geworden, die dabei zu Tode kam (1976). Allerdings ist hier eine große Zurückhaltung angebracht. In unserem kulturellen Kontext wird der „Große Exorzismus", der vor allem das Interesse der Öffentlichkeit auf sich zieht, kaum noch durchgeführt. Er „dient dazu, Dämonen auszutreiben oder vom Einfluss von Dämonen zu befreien, und zwar kraft der geistigen Autorität, die Jesus seiner Kirche anvertraut hat" (KKK 1667). Zwar ist korrekt, dass jede Diözese einen Ansprechpartner für solche Fragen haben sollte, doch ist eine gewisse Scheu bei diesem Thema – zumindest in Westeuropa – durchaus anzutreffen.

Sowohl in der kirchlichen Lehre wie auch im Kirchenrecht werden für einen Exorzismus hohe Hürden gesetzt. So darf der Exorzismus „nur von einem Priester und nur mit Erlaubnis des Bischofs vorgenommen werden" (KKK 1667). Außerdem wird im Gesetzbuch der katholischen Kirche, dem *Codex Iuris Canoni-*

---

[95] Darunter versteht die Kirche laut KKK 1667 ein heiliges Zeichen, das in einer gewissen Nachahmung der Sakramente Wirkungen, besonders geistlicher Art, bezeichnet, die kraft der Fürbitte der Kirche erlangt werden.

ci, streng festgehalten: „Niemand kann rechtmäßig Exorzismen über Besessene aussprechen, wenn er nicht vom Ortsordinarius eine besondere und ausdrückliche Erlaubnis erhalten hat. Diese Erlaubnis darf der Ortsordinarius nur einem Priester geben, der sich durch Frömmigkeit, Wissen, Klugheit und untadeligen Lebenswandel auszeichnet." (CIC, can. 1172)

Bevor es zu einem Exorzismus kommt, müssen alle medizinischen – physische wie psychische – Erklärungen für die beobachteten Krankheits- bzw. Besessenheitssymptome gewissenhaft geprüft worden sein. Der Katechismus legt ausdrücklich fest, dass man sich darüber Gewissheit verschafft haben muss, „dass es sich wirklich um die Gegenwart des bösen Feindes und nicht um eine Krankheit handelt" (KKK 1667). In diesem Sinn pocht die Kongregation für die Glaubenslehre, die ehemalige „Inquisition", in Gestalt ihres damaligen Präfekten Joseph Kardinal Ratzinger in einem Schreiben von 1985 darauf, „dass es den Gläubigen [ohne ausdrückliche Genehmigung des Ortsbischofs] nicht erlaubt ist, die Exorzismus-Formel gegen den Satan und die abtrünnigen Engel aus dem Exorzismus zu verwenden"[96]. Eindrücklich wird darauf verwiesen, dass es zunächst der eben vorgestellten Klärungen nach CIC 1172 bedarf.

Wie ein solcher Exorzismus durchgeführt wird, legt das *Rituale Romanum* („Römisches Ritenverzeichnis") von 1954 fest. In einem eigenen Heft liegt dieser Titulus auf Deutsch als *Der Exorzismus der katholischen* Kirche vor, der in dritter Auflage 2005 erschienen ist.[97] Auch hier wird ausdrücklich festgehalten, dass ein „Exorzismus an den vom Teufel Besessenen" nicht leichtfertig vorgenommen werden darf. Die therapeutische Seite des Exorzismus steht dabei im Vordergrund, sodass das ganze Ritual in erster Linie als Element ganzheitlich heilender Seelsorge verstanden werden soll, bei dem auch Psychiater und Mediziner bereits bei der Abklärung des vorliegenden Falls beizuziehen seien.

Das *Rituale* zählt nun Merkmale teuflischer Besessenheit auf. Besonders „verdächtig" sind das Sprechen in einer dem Beses-

---

[96] Kongregation für die Glaubenslehre, Schreiben an die Ortsordinarien bezüglich der Normen zum Exorzismus, 29. September 1985; http://www.vatican.va/roman_curia/congregations/cfaith/documents/rc_con_cfaith_doc_19850924_exorcism_ge.html (Zugriff am 20. 3. 2012).

[97] Georg Siegmund (Hg.), *Der Exorzismus der katholischen Kirche*, Stein am Rhein ³2005.

senen unbekannten Sprache, das Demonstrieren unbekannten Wissens und eine ungewöhnliche physische Kraft. Das Rituale warnt danach vor den Tricks und Täuschungen des Teufels, die sowohl den Besessenen als auch den Exorzisten täuschen sollen, und ermahnt den Exorzisten ausdrücklich, vor den zahllosen „Künsten und Listen des Teufels" auf der Hut zu sein. Über den besten Ort für das Ritual („geweihter Raum") wird ebenso unterrichtet wie über die Vorbereitungen vonseiten des Besessenen (Fasten, Kruzifix zur Hand, Heiligenreliquien) und des Exorzisten („keine weitschweifigen Reden"). Der Exorzist soll „mit befehlender Macht, voll Glaube, Demut und Eifer" den Dämonen gegenübertreten. Bei Frauen muss er sich besonders hüten und immer „ehrenhafte Personen bei sich" haben. Wenn der Teufel dann ausgetrieben ist, soll sich der Besessene vor Sünden schützen, damit der Dämon nicht zurückkehrt (vgl. Mt 12,43 f).

Der „Große Exorzismus" beginnt mit der Besprengung des Besessenen mit Weihwasser als Zeichen der Reinigung in der Taufe. Es folgt eine Litanei mit der Anrufung Gottes und der Fürsprache aller Heiligen. Dem können Psalmengebete folgen. Sodann wird ein Evangeliumstext verlesen, bevor der Priester dem Betroffenen die Hände auflegt und die Macht des Heiligen Geistes anruft, damit der Teufel aus ihm herausgehe. Es folgt das Glaubensbekenntnis oder die Erneuerung des Taufgelübdes mit der Absage an Satan.

Der Exorzist zeigt der Person daraufhin das Kreuz und segnet sie, bevor er die eigentliche Exorzismus-Formel spricht. Sie besteht aus zwei Teilen: Der erste, beschwörende, enthält eine Bitte an Gott. Der zweite Part besteht aus einem Befehl an den Teufel, den Besessenen – im Namen Christi – zu verlassen. Dieser zweite Teil kann entfallen. Der Ritus endet mit einem Dankgebet.

Im Zuge der Neubearbeitung der liturgischen Texte auf Anordnung des Zweiten Vatikanischen Konzils veröffentlichte die „Kongregation für den Gottesdienst und die Sakramentenordnung" 1999 als letzten Teil des überarbeiteten *Rituale Romanum* den neuen Ritus, der von Papst Johannes Paul II. 1998 genehmigt wurde (*De exorcismis et supplicationibus quibusdam*[98]). Der neue Ritus weist vielfältige Vorbemerkungen auf, die ihn in die Lehre

---

[98] *De Exorcismis et supplicationibus quibusdam*, Vatikanstadt 1999, ²2004.

der Kirche von der Heilsgeschichte einbetten. Kennzeichnend ist die Sicht der Geschichte; sie sei ein „harter Kampf gegen die Mächte der Finsternis" (ein Zitat aus der Pastoralkonstitution des Zweiten Vatikanischen Konzils, *Gaudium et spes*, Art. 37), in dem „die Kirche die ihr von Christus verliehene Vollmacht, Dämonen auszutreiben und ihren Einfluss zu unterbinden, schon seit der apostolischen Zeit ausübt"[99] (Exor 7). Gegenüber dem „alten" Ritus von 1954 erweitert der Ritus die Voraussetzungen für einen Exorzismus. Er warnt weiterhin davor, den Exorzismus zu leichtfertig anzuwenden, betont aber, dass der Exorzist sich nicht „durch die Künste und Täuschungen" des Teufels in die Irre führen lassen solle. Diese bestehen u.a. darin, dass der Teufel dem Besessenen einflüstere, den Exorzismus nicht anwenden zu lassen, sondern zu behaupten, „seine Krankheit sei natürlich und hänge von der ärztlichen Kunst ab" (Exor 14). Das führt zu der Forderung, dass der Exorzist sich der Anwesenheit eines Dämons nachdrücklich vergewissern soll. Allerdings ist umstritten, wie das gelingen kann. So stellt z.B. der heutige Kardinal Walter Kasper fest: „Es gibt keine eindeutigen äußerlichen Kriterien für die Feststellung von dämonischer Besessenheit."[100] Dementsprechend steht die liberale katholische Theologie dem Exorzismus an sich – ob im alten oder neuen Ritus – eher kritisch gegenüber. Dem neuen Ritus attestieren die Theologen Manfred Probst und Klemens Richter z.B., dass er „kaum ein kritisches Bewusstsein für den Umgang mit Bibelzitaten erkennen lässt" und dass die „Teufelsbeschimpfungen nach gut mittelalterlicher Manier … nur schwer zu ertragen" seien. Sie empfehlen deshalb, im modernen Europa auf den „Großen Exorzismus" zu verzichten und stattdessen eine „Liturgie zur Befreiung vom Bösen" zu feiern. In ihr soll – im Gegensatz zum alten und neuen Ritus – völlig auf die Beschwörung des Teufels als Person verzichtet werden und es sollen lediglich Gebete an Gott gerichtet werden, das (!) Böse zu vertreiben.[101] Genau mit dieser Forde-

---

[99] Zitiert nach der (inoffiziellen) deutschen Übersetzung von Manfred Probst. Zu finden in: Ders./Klemens Richter, *Exorzismus oder die Liturgie zur Befreiung vom Bösen*, Münster 2002.

[100] Walter Kasper, „Die Lehre vom Bösen", in: *Die Macht des Bösen und der Glaube der Kirche*, hg. v. Rudolf Schnackenburg, Düsseldorf 1979, 68–84, hier: 84.

[101] Probst/Richter, Exorzismus, S. 133–138.

rung verfehlen sie aber laut der konservativen Theologin Alexandra von Teuffenbach den Sinn des Exorzismus; der Vorschlag „kommt einer Abschaffung des Exorzismusrituals gleich"[102]. Schon vom Wortsinn her („Beschwörung") zeige sich, dass der Exorzist sich direkt an den Teufel richten muss und ihm befehlen soll, aus dem besessenen Geschöpf auszufahren. Gegen Probst/Richter und gegen den heutigen Kardinal Kasper ist sie davon überzeugt, dass ein Exorzist Besessenheit erkennen kann, selbst ohne die Hilfe von Medizinern und Psychiatern. Der Ruf nach Abschaffung des Exorzismus und die „radikale Entchristlichung der Gesellschaft" gingen nicht umsonst „Hand in Hand". Deshalb müsse der Hinweis in Exor 14 gerade in Deutschland dringend beachtet werden, da es hier nur deshalb so wenige Fälle von Besessenheit gebe, „weil der Teufel das gar nicht mehr braucht" – wahrscheinlich wegen des Fehlens von Frömmigkeit und Glaube in Deutschland. Lege man die „Scheuklappen des Materialismus" ab, könne der Exorzismus durchaus als Hilfe der Kirche kranken Menschen empfohlen werden, da ja auch der Teufel Ursache von Krankheit sein könne und die Kirche ihre Aufgabe zu sehr vernachlässige, „die Menschen vom krank und unglücklich machenden Einfluss des Bösen zu befreien". Außerdem sei ein Exorzismus nicht gefährlich, weil er „keine Nebenwirkungen und Folgen wie Psychopharmaka" habe.[103]

Insgesamt zeigt sich mit diesem Überblick über den Teufel im Katholizismus, dass er in der Lehre der römisch-katholischen Kirche präsent ist und dass sich das biblisch-antike und mittelalterliche Denken über den Teufel relativ ungebrochen im modernen Glaubenskanon der Kirche findet. Zugleich wird aber deutlich, dass je nach Kontext der Frage nach dem Teufel im Bereich des theologischen Nachdenkens verschiedene Positionen anzutreffen sind. Trotzdem bleibt festzuhalten: Die Lehre vom Teufel und dem Fall der Engel ist nicht überholt, sondern zählt weiterhin zur Glaubenslehre der größten christlichen Glaubensgemeinschaft der Welt.

---

[102] Alexandra von Teuffenbach, *Der Exorzismus. Befreiung vom Bösen*, Augsburg 2007, 57.
[103] Teuffenbach, Der Exorzismus, 57– 96.

Evangelisch

Die auf die verschiedenen Reformationen des 16. Jahrhunderts zurückgehende evangelische Theologie hat durch die Aufklärung einen fundamentalen Wandel durchgemacht, was sich an der Teufelsthematik besonders gut ablesen lässt. Bei Martin Luther ist noch unbestritten, dass er eine verbreitete Überzeugung seiner Zeit teilte, wonach der Teufel wirklich existiert.[104] Luther vermag im Gefolge der mittelalterlichen Theologie sogar dem Teufel einen Platz im Rahmen seiner eigenen Theologie zuzuweisen. Denn für Luther bedingen sich die Aktionen Gottes und des Teufels wechselseitig, wobei Gott den Sieg davonträgt. Durch das Erscheinen Christi wurde – so Luther – der Teufel erst richtig herausgefordert. Er begründet dies mit der Auslegung von Lk 11,14 ff, wonach Christus in das Haus des Satans eingedrungen sei, um ihn zu besiegen. Weil durch Christus Menschen dem teuflischen Wirkungsbereich entkommen können, muss der Teufel aktiv werden, um dies zu verhindern. Deshalb löst die Taufe als Loslösung vom Teufel auch unmittelbar das verstärkte Bemühen des Teufels um diese getaufte Seele aus. Exemplarisch ist dies bereits bei Christus selbst zu beobachten, der schließlich auch unmittelbar nach seiner Taufe durch den Teufel versucht wurde. So wird praktisch durch den Glauben der Kampf zwischen Gott und Teufel, der im Grunde deshalb ruhte, weil der Teufel durch die Erbsünde den Menschen belangen konnte, erst richtig in Gang gebracht. Aus diesem Grund ist der Teufel auf Christus besonders konzentriert. So wendet Luther seinen insgesamt christologisch ausgerichteten theologischen Ansatz auf den Teufelsglauben an. Der Teufel ist für ihn der grundlegende Gegner Christi, der die Christen bedroht. Er kann sogar – ähnlich der apokalyptischen Gedankenwelt – sagen, dass ein Erkennungszeichen des christlichen Glaubens darin besteht, vom Teufel bekämpft zu werden, sowohl individuell als auch als Kirche insgesamt. Solange der Christ nicht merkt, dass der Teufel ihn belästigt, kann es mit seinem Glauben nicht weit her sein. Deshalb merken z.B. Ehebrecher, Diebe und Mörder nichts von

---

[104] Vgl. zum Folgenden Hans-Martin Barth, *Der Teufel und Jesus Christus in der Theologie Martin Luthers*, FKDG 19, Göttingen 1967.

den Nachstellungen des Teufels, weil dieser sich über sie freut. Die Kirche insgesamt sieht sich seit Beginn ihrer Existenz durch das Wirken des Teufels bedroht, der durch die ganze Kirchengeschichte hindurch immer wieder versucht (und z.b. im Papsttum in Luthers Augen sogar erfolgreich), das Evangelium Christi zu verschleiern, zu verhüllen und es letztlich aus der Welt zu schaffen. Um dies zu erreichen, fördert der Teufel in dem Maße, in dem er die Kirche bekämpft, alle Kräfte, die der Kirche entgegenstehen. Einen Beleg für diese These sah Luther z.b. in den Erfolgen der „Türken" gegen die christlichen Heere. Diese Deutung der Kirchengeschichte führt Luther zu der Annahme, dass der letzte Kampf mit dem Teufel unmittelbar bevorsteht, was zu einem Deuteschema seiner Gegenwart wird. Durch „seine" Reformation und die Wiederentdeckung des Evangeliums ist der Teufel auf den Plan getreten. Während der Beginn der Reformationszeit für Luther eine ruhige Phase der Weltgeschichte war, in der der Teufel deshalb inaktiv bleiben konnte, weil alles nach seinem Plan lief, wird durch das Wirken Luthers eine unruhige Phase eröffnet, in der der Teufel seine Aktivitäten erhöht. Dies erklärt die Konflikte und Streitigkeiten (z.B. den Bauernkrieg), die Luther erlebt und die für ihn Anzeichen dafür sind, dass der Teufel seine Lehre, das Wort Gottes, bekämpft. Deshalb kann Luther in den Schmalkaldischen Artikeln (1537) auch den Papst als den Teufel bezeichnen (Artikel 4), da dieser sich seiner Lehre entgegenstellt.[105] Dies erklärt für Luther auch, dass der Teufel persönlich sich gegen ihn wendet und ihn ganz besonders quält.

Luther sieht den Grundfehler des Menschen darin, dass er selbst dazu tendiert, sich mit Gott auf eine Stufe zu stellen. Der Mensch und der Teufel streben nach oben, Gott aber erniedrigt

---

[105] „Zuletzt ist er nichts als eitel Teufel, da er seine Lügen von Messen, Fegefeuer, Klosterei, eigenen Werken und Gottesdienst, welches denn das rechte Papsttum ist, treibt über und gegen Gott, verdammt, tötet und plagt alle Christen, die solche seine Gräuel nicht über alles heben und ehren. Darum, so wenig wir den Teufel selbst als einen Herrn oder Gott anbeten können, so wenig können wir auch seinen Apostel, den Papst oder Endchrist, in seinem Regiment als Haupt oder Herrn leiden. Denn Lüge und Mord, um Leib und Seele ewig zu verderben, das ist sein päpstliches Regiment eigentlich, wie ich dasselbe in vielen Büchern bewiesen habe." (Bekenntnisschriften der evangelisch-lutherischen Kirche, Göttingen 1930)

sich selbst, um zum Menschen zu gelangen. Dies zeigt sich für ihn in Gen 3, wo der Mensch sich dem Teufel überlässt, weil er so sein will wie Gott. So kann der Teufel dann zwischen Gott und den Menschen treten und Macht über ihn gewinnen. Durch Christus ist dem Teufel diese Stelle aber streitig gemacht. Dies ist die Erklärung für die Angriffe des Teufels gegen Christus, gegen dessen Botschaft und gegen dessen Kirche mit ihren Glaubenden. Für Luther nimmt der Teufel im Überblick also eine zentrale Stelle in seinem theologischen Denken ein. „Der Teufel steht nach Luther primär ... zwischen Gott und dem Menschen, an der Stelle, die ihm von dem ‚Mittler' Christus abgerungen wird und um deren Wiedergewinnung er sich immer neu bemüht." Der Kampf des Teufels gegen den Christen gehört demnach notwendig zum Glauben an Christus hinzu.

Von dieser wichtigen Stellung des Teufels in der Theologie Luthers hat die protestantische Theologie fast nichts mehr bewahrt. Im Rahmen der gegenwärtigen evangelischen Theologie und Kirche hat der Teufel kaum noch Platz. Vielmehr sieht sie „hier eine radikale Entmythologisierung angebracht und auch befreiend"[106]. So wird zwar nicht bestritten, dass es das Böse gibt, doch wird dies nur unter dem Gesichtspunkt betrachtet, dass es von Christus her grundlegend überwunden ist. Von daher kann es keine eigene Lehre vom Teufel geben, geschweige denn einen Glaubensartikel dazu. In ihrer Mehrheit verzichtet die evangelische Theologie deshalb darauf, das Böse zu personalisieren. Den Bösen gibt es daher nicht, lediglich als Symbol für die menschliche Erfahrung des Bösen findet der „Teufel" im Rahmen der evangelischen Theologie seinen Platz.

Seit der Aufklärung ist diese Linie im Rahmen der evangelischen Theologie mehr oder minder konsensfähig. Ein markantes Beispiel ist die Behandlung des Themas durch den Theologen Friedrich D.E. Schleiermacher. In seiner Glaubenslehre schreibt er in Paragraph 44: „Die Vorstellung vom Teufel, wie sie sich unter uns ausgebildet hat, ist so haltungslos, dass man eine Überzeugung von ihrer Wahrheit niemandem zumuten kann."[107]

---

[106] Wilfried Joest, *Dogmatik II*, Göttingen ³1993, 422.
[107] Friedrich Daniel Ernst Schleiermacher, *Der christliche Glaube nach den Grundsätzen der evangelischen Kirche im Zusammenhange dargestellt I*, hg. v. Martin Redeker, Berlin 1960, 211.

In dem erläuternden Abschnitt führt Schleiermacher die logischen Schwächen der traditionellen Anschauung vom Engelssturz vor und seziert exakt, dass diese Überlieferungen inhaltlich unlogisch und deshalb nicht mehr zu glauben seien. Wie soll man sich z.B. vorstellen, dass sich ein Engel bei klarem Verstand gegen den viel mächtigeren Gott auflehnen kann und nach seinem Sturz alle seine Kräfte und Fähigkeiten behalten soll? Oder warum sollten die Dämonen gegen Gott arbeiten, wenn ihnen doch klar sein müsste, dass ihr Tun von Gott abhängig ist, weil dieser es in seiner Allmacht zulassen muss und sie somit als Werkzeug seiner Vorsehung „gebrauche"? Sie würden doch angesichts dieser Umstände „in gänzlicher Untätigkeit" mehr „Befriedigung ihres Hasses gegen Gott finden"[108]. Weil auch die reformatorischen Bekenntnisschriften den Teufel an keiner Stelle als eigenes Lehrstück aufgenommen hätten, kommt Schleiermacher zu dem Schluss, dass der Glaube an den Teufel „auf keine Weise als eine Bedingung des Glaubens an Gott oder an Christus aufgestellt werden darf, und dass von einem Einfluss desselben innerhalb des Reiches Gottes nicht die Rede sein kann"[109].

Während also bereits bei Schleiermacher der Teufel keinen Platz mehr in der Theologie findet, ist dies im Glauben des Volkes (noch) nicht der Fall. Dies zeigt eine bekannte Episode, die von Johann Christoph Blumhardt (1805–1880), einem evangelischen Pfarrer, berichtet wird.[110] Blumhardt schildert einen „Geisterkampf", den er mit dem Engel des Satans um das Leben einiger Gemeindeglieder führt. Über zwei Jahre hin begleitet er ein vom Teufel heimgesuchtes Gemeindeglied, Gottliebin Dittus, die von Geistererscheinungen gequält wird, Blut spuckt und weitere Zeichen dämonischer Besessenheit aufweist. Obwohl Blumhardt selbst nicht von einem Exorzismus sprechen möchte, weisen seine Handlungen doch die wesentlichen Merkmale des Rituals auf, etwa das Beschwören des Geistes und die Gebete um Gesundung des Opfers. In den Weihnachtsfeiertagen 1843

---

[108] Schleiermacher, Glaube, 213.
[109] Schleiermacher, Glaube, 215.
[110] Vgl. Dieter Ising, *Johann Christoph Blumhardt. Leben und Werk*, Göttingen 2002.

werden nicht nur Gottliebin, sondern jetzt auch ihre Geschwister vom Satan besessen und drohen dabei zu sterben. Nun erreicht der Kampf Blumhardts gegen die Dämonen seinen Höhepunkt. Laut seiner eigenen Schilderung habe der Satan auf dem Höhepunkt des Gebetskampfes geschrien: „Jesus ist Sieger!", wonach die Geschwister geheilt worden seien. Für Blumhardt wird dieser Satz dadurch zum Leitvers seiner weiteren Tätigkeit in der württembergischen Erweckungsbewegung. Blumhardt ist davon überzeugt, dass der Satan versucht, auf der Erde sein Reich zu erweitern, wogegen er mit dem Glaubensstandpunkt „Jesus ist Sieger!" angehen müsse. Deutlich zeigt sich bei Blumhardt, dass er kein typischer Vertreter einer evangelischen Landeskirche ist, sondern mit seinen Gegenwartsdeutungen bereits eine freikirchliche Tendenz aufweist.

Die evangelische Theologie hingegen knüpft auch im 20. Jahrhundert daran an, dass Teufel und Dämonen keinen eigenen Platz in einer Darstellung des evangelischen Glaubens verdienen. Für sie genügt nach Karl Barth, dem wahrscheinlich einflussreichsten Dogmatiker dieser Zeit, „ein kurzer, scharfer Blick", um ihre Nichtigkeit festzustellen.[111] Nach Barth ist die Rede vom Engelssturz „ein Unfug", da Engel und Dämonen keinen gemeinsamen „Nenner", keine „Wurzel, aus der sie gemeinsam erwachsen wären", haben.[112] Während Engel zwar kein eigenes Sein außerhalb ihres Zeugnisauftrages hätten, aber immerhin als Zeugen Gottes in ihrer Funktion gegenwärtig seien,[113] darf den Dämonen kein eigenes Sein und kein eigener Sinn zuerkannt werden. In einer eigentümlichen Schwebe hält Barth deshalb fest, dass Teufel und Dämonen nur in einem ganz speziellen Sinn existieren, nämlich nicht wirklich, sondern nur „uneigentlich": Die Dämonen „sind nichtig, aber darum nicht nichts"[114]. Es kommt hier ganz darauf an, Teufel und Dämonen als „die Grundlüge aller Lügen" zu erkennen.[115] Sie sind Gestalten des Nichtigen, das Gott nicht erschaffen hat, das aber trotzdem geheimnisvoll und unerklärlich existiert. Sie existieren nur

[111] Karl Barth, *Kirchliche Dogmatik*, III/3, Zürich 1950, 609.
[112] Barth, KD III/3, 609.
[113] Barth, KD III/3, 566.
[114] Barth, KD III/3, 613.
[115] Barth, KD III/3, 612.

als „Kräfte der Lüge", denen es immer wieder gelingt, „unsere sämtlichen Abwehrbewegungen und Fluchtversuche zu umgehen [und uns] von dorther anzugreifen, [...] wohin wir uns vor ihnen in Sicherheit bringen möchten"[116].

Während bei Barth die Rede vom „Nichtigen", das Teufel und Dämonen hervorbringt, letztlich also in der Schwebe bleibt, bezieht die neuere Dogmatik die Rede vom Teufel stärker auf die menschliche Deutung der Welt. Gerhard Ebeling kennzeichnet die Rede vom Bösen z.B. deutlich als Interpretation der Erfahrung, dass das Leben oft nur in den Kategorien von Böse oder Gut erlebt wird, ohne dass es Abstufungen gibt. Diese Radikalität des Erlebens lege es nahe, dass die Welt anscheinend dualistisch zu verstehen sei, dass es nur das Reich Gottes und das Reich des Widergöttlichen gebe.[117] Diese Erfahrung dürfe aber nicht dazu verführen, in einen Dualismus abzugleiten, „wonach die Schöpfung als solche böse ist und zwei Gottheiten miteinander den Kampf führen"[118].

Letztlich folgt die evangelische Dogmatik der Gegenwart also der Linie Schleiermachers und lehrt: „Es gibt keinen Grund zu der Annahme, dass [Teufel und Dämonen] als oder wie Geschöpfe Gottes existieren."[119] Es liegt daher zwar nahe, solche Glaubensformen einfach zu übergehen, doch würde damit ein breiter Strom der christlichen Überlieferung einfach außer Acht gelassen. Besser ist es, die Rede vom Teufel auf das hin zu untersuchen, was damit ausgedrückt werden soll. So kann z.B. die menschliche Erfahrung, dass man zum Bösen verführt werden kann, mit dem Symbol *Teufel* ausgesagt werden. Auch Phänomene eines Suchtverhaltens, das scheinbar von sich aus den Menschen willenlos machen kann, lassen sich z.B. mit der Chiffre *Dämon* begreifen. Dem „Teufel" wird demnach „nur" zugebilligt, als Symbol des Bösen zu fungieren, ohne dass es ihn als Person wirklich gibt.[120] Wenn sich der Mensch von Gott entfernt und damit die Erfahrung der „Selbstentfremdung" macht, dann lässt sich schließlich „die scheinbar so primitive Vorstellung ei-

---

[116] Barth, KD III/3, 619.

[117] Vgl. Gerhard Ebeling, *Dogmatik des christlichen Glaubens III*, Tübingen 1979, 487.

[118] Ebeling, Dogmatik, 487.

[119] Vgl. Wilfried Härle, *Dogmatik*, Berlin/New York ²2000, 489.

[120] Vgl. Härle, Dogmatik, 489–492.

ner personifizierten Macht des Bösen als überraschend treffende Beschreibung menschlicher Grunderfahrung"[121] verstehen. Von daher ist für die evangelische Theologie deutlich, dass die Rede vom Teufel lediglich als mythologische Ausdrucksweise verstanden und dementsprechend hinterfragt und interpretiert werden muss. Daraus folgt, „die theologische Aufgabe im Umgang mit dem Dämonischen als Entmythologisierung und Entzauberung" zu bestimmen: „Entmythologisierung als theologisches Programm ist aber Exorzismus im besten Sinne des Wortes."[122]

Der theologischen Diskussion folgend, kommt deshalb im *Evangelischen Erwachsenenkatechismus* (EEK, 2010)[123] der Teufel nur ganz am Rand in den Blick. Im Kontext der Betrachtung des Menschen wird er unter der Überschrift „Mächte des Bösen" erwähnt. Der EEK geht davon aus, dass Menschen „sich dem Bösen ausgesetzt [sehen] wie einer unheimlichen Macht". Diese Erfahrung führt den EEK zu der allgemeinen Lehre, dass „die christlichen Kirchen vom Teufel reden", wenn sie „die Existenz einer bösen, zerstörerischen Macht, die sich gegen Gott und seine Schöpfung richtet und den Menschen versklaven kann", meinen. Der EEK fragt: „Soll man sich diese Macht als persönliche oder unpersönliche vorstellen?" Er antwortet seelsorgerlich, indem er zugibt, dass es manchmal so scheinen könne, als ob hinter dem Bösen, das der Mensch erfährt, „ein zielgerichteter Wille, eine kalte Systematik der Vernichtung", stecke und erklärt damit den biblischen Befund, der an der Existenz des Teufels keinen Zweifel lässt. Deshalb sei es zwar angebracht, von dem Bösen zu reden, es aber in einer Gestalt personifiziert zu glauben, sei falsch. Vielmehr komme sowohl das Gute als auch das Böse von Gott und es müsse – hier verweist der EEK auf die biblische Gestalt des Ijob – angenommen werden, auch wenn es unverständlich sei, dass der Gott, der sich in Christus als die Liebe schlechthin offenbart, auch für das Böse verantwortlich sein soll. Die Souveränität Gottes dürfe nicht unterschätzt wer-

---

[121] Dietz Lange, *Glaubenslehre I*, Tübingen 2001, 437.

[122] Ulrich H.J. Körtner, „Dämonen und Dämonisierung in Gegenwartsdiskursen", in: ZNT 28, 2011, 56–65; hier: 63.

[123] *Evangelischer Erwachsenenkatechismus. Suchen – glauben – leben*, Gütersloh [8]2010. Alle folgenden Zitate finden sich auf den Seiten 228 f.

den, weshalb letztlich nicht die Rede vom Teufel sein könne. Der EEK warnt daher: „Wer seinen Blick auf das Böse fixiert, droht unterzugehen." So antwortet der EEK auf die gestellte Frage nach der Personalität des Bösen mit dem Verweis auf das Nicänische Glaubensbekenntnis, das „nirgends von einem Teufel" spricht, und stellt klar: „Auch die unsichtbare böse Macht ist kein Gegengott, aber sie kann sich gegen ihn wenden."

Freikirchlich

Eine Freikirche, die an der Überzeugung festhält, dass es den Teufel gibt, sind die „Siebenten-Tags-Adventisten". In ihrer Selbstvorstellung *Christsein heute* nehmen sie klar Stellung und betonen: „Der Böse – das ist mehr als eine anschauliche Metapher für eine Kraft, die in uns und unserer Welt existiert. Der Böse hat – wie Gott selbst – personale Züge; er ist der personale Gegenspieler Gottes."[124] Erkennen kann man den Teufel kaum, da er sich hinter einer Maske verbirgt und mit „Intelligenz, Witz und Wille – gepaart mit List, Lüge und Verführung"[125] versucht, den Menschen von seiner Gemeinschaft mit Gott abzubringen. Insgesamt ist allerdings zu beobachten, dass der Glaube an den Teufel als Gegenspieler Gottes vor allem in vielen evangelikalen Gruppierungen sehr lebendig scheint, wobei die Bezeichnung „evangelikal" problematisch ist, weil sie schwierig zu definieren ist. So können viele verschiedene Strömungen im Rahmen anderer Konfessionen als evangelikal bezeichnet werden, andererseits bilden Evangelikale aber auch eigene Gruppierungen aus. Als allgemeine Kennzeichen des Evangelikalismus lassen sich deshalb nur ein persönliches Glaubensleben mit Christus, dessen Anfang, das „Kommen zum Glauben", meist genau datiert und mit einem „Erweckungs"- oder „Bekehrungserlebnis" verbunden werden kann, und der hohe Stellenwert der Bibel annehmen, deren Inhalt teilweise als irrtumslose Wahrheit behandelt wird. Insgesamt zeichnen sich Evangelikale dadurch aus, dass ihre Auffassung vom Glauben zwar konservativ und

---

[124] Rolf J. Pöhler, Christsein heute. Gelebter Glaube, Lüneburg 2007, 77.

[125] Pöhler, Christsein, 77.

eher antimodern anmutet, dass sie aber gleichzeitig in ihren Missionen auf sehr moderne Mittel zurückgreifen und hier den klassischen Konfessionen im Hinblick auf ihre Vermittlungs-möglichkeiten (Internet, Rundfunk) zuweilen überlegen sind. Im Hinblick auf den Teufel sind vor allem „(neu-)pfingstleri-sche" und „charismatische" Bewegungen interessant, die zwar nicht identisch sind, aber gewisse Schnittmengen aufweisen – vor allem die hervorgehobene Bedeutung des Heiligen Geistes, dessen Wirken sich in ekstatischen Phänomenen ausdrückt.[126] Die Bedeutung, die pfingstlerische Bewegungen in ihren ver-schiedenen Ausprägungen weltweit erlangt haben, rechtfertigt ihre Berücksichtigung im vorliegenden Zusammenhang. Neben dem Lehrbestand der römisch-katholischen Tradition liegt hier wohl die wichtigste Teufelsvorstellung der Gegenwart vor. Da pentekostale Bewegungen aber zu heterogen sind, um „die" Teufelsvorstellung herauspräparieren zu können, werden im Folgenden einflussreiche Autoren exemplarisch für diese vor-gestellt.

In der Pfingstbewegung aktiv und einflussreich war der bri-tische Bibellehrer Derek Prince (1915–2003), der seine Lehren nicht nur durch zahlreiche Veröffentlichungen, sondern auch durch ein international zu empfangendes Hörfunkprogramm verbreitete. Er widmete dem Teufel eine eigene Studie mit dem Titel *Luzifer ist entlarvt*.[127] Für Prince ist klar, dass Christen in ei-nem andauernden Krieg stehen und dass sie mit „unsichtbaren Geistwesen" (9) kämpfen müssen. Zwei Reiche befinden sich miteinander im Krieg: „Das eine ist das Reich Gottes, und das andere das Reich Satans." (11) Der Satan ist für Prince ein Erzen-gel, der im Himmel die Aufgabe hatte, für die Anbetung Gottes zu sorgen: „Er war ein Musikexperte und benutzt auch heute noch Musik, um Menschen zu fesseln und zu faszinieren." (14) Er ist von seiner eigenen Schönheit so geblendet, dass er eines Tages stolz wird und so auf die Idee kommt, selbst Gott sein zu wollen. Der Stolz ist damit als die erste und grundlegende

---

[126] Vgl. Reinhard Hempelmann, „Die Rolle Satans im pentekostalen Christentum", in: *Die Kommunikation Satans. Einflüsterungen, Gespräche, Briefe des Bösen*, hg. v. Johann Ev. Hafner/Patrick Diemling, Frankfurt a.M. 2010, 252–271.

[127] Derek Prince, *Luzifer ist entlarvt*, Trostberg ²2008. Alle folgenden Zitate aus diesem Buch (Seitenangabe in Klammern).

Sünde Satans zu bestimmen. Er bringt durch „Geschwätz und Lügen" (16) eine Reihe von Engeln hinter sich, rebelliert gegen Gott und wird deshalb aus dem Himmel geworfen. Jede Art von Rebellion, z.B. die Protestbewegungen der 1960er Jahre in den USA, ist deshalb für Prince ein Zeichen der Wirksamkeit Satans. Die Lücke, die die Engel hinterlassen haben, wird nun von Gott durch die Erschaffung des Menschen gefüllt. Weil der Mensch den Platz Satans einnimmt, sieht der Teufel den Menschen als Rivalen an, wodurch die beständige Feindschaft zwischen Mensch und Teufel ausgelöst wird. Der Teufel verführt deshalb den Menschen und bringt ihn dazu, genauso aus der Gunst Gottes zu fallen wie er selbst gefallen ist. Für Prince ist „völlig eindeutig, dass die Sünde Adams eine Reproduktion der Verfehlung Satans war" (28). Durch Adams Fall ist die Natur des Menschen so verdorben, dass jeder Mensch von seiner Natur aus ein Bewohner des teuflischen Reiches ist; die menschliche Natur „macht uns zum Untertanen der Autorität Satans" (37). Allerdings hat der Teufel nicht mit dem Heilsplan Gottes gerechnet, der durch den Kreuzestod Jesu die Macht des Teufels durchkreuzt. Zwar ist der Teufel durch das Opfer Christi am Kreuz besiegt, doch dauert der Kampf auf der Erde an. Zwar hat der Teufel „eine vollständige, ewige, unwiderrufliche Niederlage" (115) erlitten, doch hat Jesus es den Christen überlassen, seinen Sieg „wirksam werden zu lassen" (115). Auf der Erde versucht der Teufel den Siegeszug des Kreuzes aufzuhalten und herrscht dort über das Reich der Luft: „Satan ist der Herrscher über den Autoritätsbereich an der Erdoberfläche." (35) Er ist demnach nicht in der Hölle, sondern in den „himmlischen Bereichen". Er kann sich frei bewegen und herrscht über die Erde, die er in teuflische Fürstentümer aufgeteilt hat, welche er durch „Unterfürsten" regieren lässt. Diese versuchen ihrerseits, die Menschen dazu zu bringen, den Teufel anzubeten. Weil er immer noch selbst Gott sein will, ist die Anbetung sein vordringliches Ziel. Obwohl der Teufel also schon besiegt ist, muss der Christ „Schritte unternehmen, um den Sieg, den Jesus erlangt hat, praktisch anzuwenden" (52). Zum Krieg gegen den Teufel hat Gott den Christen mit verschiedenen Waffen ausgerüstet. Da das „Schlachtfeld", auf dem dieser Krieg ausgetragen wird, der „Verstand" ist, sind sie geistlicher Natur. Während der Satan versucht, mit Vorurteilen anzugreifen – und damit

z.B. Sekten oder Muslime in die Irre führen kann –, müssen
Christen mit Wahrheitsliebe und schonungsloser Ehrlichkeit ihr
Herz vor den Nachstellungen des Teufels bewahren. Zusammen mit dem „Brustpanzer der Gerechtigkeit", den „Schuhen
des Evangeliums", dem „Schild des Glaubens" und dem „Helm
des Heils" stehen jedem Christen sechs „Verteidigungswaffen"
zur Verfügung, die wie eine Festung gegen Satan wirken. Als
„Angriffswaffe" ist uns das Schwert des Geistes, also das ver-
kündigte Wort Gottes gegeben (61). Prince lehnt sich mit dieser
Waffensymbolik an Eph 6,13–18 an und unterstreicht, dass es
sich zwar um einen geistigen Krieg handelt, dieser aber ganz
real geführt werden muss. Darum macht er sich auch Gedanken darum, wie diese bildlichen Waffen eingesetzt werden können. Er erkennt im Gebet die „Interkontinentalrakete" (62) des
christlichen Glaubens, denn durch Gebet, Lobpreis, Predigt und
schließlich Zeugnis, den „Startvorrichtungen" (63) der Waffen,
lässt sich der Teufel bekämpfen. Weil Jesus am Kreuz gestorben ist, hat er durch sein Blut die Christen erlöst, gereinigt, ge-
rechtfertigt und geheiligt. Doch heißt dies nicht, dass es in der
christlichen Gemeinde keine böse Macht gäbe. Im Gegenteil: Die
wirksamste Armee hat der Satan in die Gemeinde eingeschleust,
sodass Prince warnen muss: „Die Tatsache, dass wir errettet und
im Heiligen Geist getauft wurden und Wunder erlebt haben, ist
keine Garantie dafür, dass wir durch die täuschende Kraft des
Feindes nicht bezaubert und verführt werden können – kurz:
Zauberei." (80) Kennzeichen dieser Verzauberung sind „Gesetzlichkeit" und „Fleischlichkeit" (83), wobei lediglich ausgeführt
wird, was unter Gesetzlichkeit zu verstehen ist: „... der Versuch,
durch das Beachten gewisser Regeln Gerechtigkeit bei Gott zu
erlangen" (84), was aber für Prince unmöglich ist. Zauberei ist
aber auch Halsstarrigkeit und Götzendienst (89). In unserer Gesellschaft wird Zauberei am deutlichsten in der Rebellion: „Wo
immer Sie auf Rebellion stoßen, können Sie davon ausgehen,
es auch mit Zauberei zu tun zu haben." (90). Als „deutliches
Beispiel" führt Prince die 1960er Jahre in den USA an und di-
agnostiziert, dass die jungen Leute, die sich von ihren Eltern,
dem Staat und der Gemeinde abgewandt haben, „fast ohne Ausnahme" (91) der Zauberei des Teufels verfallen sind und sich
„auf okkulte Dinge ... eingelassen haben" (91). Die Zauberei gilt
dabei als „Ausdruck der verderbten Natur des gefallenen Men-

schen" (92) und wird dadurch gekennzeichnet, dass ein Mensch versucht, seine Umgebung zu dominieren, zu manipulieren und einzuschüchtern. Wenn z.B. ein Mensch die gottgegebene Ordnung der Familie, bei der der Mann das Haupt der Frau ist, nicht hinnehmen will, wandelt er auf der Spur des Teufels. Auch Kinder lernen früh, ihre Eltern zu manipulieren, etwa ihre Ziele dann durchzusetzen, wenn die Eltern geschwächt sind. Wenn Frauen in Tränen ausbrechen, weil sie ihren Willen nicht bekommen, dann manipulieren sie. Männer hingegen schreien lieber und schüchtern damit ein. All diese Verhaltensweisen sind konkrete Erscheinungsformen der Zauberei und deshalb vom Teufel, der so sein Reich der Finsternis aufrichtet. Mithilfe von Bann- und Zaubersprüchen oder Flüchen dringt der Satan in das Reich Gottes ein und will die Gläubigen entführen. Mithilfe von Wahrsagerei will er ihre Erkenntnis verwirren, und mit seiner Hexerei und Magie gehen „sexuelle Sittenlosigkeit und Gewalt einher" (104). Außerdem bringt die Zauberei auch die „Theologie hervor und setzt diese über die Offenbarung" (106). So lassen gerade die meisten theologischen Lehranstalten viele „Diener Satans auf die Menschheit" (106) los. Sie bieten statt Jüngerschaft „Bildung" an oder lehren „Psychologie statt Unterscheidungsvermögen" (107), sie lehren „Redegewandtheit statt übernatürlicher Kraft" (108) und setzen auf „Verstand statt Glaube" (109). Deshalb muss der Christ ständig darauf bedacht sein, von sich aus über die Brücke zu gehen, die das Kreuz Christi zwischen dem Reich des Bösen und dem Reich Gottes aufgerichtet hat. Viele getaufte Menschen bleiben auf der Brücke stehen und glauben nicht, dass sie auch selbst dazu aufgerufen sind, in den Kampf zwischen Gott und Satan einzugreifen. „Viele Leute sagen: Ich bin errettet, und damit gut. Es ist wunderbar, errettet zu sein, doch das ist nicht das Ende." Deshalb fragt Prince seine Leser letztlich ganz direkt: „Wo stehen Sie im Moment? Stehen Sie noch immer auf der Brücke herum?" (38)

Deutlich wird bei diesem kurzen Abriss einer pfingstlerisch geprägten, evangelikalen Position, dass der Teufel eine ganz reale Person ist, die ständig versucht, das Heilswerk Christi zu zerstören. Diese Spielart des Christentums legt daher ausdrücklich Wert darauf, dass der Mensch seine Erlösung nicht passiv erhält, dass Christus zwar den Teufel besiegt hat, dass der Mensch aber selbst danach trachten muss, auf die Seite Christi zu gelangen.

Er ist voll verantwortlich dafür, das Werk Christi umzusetzen und sich selbst zu retten. Mit dieser Sicht geht einher, dass selbst scheinbar profane Bereiche des alltäglichen Lebens, etwa politische Entwicklungen, unter dem Aspekt des Kampfes zwischen Gott und Satan gesehen werden. Dieser Kampf setzt sich bis in jede konkrete Lebenssituation fort, sodass letztlich kein Bereich ausgeklammert wird, sondern eine Perspektive entwickelt wird, die den ganzen Menschen in all seinen Beziehungen dem Druck aussetzt, mit dem Teufel zu kämpfen. Das, was Prince als satanische Zauberei definiert, ist somit gegen ihn selbst geltend zu machen, da seine Botschaft die Menschen total dominiert. Christliche Freiheit findet sich in dieser Lehre nicht mehr.

Ganz ähnlich wie Prince lehrt auch der deutsche Theologe und Missionar Kurt E. Koch (1913–1987), der sich vor allem mit den praktischen Gefahren des Teufelsglaubens auseinandergesetzt und dazu mehrere praktisch ausgerichtete Bücher veröffentlicht hat.[128] Er sieht sich durch die Bibel in ein „Wächteramt" (CoS 70) eingesetzt, das „ein schwerer, aber ein hoffnungsvoller Dienst" (CoS 70) ist, und in einen Kampf gezwungen, der bestimmt ist durch Teufel oder Christus. Grunderkenntnis ist dabei: „Der Teufel und seine Handlanger sind zwar eine furchtbare Wirklichkeit, aber sie sind durch Christus am Kreuz überwunden und entmächtigt." (CoS 70) In vielen Beispielen führt er aus, wie der Teufel versucht, den Menschen von seinem Glauben abzubringen. Dazu gehören sämtliche Formen der Magie, des Wahrsagens und des Spiritismus. Dem mittelalterlichen Denken nicht fremd, wonach es Liebes- und Schädigungszauber genauso gibt wie Heilungszauber und Mentalsuggestion, erklärt Koch, dass „Psychiater, Psychotherapeuten und Psychologen … für die Behandlung magisch belasteter Menschen nicht zuständig" sind (CoS 110). Hier handelt es sich laut Koch um einen „biblisch seelsorgerlichen Tatbestand" (CoS 110), der nur durch Christus selbst angegangen werden kann: „Die Auswirkungen der Magie [können nur] durch Christus restlos überwunden werden." (CoS 113) Doch ist dabei genau zu unterscheiden, wer

---

[128] Z.B. Kurt E. Koch, *Christus oder Satan*, Lindach ²2003 (zitiert: CoS mit Seitenangabe); *Besessenheit und Exorzismus*, Basel 1992 (zitiert: BuE mit Seitenangabe). Vgl auch: http://www.schriftenmission.de/index.php?id=8 (Zugriff am 19. 3. 2012).

wirklich heilen kann. Denn gerade Heilungswunder können von Christus ablenken, da sich der Teufel auch dadurch tarnen kann, dass er scheinbar gute Dinge bewirkt. Auch hierzu erzählt Koch eine Fülle von Beispielen unerklärlicher Heilungen, die allerdings nicht von Gott stammen. Deutlich zeigt dies nur, dass „das Geheimnis der Bosheit" aus 2 Thess 2,7 in dieser Welt am Werk ist (CoS 231)[129] und viele Menschen mithilfe von Wundern bezaubert werden. Eine Schieflage der christlichen Kirche wird dadurch sichtbar: „Die Not der christlichen Kirche ist, dass man es nicht wagt, die Verheißungen der Heiligen Schrift real und ernst zu nehmen" (CoS 232), wonach durch Buße und Vergebung der Schuld auch Heilung körperlicher Gebrechen erfolgen kann. Hier trifft sich Koch durchaus mit der Einschätzung von Alexandra von Teuffenbach, wonach der Teufel nicht nur für psychische, sondern auch für physische Krankheiten verantwortlich sein kann.[130] Für Koch muss die körperliche Heilung mit der Befreiung vom Teufel einhergehen (CoS 232). Wer körperliche und seelische Heilung nicht beständig zusammensehe, gehe in der „dämonenschwangeren Zeit" (BuE 62) unserer Gegenwart ein Risiko ein. Deshalb darf die Bibel gerade im Bereich des Teufels – wie auch allgemein – nicht den „Raubrittern" (BuE 63) überlassen werden, also den Theologen, die von der Bibel nur „die beiden Buchdeckel übriglassen" würden, wenn man sie nicht hinderte (BuE 63). Der Christ darf deshalb nach Koch eine erschreckende Erkenntnis nicht aus den Augen lassen: „Wir erleben in der Gegenwart eine Verstärkung satanischer Aktivität und eine grässliche Entfaltung seines Aufmarsches gegen Gott." (BuE 67) Als Beleg seiner satanischen These benennt Koch so verschiedene Phänomene wie den Rassenwahn der Nationalsozialisten, den praktizierten Atheismus in der Sowjetunion und die Drogenprobleme in den USA und Deutschland. Doch klar ist auch: „Der verborgen wirkende Satan ist gefährlicher als der polternde." (BuE 71) Bemühungen der modernen Theologie, den Teufelsglauben neu zu bewerten, lehnt Koch ab und stellt der europäischen Theologie insgesamt ein vernichtendes Zeugnis aus: „Bultmann und seine Epigonen haben in Europa

---

[129] Siehe weiter oben S. 50.
[130] Siehe weiter oben S. 95.

im übertragenen geistlichen Sinn eine Verwüstung angerichtet wie Hitler unter den Juden." (BuE 115)

Ähnlich wie bei Prince lassen sich die zentralen Elemente evangelikaler Theologie auch bei Koch aufzeigen. Die radikale Betonung der Bibelautorität und die vehemente Ablehnung jeglicher Theologie fließen hier zusammen und lassen eine sehr spezielle Perspektive auf die Welt entstehen, die zwar beständig vorgibt, dass Gott der Sieger über den Teufel ist, sich aber trotzdem faktisch in einem permanenten Dualismus verortet. Immer muss der Christ aktiv gegen den Teufel vorgehen und seine ganze Weltsicht in klare Fronten einordnen. Kein Bereich bleibt davon ausgenommen, und so schleicht sich eine totalitäre Haltung in den Glauben ein, der letztlich von der souveränen Freiheit eines Christen kaum etwas übrig lässt. Selbst anscheinend banale Kleinigkeiten und profane Probleme werden in diesem Horizont in den Glaubenskrieg zwischen Gott und Teufel eingeordnet. Fast kurios und zuweilen wirklich gefährlich wird dies, wenn sämtliche Krankheiten auf dämonischen Einfluss zurückgeführt werden, die man nur durch den Glauben und die Kraft des Heiligen Geistes heilen kann. Zwar gibt es innerhalb der pentekostalen Bewegungen hierüber verschiedene Meinungen, doch findet sich auch eine strenge Richtung, die alle Krankheiten auf Dämonen zurückführt. Eine komplette Anleitung zum Heilen als Kampf gegen den Teufel findet sich in den Büchern von John Wimber (1934–1997) oder auch in den praktisch ausgerichteten Büchern *Wie man Kranke heilt*[131] (WmKh) und *Handbuch der Heilung*[132] (HdH) von Charles (1920–2010) und Frances Hunter (1916–2009), die als „Happy Hunters" in der evangelikalen Welt bekannt wurden. Laut Selbstzeugnis sind sie „legendäre Gestalten im Leib Christi" und „in der ganzen Welt als zwei der gesalbtesten und energischsten Prediger des Evangeliums auf Erden bekannt"[133]. Die „Happy Hunters" propagieren, dass ein Glaubender dem Teufel überlegen ist, und kommen so zu der schlichten Einsicht, dass jeder Christ heilen kann. Denn: „Krank-

---

[131] Charles und Frances Hunter, *Wie man Kranke heilt*, Kingwood 1981.

[132] Charles und Frances Hunter, *Handbuch der Heilung*, Remscheid 1989.

[133] http://www.cfhunter.org/Biography.htm (Zugriff am 20. 3. 2012).

heit kommt vom Teufel. Gott kann die Krankheit nehmen und ein Wunder daraus machen." (WmKh 24f) Das Problem ist nur, dass viele Christen nicht an die Bibel glauben und sich deshalb „vom Teufel ihre Heilungen durch Zweifel und Unglauben rauben" lassen (WmKh 38). Deshalb gelingt es ihnen nicht einmal, sich selbst vom Kopfschmerz zu heilen (WmKh 38). Dass Gott heute nicht mehr heilen kann, ist deshalb die zentrale Lüge, die der Teufel den Christen persönlich einflüstert: „Der Teufel möchte, dass Sie an die Krankheit glauben! Gott möchte, dass Sie an Heilung glauben!" (WmKh 40) Darum rufen die „Happy Hunters" auch dazu auf, nicht nur „gewöhnliche" Krankheiten (wie z.B. Zungenkrebs, den Frances Hunter laut eigener Aussage buchstäblich im Vorbeigehen heilen kann, WmKh 23) zu bekämpfen, sondern auch den Teufel persönlich aufzuhalten. Denn der „unerschütterliche Glaube, dass kein Dämon in dieser Welt mehr Macht hat" (WmKh 132) als Frances, hilft ihr, den Teufel aus einem amerikanischen Geschäftsmann auszutreiben, der auf dem Boden liegt und sich windet wie eine Schlange. Sie ist deshalb der Überzeugung, dass Gott vor den Bissen von Klapperschlangen schützt und dass während missionarischer Reisen kein Gift den Christen schädigen kann. Im Namen Jesu ist der Teufel entmachtet, und so kann der Christ die „Nabelschnur zwischen Satan und seinen Dämonen" durchtrennen (WmKh 138). Die Hunters sehen im Teufel den „Fürst des Luftraumes" und treffen sich darin mit Derek Prince. Der Teufel ist der „Oberbefehlshaber der gefallenen Engel" (WmKh 138), die für alle Krankheiten auf dieser Erde verantwortlich sind. Sie können dabei einen Menschen ganz besetzen oder lediglich „Mördersamen", eine „Saat wie Krebs in unser Fleisch … säen und außerhalb unseres Körpers bleiben" (WmKh 140). Der Teufel kann dabei vor allem dort Krankheiten besonders gut in den Menschen pflanzen, wo dieser sich den Anordnungen Gottes widersetzt. Deutlich sei dies z.B. bei AIDS der Fall, da AIDS „durch Sünden verursacht [wird], die für Gott ein besonderer Gräuel sind" (HdH 57). Deshalb muss in einem solchen Fall der Kranke erst zur „Wiedergeburt" durch den Heiligen Geist geführt werden, da erst dann die Autorität Jesu zur Heilung in Anspruch genommen werden kann. Erst in Jesu Namen kann der „AIDS-Dämon" ausgetrieben werden (HdH 57). In ihrem *Handbuch der Heilung*, das als weiterführende Ergänzung zu *Wie man Kranke heilt* verstanden wird, listen die Autoren Krankheiten von A bis Z auf und ordnen die entsprechenden Rezepte zur Heilung den Diagnosen zu. Dabei klammern die „Happy Hunters" kaum Krankheiten aus, und es erstaunt, wie einfach zuweilen selbst schwere Fälle zu heilen sein sollen. Die „Alzheimer'sche Krankheit" wird zum Beispiel in zwei Stufen geheilt: „1. Treibe den Geist der Vererbung aus der Alzheimer Krankheit aus. 2. Beanspruche ein kreatives Wunder, sprich: ein neues Gehirn." (HdH 99)

Sicher dürften das Ehepaar Hunter und die „Hunter Ministries of Healing" auch innerhalb der evangelikalen Bewegung eine Ausnahmestellung einnehmen, doch zeigt der Erfolg ihrer „Mission", die auch in Deutschland Früchte getragen hat (Rohrbach, Düsseldorf, Chieming), dass sogar in der Moderne eine solche Form des Christentums offensichtlich Fuß fassen kann. Die radikale Einteilung der Welt in Gut und Böse, Gott gegen Teufel, erlaubt anscheinend eine Lebensbewältigung, die manchen Christen angemessen scheint. Allerdings kollidiert diese Weltauffassung massiv mit der naturwissenschaftlichen Erforschung des Universums, sodass letztlich ein tendenziell unversöhnliches Nebeneinander verschiedener Weltwahrnehmungen entsteht, die im Grunde keine gemeinsame Basis für einen Dialog finden. Im Hinblick auf das gesellschaftliche Zusammenleben kann dies zu erheblichen Problemen führen. Wenn alle, die nicht freikirchlich orientiert sind, als Bewohner des teuflischen Reiches gekennzeichnet werden, fällt naturgemäß eine Verständigung schwer. Da sich unter dieser Perspektive vor allem im Bereich der neupfingstlichen Bewegung Gruppen zusammenfinden, die in einem „Gebetskampf" ganze Gemeinden und Landstriche vom Teufel „freibeten" zu müssen meinen, ist ein Konflikt mit den dort ansässigen Gemeinden programmiert, da diese sich dann folgerichtig zum Reich des Satans zugehörig fühlen müssen. Da der Auftrag zur „Geistlichen Kriegsführung" und zum „Befreiungsdienst" für die Bewegung einen fundamentalen Stellenwert einnimmt, gestaltet sich ein gedeihliches Miteinander der Konfessionen äußerst schwierig.

Orthodox

Da die orthodoxe Theologie im Gegensatz zur römisch-katholischen Kirche kein abrufbares Lehrgebäude kennt, ist es ähnlich wie im evangelischen oder freikirchlichen Bereich kaum möglich, „die" Position zum Thema für „die" Orthodoxie darzustellen. Um trotzdem einen Einblick zu erlangen, sollen deshalb zwei bedeutende Theologen der Orthodoxie vorgestellt werden, die sich in der Moderne mit dem Thema Teufel im Rahmen orthodoxer Lehren befasst haben.

In seiner viel beachteten Dogmatik *Geheimnis des Glaubens*[134] macht Metropolit Hilarion Alfejev knappe Anmerkungen zum Teufel. Im Rahmen des Nachdenkens über die Herkunft des Bösen führt Alfejev aus, dass sich „noch vor der Erschaffung der sichtbaren Welt durch Gott, jedoch bereits nach der Erschaffung der Engel ... eine ungeheure Katastrophe" (58) ereignet hat. Er spielt damit auf den Fall der Engel an, die sich gegen Gott stellten und von Luzifer angeführt wurden. Obwohl dieser ursprünglich ein guter Engel gewesen sei, der „zu einem der höchsten Ränge der Engelshierarchie" (58) zählte, fiel er aus eigenem Antrieb von Gott ab und wurde so zum Anführer aller bösen Geister, die jetzt auf Erden die Gläubigen bedrohen. Weil Luzifer genau wie jedes geschaffene Wesen einen freien Willen gehabt habe, liegt die Schuld an seiner Wendung gegen Gott bei ihm selbst. Aus seiner Wahl und der seiner Anhänger folgt, dass die Welt „von diesem Moment an zum Kampfplatz zweier polarer (wenn auch nicht gleichwertiger) Prinzipien wurde: des Guten, Göttlichen und des Bösen, Dämonischen." (59) Daraus lässt sich aber kein grundsätzlicher Dualismus ableiten, wie dies die Manichäer taten. Vielmehr wird das Böse so bestimmt: Es ist kein „uranfängliches Wesen, das ewig wie Gott und ihm gleich wäre, es ist Abfall vom Guten, Widerstand gegenüber dem Guten" (60). Das Böse ist demnach kein eigenes Sein, sondern nur ein Mangel an Gutem.[135] Alfejev hält deshalb fest: „Gott hat

---

[134] Hilarion Alfejev, *Geheimnis des Glaubens. Einführung in die orthodoxe dogmatische Theologie*, Freiburg 2003.

[135] Dies im Anschluss an Augustins Privationsthese. Siehe weiter oben S. 70.

nichts Böses geschaffen." (60) Weil Luzifer aber frei war, zwischen Gut und Böse zu unterscheiden, „missbrauchte er seine Freiheit, verkehrte die eigene gute Natur und fiel von der Quelle des Guten ab" (60). Obwohl das Böse in dieser Perspektive kein eigentliches Sein ist, so wird es doch im Teufel und seinen Dämonen zu einer Realität, die den Menschen bedroht. Allerdings hat der Teufel „keinerlei Macht, wo Gott ihm nicht zu wirken gestattet" (60). Als seine „Hauptwaffe" benutzt der Teufel die Lüge: „Er betrügt seine Opfer, indem er so tut, als wäre in seinen Händen eine mächtige Kraft und Stärke konzentriert, während er in Wirklichkeit diese Kraft gar nicht besitzt." (60) Wer seinen Lügen glaubt, der wird vom Teufel zu Tode gebracht. Allerdings kann Gott das Böse auch dazu gebrauchen, um Gutes zu tun, er benutzt „das Böse als Werkzeug zu pädagogischen oder anderen Zwecken" (61), z.b. „um das Gute zu erreichen oder um die Menschen vor noch größerem Übel zu erretten" (61). Warum Gott aber letztlich dem Bösen überhaupt erlaubt, in dieser Welt zu agieren, entzieht sich dem Wissen der Theologie. Hier muss vor dem Geheimnis des Glaubens Halt gemacht werden.

Diese Grenze akzeptiert auch Anastasios Kallis,[136] der den Teufel zur Erklärung des Bösen heranzieht. Ganz im Gefolge der generellen Anlehnung orthodoxer Theologie an die Schriften der östlichen Kirchenväter sieht Kallis im Teufel die Personifikation von Sünde und Ungehorsam. Der Grund für seinen vor der Erschaffung des Menschen geschehenen Abfall liegt im Hochmut gegenüber Gott, wobei die Willensfreiheit von Teufel und Dämonen eine zentrale Rolle spielt. Denn Engel und Dämonen werden in dieser Sicht als vernunftbegabte Wesen aufgefasst, die lediglich durch den Abfall ihre Freiheit zum Guten eingebüßt haben und jetzt sowohl Ursprung der Sünde wie auch deren Gefangene sind. Unsicher ist die orthodoxe Theologie, ob es – wie Origenes lehrt – nach einem langen Läuterungsprozess eine Chance zum Heil für den Teufel gibt oder ob der Teufel – wie Johannes von Damaskus lehrt – ohne Reue bleibt und somit letztlich verdammt wird. Kallis sieht die logischen Schwierigkeiten, die sich mit der Existenz des Teufels ergeben, und will darauf verzichten, den Teufel wirklich als Person zu

---

[136] Vgl. Anastasios Kallis, *Von Adam bis Zölibat. Taschenlexikon Orthodoxe Theologie*, Münster 2008.

lehren. Ihm geht es eher darum, die Herrschaft Gottes zu betonen und so eine wirkliche Gegenkraft auszuschließen. Das Böse kommt nicht vom Teufel, sondern wirkt als Geheimnis in jedem mit Vernunft begabten Geschöpf, sodass das Böse letztlich in der Freiheit des Menschen verankert werden muss.

Insgesamt ist der Teufel in der Lehre der Orthodoxie nicht so stark präsent wie z.b. im Katholizismus, obwohl er in der Liturgie dagegen noch recht massiv (z.b. in der Taufe mit ihren drei Exorzismen[137]) begegnet oder auf Ikonen eine Rolle spielt.

Der Teufel im Islam[138]

Im Islam spielt der Teufel keine sehr bedeutende Rolle, da dadurch die Alleinherrschaft Gottes in gewisser Weise gefährdet sein könnte. Um sein Vorkommen im Koran und den Prophetentraditionen richtig einordnen zu können, müssen zwei Quellen beachtet werden, die auf die Ausgestaltung der Teufelsfigur Einfluss haben. Zum einen lehnt sich die Vorstellung des Teufels an biblische Texte, vor allem der Genesis, an, zum anderen spielen auch die vorislamischen Traditionen und Gegebenheiten der arabischen Halbinsel eine Rolle. Vor allem auf den Glauben an Geister, die einen heil- und unheilvollen Einfluss auf Menschen haben können, ist es zurückzuführen, dass von Anfang an nicht klar bestimmt werden kann, ob der Teufel ein Engel oder *Jinn*, das heißt ein aus Feuer geschaffenes Geistwesen, war. Für beide Ansichten lassen sich im Koran Anhaltspunkte finden.

Bezeichnet wird der Teufel mit den Begriffen *iblîs* und *shaitân*, wobei sich *iblîs* wahrscheinlich vom griechischem *diábolos* ableiten lässt, während sich *shaitân* aus dem hebräischen *śāṭān* entwickelt haben dürfte. Der Koran behandelt die Entstehung des Teufels an mehreren Stellen (Sure 2; 15; 19; 38) und sieht den Grundkonflikt zwischen Teufel und Gott im Verhältnis zum Menschen. Obwohl die Engel Gott davor warnen, ein Wesen

---

[137] Siehe weiter oben S. 74 f.

[138] Vgl. zum Folgenden: Peter Heine, „Der Teufel im Islam", in: *Die Kommunikation Satans. Einflüsterungen, Gespräche, Briefe des Bösen*, hg. v. Johann Ev. Hafner/Patrick Diemling, Frankfurt a.M. 2010, 85–97.

auf Erden einzusetzen, das Unheil stiften und viel Blut über die Erde bringen wird, hält Gott an seinem Entschluss zur Erschaffung des Menschen fest. Er verlangt, dass die Engel vor Adam niederfallen sollen, was durch islamische Gelehrte unterschiedlich interpretiert wird. Da Anbetung nur Gott zukommt, kann die Auffassung vertreten werden, dass sich die Engel eigentlich vor Adam nicht hätten niederwerfen dürfen. In dieser Interpretation bildet der Engel Iblis die einzig richtige Ausnahme, da er sich weigert, vor Adam niederzufallen. Diese Ansicht wird jedoch überwiegend zurückgewiesen und es wird argumentiert, dass man Gott auch dann gehorchen muss, wenn man seine Anweisungen nicht versteht. Richtig sei aber, dass die Geste der Niederwerfung allein Gott zukommt; deshalb müsse der Befehl Gottes anders verstanden werden. Hier handle es sich nicht um Anbetung, sondern lediglich um ein Zeichen der Ehrerbietung der Engel gegenüber dem Menschen. Für den Teufel wird aber auf jeden Fall in biblisch-apokrypher Tradition festgehalten, dass seine Vertreibung aus dem Himmel mit der Erschaffung des Menschen zusammenhängt.[139] Während nämlich alle Engel dem Befehl Gottes Folge leisten und vor Adam niederfallen, weigert sich Iblis und verweist auf seinen höheren Status: „Nimmermehr werde ich niederfallen auf die Art eines Menschenwesens, das Du aus trockenem, tönendem Lehm erschaffen hast, aus schwarzem, zu Gestalt gebildetem Schlamm."[140] (Sure 15,33) Der Teufel will also nicht vor einem minderwertigen Wesen niederfallen, das nur aus Ton erschaffen wurde, während er aus Feuer gebildet wurde: „Ich bin besser als er. Du hast mich aus Feuer erschaffen, ihn aber erschufst Du aus Lehm!" (Sure 7,12) Dies wird wiederholt in Sure 38,76: „Ich bin besser als er. Du erschufst mich aus Feuer und ihn hast Du aus Ton erschaffen."

Während die Suren 2 und 19 keinen ausgestalteten Dialog zwischen Gott und Teufel wiedergeben, wird in den Suren 7, 15 und 38 ein Grund dafür angegeben, warum der Teufel Gott nicht gehorchen will. Immer geht es um seinen Rang, der aus seiner Perspektive über dem des Menschen angesiedelt werden muss. Sein Dialog mit Gott in Sure 7 und 38 zeigt zudem ein gewisses

---

[139] Siehe weiter oben S. 39.
[140] Übersetzung nach http://www.theology.de/schriften/koran/index. php (Zugriff am 22. 3. 2012).

Selbstbewusstsein, wenn er sich nicht einfach vertreiben lässt, sondern mit Gott handelt. Während Gott ihn umgehend bestrafen will, verlangt der Teufel einen Aufschub bis zum Jüngsten Gericht. Dies wird ihm von Gott zugestanden, und so lässt Gott den Teufel quasi als sein Werkzeug gewähren. Der Teufel verspricht ihm, alle Menschen vom Glauben abzubringen, außer jene, die Gottes Diener sind. Gott spricht daraufhin sein Urteil über den Teufel und die Ungläubigen: „Ich werde die Hölle füllen mit dir und denen, die dir folgen." (Sure 38,85)

Damit sind Wesen und Aufgabe des Teufels bestimmt. Da er z.B. in Sure 18,50 eindeutig als *Jinn* bezeichnet wird, kann die muslimische Tradition Eigenschaften, die den bösen Geistern beigelegt sind, auf den Teufel übertragen, sodass er sich z.B. in verschiedene Gestalten verwandeln oder unheimlich schnell große Distanzen überbrücken kann.

Betrachtet man den Teufel unter der Begrifflichkeit *shaitân*, so lassen sich noch weitere Aussagen über ihn machen. Er ist demnach der klassische Verführer, wie ihn auch schon das Neue Testament kennt.[141] Als solcher versucht er die Menschen von Gott und seinen Geboten abspenstig zu machen, ihnen Angst einzujagen, sie vom rechten Weg abzubringen und sie zu Fall zu bringen. Vor allem versucht er den Menschen falsche Lehren und Versprechen einzuflüstern und gilt als derjenige, der den Menschen im Paradies dazu brachte, Gottes Gebote zu übertreten. Der Leser nimmt in Sure 7 am Fall des Menschen teil und sieht so, wie der Teufel sich zuerst gegen Gott auflehnt und sich dann als Freund des Menschen ausgibt: „Gewiss, ich bin euch ein aufrichtiger Ratgeber." (Sure 7,21) Er flüstert den Menschen ein, dass Gott ihnen nicht gönnen würde, so zu werden „wie Engel oder Ewiglebende" (Sure 7,20), und verführt sie damit zum Ungehorsam gegen Gottes Gebot. Gott stellt daraufhin klar: „Satan ist euch ein offenkundiger Feind!" (Sure 7,22) So werden die Menschen aus dem Paradies vertrieben, und der Teufel sorgt dafür, dass sie sich auf Erden untereinander feind sind.

Neben dem Koran sind die Prophetentraditionen ein Beleg dafür, wie sich biblische Traditionen mit dem arabischen Dämonenglauben verbinden. Dies führt zu volkstümlichen Ausgestaltungen der Teufelsfigur, wonach der Teufel z.B. zwei Hör-

---

[141] Siehe weiter oben S. 44–47.

ner hat, zwischen denen die Sonne auf- und untergehe, was der Teufel zu verhindern suche. Letztlich lässt sich sagen, dass der Teufel überall dort am Werk ist, wo gegen den Willen Gottes verstoßen wird, z.b. beim Ehebruch. Auch Weisheiten der antiken Medizin, die ebenso im Judentum oder Christentum zu finden sind, werden übernommen und weiterentwickelt. So ist es z.b. riskant zu gähnen, weil der Teufel so in den Menschen eindringen kann, was sein hauptsächliches Ziel ist. Außerdem treibt er sich gerne in der gefährlichen Zeit der Dämmerung herum, weshalb man die Türen gut verschlossen halten muss, oder er hält sich gerne in feuchten Gegenden auf, z.b. in den Nasenlöchern von Schlafenden, weshalb man sich morgens gründlich die Nase putzen sollte. Der Teufel versucht also sowohl in der Weltgeschichte den Plan Gottes zu stören als auch ganz individuell die Menschen zu schädigen, in sie zu gelangen und von ihnen Besitz zu ergreifen.

Der Teufel im Satanismus

Mit dem Begriff des Satanismus muss vorsichtig umgegangen werden, da er nicht eindeutig definiert ist.[142] Teilweise werden auch andere – vor allem phänomenologisch scheinbar ähnliche – Bewegungen damit identifiziert, die gar nichts mit dem Satanismus zu tun haben, z.b. die sog. Gothic-Szene, die gegen Ende der 1970er Jahre von Großbritannien ausging. Bands wie *The Cure* oder *The Sisters of Mercy* prägen die Denkweise und den Modegeschmack der Szene, die sich aber bis in die Gegenwart enorm diversifiziert hat. Obwohl die Symbolik dieser Bewegung um Tod und die Verneinung der Lebenslust kreist und sich in schwarzer Kleidung und einer gepflegten Melancholie ausdrückt, hat sie mit Satanismus allenfalls die Lust an der Morbidität gemein. Es bleibt allerdings oft bei romantischer Selbststigmatisierung und dem sanften Grusel von Kirchenruinen, geschwungenen Landschaften und verwunschenen Friedhöfen. Ein wirklich religiöses Thema wird dabei nicht berührt. Wäh-

---

[142] Vgl. Harald Lamprecht (Hg.), *Confessio. Themenheft Satanismus – Sympathie mit dem Bösen*, Dresden 2001.

rend die pure Lust an der düsteren Romantik oft ausreicht, kann sich teilweise damit ein Interesse an neuheidnischen Kulten verbinden, z.B. am neuen Hexentum der „Wicca-Bewegung", einer Natur- und Mysterienreligion. Insgesamt hat die Gothic-Szene aber keine Verbindung zum Satanismus, auch wenn dies äußerlich manchmal so scheinen mag.

Doch auch der Satanismus an sich ist keine einheitliche Bewegung oder Religion. Jugendliche, die ein umgekehrtes Kreuz um den Hals tragen, können dies aus einem bestimmten Modebewusstsein oder aus Lust an der Provokation tun, ohne damit eine religiöse Botschaft senden zu wollen. Andere pendeln und legen Tarot-Karten, weil das aufregend, spannend und angenehm gruselig sein kann. Die landläufige Vorstellung, derzufolge Satanisten blutige Messen feiern und auf Friedhöfen ihr Unwesen treiben, ist viel zu sehr von Horrorfilmen geprägt als von der Realität. Teilweise reicht es schon im Selbstverständnis von satanischen Anhängern, wenn sie sich als radikal autonom und antikirchlich begreifen und weiter keinen Lehren folgen. Dies zeigt, dass bereits das Verständnis von „Satan" nicht einheitlich ist, weshalb es verschiedene Richtungen des Satanismus gibt. Wichtig ist dabei die Unterscheidung von experimentellem (hypothetischem) und religiösem (ideologischem) Satanismus. Die erste Spielart nimmt lediglich hypothetisch an, dass es den Satan gibt; dessen Existenz ist letztlich nebensächlich. Es geht dieser Richtung vor allem darum, Satan als Hilfskonstruktion zu verstehen, um gewisse Ziele erreichen zu können. Der Satan wird dabei als Symbol benutzt, das Aufmerksamkeit erregt, um gegen eine als ungerecht oder auch nur langweilig empfundene Weltsicht anderer Gruppen zu protestieren oder um eine Gruppenidentität zu schmieden. Der Satanismus dieser Spielart ist deshalb nur Mittel zum Zweck und insofern reine Maskerade. Der religiöse Satanismus hingegen bemüht sich um eine mehr oder minder vollständige Weltdeutung, die gewissen Regeln folgt und dabei ein religiöses System hervorbringt. Diese Form des Satanismus spaltet sich in verschiedene satanische „Konfessionen", denen gemein ist, dass sie liturgische Elemente ausbilden, denen zugleich magische Wirkungen zugeschrieben werden. Meistens steht dabei aber nicht Satan im Mittelpunkt des religiösen Systems, sondern der Mensch, der von den vermeintlichen Zwängen des christlichen Glaubens befreit werden muss.

Es handelt sich dabei um eine bestimmte Form der Erhebung des Menschen zum wichtigsten Faktor der Religion. Traditionell ausgedrückt müsste von „Selbstvergottung" des Menschen gesprochen werden. Bekannt ist in dieser Richtung der Engländer Aleister Crowley (1875–1947), der durch sein Elternhaus eine fundamentalistisch-christliche Erziehung genossen hatte. Durch ein Erbe seines Vaters aller finanziellen Sorgen entledigt, wandte sich Crowley aufgrund eines spirituellen Erlebnisses vom Christentum ab und trat in verschiedene esoterische Orden ein, bis er schließlich auf Sizilien eine Kommune gründete (die „Abtei von Thelema"), in der unter der Bezeichnung „Gesetz von Thelema" der eigene Wille zum absoluten Gesetz erhoben und als „Gesetz des Starken" gekennzeichnet wurde. Das zentrale Gebot dieses Gesetzes lautet: „Tu was du willst, soll sein das ganze Gesetz." Ausdrücklich wird die Existenz Gottes verneint und jeder Mensch zu seinem eigenen „Stern" erhoben. Jeder hat „das Recht, nach seinem eigenen Gesetz zu leben. Zu arbeiten, wie er will, zu spielen, wie er will, zu ruhen wie er will, zu sterben, wann und wie er will." In der Abtei wurde dieses Gesetz exzessiv mithilfe von Heroin und anderen Drogen umgesetzt. Allerdings ist zu betonen, dass Crowley sich selbst nicht als Satan versteht und auch keinen Satan anbetet.

Er beansprucht für sich die Rolle des großen Tieres aus der Johannesoffenbarung, das die teuflische Zahl 666 trägt, weshalb er auch übernatürliche Botschaften empfangen kann und sowohl befähigt als auch autorisiert ist, verschiedene okkulte Zirkel (z.B. den *Ordo Templi Orientis*) zu leiten, in denen sexuelle Vorlieben magisch überhöht und rituell zelebriert wurden. Er gründete verschiedene Ableger seines Ordens in den USA, mit denen auch L. Ron Hubbard (*Scientology*) Bekanntschaft machte. Die Lehre Crowleys besteht aus einer unsystematischen Vermischung von verschiedenen Elementen, wobei die altägyptische Gottesvorstellung dominiert. Das Universum beruht für ihn auf dem Zusammenwirken dreier Gottheiten, die das Nichts, den Willen und die Negation von beidem symbolisieren. Trotz dieser kaum zu verstehenden Lehre und seines exzessiven Lebens und Scheiterns scheint die Faszination ungebrochen, die Crowley auf manche Menschen ausübt.

Als „Satanist" lässt sich Anton Szandor LaVey (1930–1997) bezeichnen, der die *Church of Satan* 1966 in Kalifornien gründe-

te. Während Crowley religiös empfänglich und spirituell über-
schwänglich war, überwiegt bei LaVey deutlich das rationale
Element. LaVey glaubt nicht an den Satan, aber er arbeitet mit
ihm im Sinne eines religiösen Symbols, um seine Überzeugung
auszudrücken und seine Gesinnung zu propagieren. Er benutzt
dabei geschickt volkstümliche Auffassungen vom Teufel, was
sich z.B. darin ausdrückt, dass er seine *Church of Satan* in einer
Walpurgisnacht gründete. Diese Organisation dürfte gegenwärtig eine der bekanntesten satanischen Kirchen sein. LaVey selbst
hatte ein buntes Leben als Zirkusdompteur, Musiker und Po-
lizeifotograf hinter sich, als er an Gott angesichts des Bösen in
der Welt verzweifelte. Nach seinem Selbstzeugnis in der 1968
erschienenen *Satanischen Bibel*, die – in weiten Teilen abgeschrie-
ben – als Grundlage seiner „Church" deren Weltsicht und deren
Gebote enthält, widerte ihn die Frömmigkeit der christlichen
Kirche und deren Unfähigkeit, das Böse zu erklären, dermaßen
an, dass er seine eigenen Wege der Weltdeutung suchte. In San
Francisco wuchs er zu einer lokalen Größe heran und sammelte
verschiedene Menschen um sich, mit denen er okkulte Rituale
praktizierte. Medienwirksam rasierte er sich den Kopf und gab
sich das Aussehen eines katholischen Priesters, der aber diabo-
lisch gewendet war. Seine Anhängerschaft ließ er auch aufgrund
finanzieller Erwägungen als „Church" deklarieren und wurde
somit zu einem diabolischen „Pop-Star", der in den Medien
bald landesweit bekannt war und seiner Kirche somit zu einem
medialen Echo verhalf. Seine *Satanische Bibel* wurde zu einem
Bestseller, obwohl er selbst nicht an den Satan glaubte, sondern
seinen Anhängern Rituale und Symbole geben wollte, weil diese
so etwas brauchten. Seine Grundsätze sind heute leicht einzu-
sehen[143] und laufen alle auf die Forderung hinaus, Sinnesfreu-
de und Lebenskraft in den Mittelpunkt der Religion zu stellen.
Insgesamt stellen sie sich als Abwertung christlicher Ethik und
Aufrichtung eines selbstbestimmen Egoismus dar. Sie gipfeln in
der provokativen Feststellung: „Satan ist der beste Freund, den
die Kirche jemals gehabt hat, denn er hat sie die ganzen Jahre
über am Leben erhalten!"

---

[143] Bequem bei http://de.wikipedia.org/wiki/Church_of_Satan (Zugriff am 3. 4. 2012).

Eine dritte Spielart des Satanismus, die durchaus auch in den beiden bereits genannten Formen auftreten kann, ist eine krankhafte Form. Der pathologische Satanismus geht auf eine psychische Störung des Menschen zurück. Hier geht es um Wahnvorstellungen, die um die Figur des Teufels kreisen, und nicht um eine bestimmte Form der Religion.

Der Teufel in der Literatur

Von Anfang an ist der Teufels ein wesentlicher Teil von Literatur. Doch während die ersten Texte ausschließlich religiöser Natur waren, weitet sich im Laufe der Überlieferung das Spektrum. Der Teufel wird mehr und mehr als Figur betrachtet, die auch in andere Literaturgattungen Eingang findet. Als literarische Figur entfaltet er spätestens seit dem Mittelalter eine ungeheure Popularität, die es kaum möglich macht, die Geschichte des Teufels in der Literatur annähernd vollständig zu überblicken. Deshalb kann im Folgenden nur eine Auswahl an wichtigen Werken kurz beleuchtet werden.

Dante Alighieri (1265–1321): Die Göttliche Komödie[144]

Die *Göttliche Komödie* erzählt in Versform von einer Reise in das Jenseits. Ein Wanderer zwischen den Welten, das lyrische „Ich" des Dichters, wird von einem Führer, „Vergil", der analog zur apokalyptischen Himmelsreise die Rolle eines Deuteengels einnimmt, in das Reich geführt, in das jeder Mensch nach seinem Tod eintritt und dort bis zum Tag des Jüngsten Gerichts verbleibt. Dieses Reich untergliedert sich in drei Teile, denen Dante die drei Hauptteile seines Werkes widmet: die *Hölle* und

---

[144] Vgl. Dante Alighieri, *Die Göttliche Komödie*. In der Übersetzung von Karl Bartsch. Mit Illustrationen von Sandro Botticelli, Wiesbaden ²2011; Ferdinand Barth, *Erläuterungen zur Göttlichen Komödie*, Darmstadt 2003; Catherina Wenzel, „Dantes Teufel spricht nicht", in: *Die Kommunikation Satans. Einflüsterungen, Gespräche, Briefe des Bösen*, hg. v. Johann Ev. Hafner/Patrick Diemling, Frankfurt a.M. 2010, 189–204.

das *Purgatorium*,[145] das er nach erfolgter Läuterung betreten darf und von wo er in das *Paradies* als den dritten Bereich weiterschreiten kann. Die Hölle wird dabei als Krater geschildert, der sich unter der bewohnten Welt befindet. Diesen Krater hat Luzifer durch seinen Sturz aus dem Himmel verursacht, der sich bis in den Mittelpunkt der Erde gebohrt hat und dort steckengeblieben ist. Beim Betreten der Hölle sieht der Reisende den berühmten Satz, der über dem Tor zum Totenreich geschrieben steht: „Lasst, die ihr eingeht, alles Hoffen fahren." (Inf. 3,9) Dante schildert das Schicksal der Verstorbenen in einer genauen Ordnung und bemisst ihr Schicksal nach dem Tod an ihrem Lebenswandel. Für ihn gilt, dass der Mensch nach seinem Tod nichts mehr bewirken kann. Ob er im Paradies wandelt oder vorher noch im Purgatorium geläutert werden muss, hängt mit seinem mehr oder minder akzeptablen und gottgefälligen Lebenswandel auf Erden zusammen. Das Motiv des Ausgleichs von Tun und Ergehen bzw. der Vergeltung („contrapasso") wird hier aufgenommen und detailliert durchgespielt. Vergeltung kann demnach nicht als ein alttestamentarisches „Auge um Auge" interpretiert werden, bei dem das Ausmaß der Strafe der Tat exakt entspricht, sondern muss im Hinblick auf die Strafe als verschärft gedacht werden. Entsprechend den vielfachen Abstufungen des Lebenswandels müssen auch die Orte im Jenseits eine vielfältige Differenzierung aufweisen. Deshalb gliedert sich die Hölle in neun Kreise, die je nach ihrer Entfernung zum Mittelpunkt schlimmer werden und in sich nochmals untergliedert sind. Das System, wonach Hölle und Himmel sich gliedern, verweist auf die Ethik, die Dante für das Leben im Diesseits propagieren will. Das Schicksal derjenigen, die der Reisende auf seinem Weg trifft, ist deshalb immer unter dem Aspekt der Belehrung zu sehen. Es wird hierbei deutlich, dass Dante den Versuch unternimmt, das Böse insgesamt zu erfassen und es gedanklich zu durchdringen; er erstellt „eine Topografie der Sünde"[146]. Er macht das Böse erträglich, indem er es in die Logik mittelalterlicher Weltdeutung integriert, und nimmt ihm gerade durch die drastische Schilderung auf paradoxe Weise seinen Schrecken. Das Böse kann vermieden werden, der Tod in

---

[145] Siehe weiter oben S. 82–85.
[146] Wenzel, Dantes Teufel, 196.

der Hölle kann vermieden werden, wenn man gottgefällig auf Erden lebt. In dieser Hinsicht kann er die Hölle in Inf. 3,4–6 als ein Werk der Trinität bezeichnen. Wenn Macht, Weisheit und Liebe sie geschaffen haben, zeigt sich ihre mahnende Wirkung deutlich.

Im Hinblick auf den Teufel muss bei Dante zwischen untergeordneten teuflischen Wesen und Luzifer als dem Anführer der Teufel unterschieden werden. Teufel finden sich überall in der Hölle, wo sie in erster Linie die Aufgabe ausführen, Sünder zu bestrafen. In Inf 18,34–36 werden sie als gehörnte Wesen vorgestellt, die mit großen Peitschen die Sünder von hinten schlagen:

Ich sah, wie hier und dort mit Peitschenknalle
Gehörnte Teufel an dem finstern Stein
Von hinten grausam schlugen jene alle.

Der Reisende erkennt einen der Sünder und spricht ihn an: „Benedico Caccianemico. Sage, was führt zur Lauge dich, die beißend frisst?" So wird ein zu Dantes Zeit bekannter Politiker bloßgestellt, der, wie er in seiner Antwort selbst zugeben muss, seine Schwester mit dem Marchese Obizzo von Este verkuppelt hat. Dante macht somit klar, dass dies in seinen Augen eine Sünde darstellt, wofür Caccianemico die Strafe verdient hat, die er in der Hölle bekommt. Immer wieder tauchen Sünder auf, die konkret beim Namen genannt werden und für ihre Sünden büßen – streng eingeteilt nach Tat und Strafe. Diese Sünder sind dabei entweder schon verstorben oder leben zur Zeit der Abfassung des Werkes noch, sodass Dantes Kritik auch die treffen kann, die noch gar nicht in der Hölle sein können. Dante schreckt auch nicht vor der Kirche zurück und greift z.B. die Päpste Bonifaz VIII. und Clemens V. an. Betrüger werden z.B. von anderen Teufeln in kochendes Pech untergetaucht, jemand, der Streit unter die Menschen brachte und Spaltungen verursachte, wird seinerseits von einem Teufel immer wieder gespalten, wobei die Wunde stets verheilt, um dann von Neuem aufgebrochen zu werden. Dies erleidet hier Muhammad, der zu Dantes Zeit nicht als Religionsstifter, sondern als Spalter der religiös einheitlichen mittelalterlichen Welt verstanden wurde. Um zu Luzifer selbst zu kommen, müssen der Reisende und sein Führer immer weiter in die Hölle hinabsteigen. Dabei nimmt die Hitze der Feuer ab, auf dem die Sünder geröstet werden, und Kälte, Wind und Gestank nehmen zu. Ab Inf 31 betreten die Reisenden den neunten und letzten Kreis der Hölle. Der Eingang wird von Giganten bewacht. Diejenigen, die in dieser Höllenstufe gefangen sind, wären in den Augen der Reisenden besser nicht geboren worden, da ihre Verfehlungen und dementsprechend ihre Strafen so schlimm sind, dass sie besser nur als Tiere existiert hätten. Dieser Kreis der Hölle ist in vier Zonen gegliedert, die wiederum nach dem Grad der Schuld bemessen sind. Alle Sünder dort haben irgendjemanden oder irgendetwas verraten. Dies ist in Dantes Augen der Gipfel des Bösen. Luzifer selbst befasst sich mit denjenigen, die Wohltäter verraten haben; besonders Judas Iskariot ist hier im Blick, weshalb der Bereich dieser Verräter auch *Giudecca* heißt. Insgesamt kennzeichnet den neunten Kreis seine Kälte. Er wird als große Eisfläche beschrieben, in die die Höllenflüsse münden. Die Körper der Sünder stecken im Eis fest, ihre Köpfe werden zu Stolperfallen der Reisenden. Während einige von ihren eigenen Tränen, die in ihren Augen gefrieren, gefoltert werden, weil sie mit dem Gesicht nach oben liegen, schauen andere nach unten. Deutlich verweist Dante in diesen Gesängen darauf, dass ein gerechter Mensch den Sündern hier – und sei es aus Mitleid – nicht helfen darf, weil er sonst die göttliche Gerechtigkeit in Frage stellt. Deshalb wirkt der Reisende in diesen Passagen mitunter herzlos. Besonders zeigt sich dies, wenn er sich weigert, den Verräter Alberigo Manfredi von der Eiskruste zu befreien, die sich aus dessen eigenen Tränen auf seinem Gesicht gebildet hat. In diesem Dialog zeigt sich eine biblische Reminiszenz, die im Hinblick auf den Teufel interessant ist. Mit der Feststellung, dass bei Verrätern die Seele zum Zeitpunkt ihres Verrats bereits in die Hölle kommt, obwohl sie noch leben, lehnt sich der Text an Joh 13,27 an und gibt die Vorstellung wieder, dass der Teufel bereits zu Lebzeiten von einem Menschen Besitz ergreifen kann. Alberigo weiß nicht, wie es um seinen Leib bestellt ist, diesen besitzt jetzt – noch zu seinen Lebzeiten – bereits der Teufel.

Im Laufe der Wanderung verspüren die Reisenden einen immer stärker werdenden Luftzug. Der Dichter wundert sich, aber sein Führer stellt ihm in Aussicht, bald den Grund des Lufthauches zu sehen. In Inf 34 wird dann klar, woher die Luft kommt. Vergil eröffnet mit einer Parodie auf den Prozessionshymnus aus der Karfreitagsliturgie von Venantius Fortunatus, einem römischen Bischof aus dem 6. Jh. n. Chr., die Schau Luzifers. Zunächst erkennt der Reisende den Teufel nicht, aber Vergil stellt klar: „Sieh da den Dis" (Inf 34,20), wie Luzifer in der *Göttlichen Komödie* genannt wird. Vergleicht man den Aufbau der Hölle mit einem menschlichen Körper, dann sind die Reisenden hier am „anus mundi", am „Arsch der Welt"[147] angekommen. Dantes Teufel ist „ein riesiger, plumper, unbeweglicher Klops, denn seine Tätigkeit besteht nur im Verschlingen, Verdauen und Ausscheiden."[148] Nur der Oberkörper des Teufels ist zu sehen, weil er sich bei seinem Sturz in das Eis so eingebohrt hat, dass er nicht mehr frei kommt. Er wird als unvorstellbar groß und als das genaue Gegenteil von Gott beschrieben. Seine einstige Schönheit hat sich in potenzierte Hässlichkeit verwandelt, und so verkörpert er das abgrundtief Schlechte und Böse. Er hat drei Köpfe, die das Gegenbild der göttlichen Dreieinigkeit symbolisieren und verschiedene Farben aufweisen, die als Hass, Ohnmacht und Unwissenheit gedeutet werden können. Unter jedem Gesicht wachsen zwei Fledermausflügel heraus, die ständig in Bewegung sind und so die Kälte des neunten Höllenkreises erzeugen:

Welch großes Wunder schien mirs, als voll Grauen
Ich drei Gesichter sah dem Kopf entsprossen,
Das eine vorn und blutrot anzuschauen;

Von den zwei andern, die daran sich schlossen,
Auf jeder Schulter Mitten eines stand,
Die, wo der Kamm sitzt, ineinanderflossen.

Halb weiß, halb gelb war das zur rechten Hand,
Das linke gleich dem Volke, das dorther
Entstammt, wo niederstürzt der Nil ins Land.

Zwei Flügel ragen unter jedem, schwer,
Und groß, wie sie geziemten solchem Tiere –
Nie sah ich solche Segel auf dem Meer –

---

[147] Wenzel, Dantes Teufel, 201.
[148] Wenzel, Dantes Teufel, 201f.

Ganz federlos, der Fledermaus glich ihre
Natur; mit ihnen flatternd ließ er wehen
Dreifachen Wind von sich im Eisreviere,

Dass der Kokyt rings blieb gefroren stehen.
Sechs Augen weinten ihm und von drei Kinnen
Sah Tränen man und blutigen Geifer gehen. (Inf 34,37–54)

Seine Münder zermalmen in Ewigkeit die drei Erzverräter: Judas, der Jesus verriet, Brutus und Cassius, die Julius Cäsar verraten haben. Während Brutus und Cassius für den Verrat am Staat stehen, wird Judas für den Verrat an Christentum und Kirche zusätzlich vom Teufel gehäutet. Dante zeichnet also seine Überzeugung von Treue gegenüber Staat und Kirche in die Verkehrung der Verräter ein, die stellvertretend für den schlimmsten Verrat und für die Zersetzung der Gesellschaft stehen. Die Art ihrer Bestrafung wird von Dante als Perversion der Eucharistie dargestellt, wobei der Teufel aufgrund dieser Aufgabe auf ewig nicht mehr reden kann – ganz im Gegensatz zum fleischgewordenen Wort Gottes, das frei gepredigt wird.

Nachdem der Reisende und sein Führer den Mittelpunkt der Erde erreicht haben, klettern sie durch einen Spalt weiter und verlassen so die Hölle.

Dantes *Göttliche Komödie* hat einen kaum zu überschätzenden Einfluss auf die Höllen- und Teufelsvorstellung der nachfolgenden Generationen. Seine Zuordnung von Leben und Tod, von Tat und Strafe wirkt sich in sämtliche Bereiche des menschlichen Lebens aus. Seine Höllenschilderung sollte die Fantasie von Künstlern enorm anregen und so dem Teufel maßgeblich zur bildlichen Darstellung verhelfen. Allerdings werden vor allem die Mittäter des Teufels Wirkung entfalten, während das eigentliche Teufelsbild im Volksglauben überwiegend nicht mit Eis in Verbindung gebracht wird.

Auch die Immobilität des Teufels wird nicht übernommen, sondern er wird weiterhin als aktiv auf der Erde vorgestellt. Es zeigt sich hier, dass die Vorstellungen vom Teufel divergieren und je nach Bedürfnissen modelliert und spezifiziert werden können. Dass Dantes Schilderungen, die ja einen mahnenden Effekt haben sollten, eher bedrohlichen Charakter annehmen und so vor allem das Schreckenspotenzial der Hölle in mittelalterlichen Predigten zum Klingen bringen, dürfte seiner Intention kaum entsprechen.

John Milton (1608–1674): Paradise Lost

Das vom englischen Dichter John Milton verfasste epische Gedicht *Paradise Lost* hat einen unglaublich großen Einfluss auf die spätere Kultur gehabt. Bis in die Gegenwart lassen sich die Impulse aufzeigen, die von diesem Werk ausgehen. Diese Einflüsse reichen in den Bereich der klassischen (Joseph Haydn: *Die Schöpfung*), der populären (Britische Band: *Paradise lost*) und der Heavy Metal-Musik (amerikanische Band: *Symphony X*, Album: *Paradise lost*) genauso wie in die Literatur (auch hier mit einer enormen Bandbreite: von F.G. Klopstocks *Messias* bis zur Comic-Adaptation von Stephen Kings Roman *The Stand*) oder in den Film (Taylor Hackford: *Im Auftrag des Teufels*). Angesichts dieser enormen Einflüsse kann das Werk als das größte Epos des reformierten Protestantismus, das größte religiöse Epos in englischer Sprache und neben Dantes *Göttlicher Komödie* als das größte christliche Epos überhaupt bezeichnet werden.[149] Der puritanisch erzogene Dichter schildert in seinem Werk den Kampf zwischen Satan und Gott im Himmel, Satans Sturz und sein Bemühen, Gott zu schaden. So verführt der Satan den Menschen, sodass dieser das Paradies verlassen muss und es verliert. Das Werk zeigt einen Dichter, der zwar „von der Wahrheit der christlichen Lehre grundsätzlich überzeugt ist",[150] aber dennoch eigene Wege im Rahmen der calvinistischen Orthodoxie geht. In seinem Epos erzählt er die ersten Kapitel der Bibel nach und trägt darin sowohl seine Glaubensüberzeugung wie auch Anleihen an seine Gegenwart ein. Er thematisiert „im Kampf Satans mit Christus zugleich den Kampf des Menschen mit den Mächten der Leidenschaft und der Vernunft"[151].

---

[149] Diese Attribuierungen finden sich bei: Jan Rohls, „Das Verlorene und das Wiedergewonnene Paradies. Religiöse Epik und reformierte Dogmatik in John Miltons Spätwerk", in: KuD 56, 2010, 258–283; hier: 262.

[150] Rohls, Paradies, 263.

[151] Rohls, Paradies, 264.

Das Werk beginnt nach dem Sturz des Teufels. Trotzig sitzt er als Parodie Christi mit zwölf Jüngern, die in der Bibel als Götter aus der Umwelt Israels bekannt sind (z.b. Baal, Moloch oder Belial), in der Hölle und nimmt seinen Sturz zunächst an:

... besser ist
Der Hölle Herr sein als des Himmels Sklave (I,27)[152].

Ähnlich wie die frühen Christen wertet Milton also die heidnischen Götter zu Dämonen um und erkennt in ihnen gefallene Engel.[153] Allerdings will der Teufel nicht in der Hölle bleiben, sondern überlegt, wie er Gott schaden und seinen Platz im Himmel zurückerobern kann. Die dämonische Anti-Götter-Versammlung diskutiert und kommt zu dem Ergebnis, dass ein militärischer Angriff sinnlos sei, da dieser ja gerade gescheitert war. Stattdessen versuchen sie „durch List und Trug, was nicht Gewalt vermocht ..."(I,44) zu erreichen. Beelzebub, „der Höchste neben Satan" (II,64), macht schließlich den entscheidenden Vorschlag, indem er eine „Gelegenheit", die sich bieten wird, ins Spiel bringt: den Menschen zu verführen, damit Gott die geschaffene Welt – von der die Dämonen (noch) nichts wissen, sondern lediglich davon gehört haben – vernichten möge, weil der Mensch dann von ihm abgefallen ist. Der Gedanke hinter diesem Plan nimmt sich Gottes Vernichtung der Welt durch die Sintflut zum Vorbild, wie es in der Genesis, aber deutlicher noch im äthHen berichtet wird. Der Angriff der Dämonen richtet sich also nicht direkt gegen Gott, sondern gegen dessen Geschöpf, das „von dem Herrscher droben mehr begünstigt" (II,66) ist als sie selbst. Die Versammlung beschließt, diesem Vorschlag zu folgen, und der Satan selbst macht sich auf den Weg, um die Welt zu entdecken und den Menschen zu Fall zu bringen. Milton betont dabei Satans Einsamkeit, aber auch seine Kraft. Der Teufel erscheint fast als tragische Figur, der eine gewisse Sympathie entgegengebracht werden kann. Diese feine Spur der Ironie lässt sich auch in den Gesprächen beobachten, die Milton einige Dämonen „abgesondert ... auf einem Hügel" (II,73) füh-

---

[152] John Milton, *Das verlorene Paradies*. Mit dem Bilderzyklus von Gustave Doré. Deutsch von Adolf Böttger, Wiesbaden ²2010.
[153] Siehe weiter oben S. 16.

ren lässt und die sich um die für Reformierte zentrale Stellung der Prädestination, um „Vorsehung und Wissen, Schicksal und Willen und Vorherbestimmung" drehen (II,73). Die Dämonen diskutieren die gleichen Stoffe wie die Theologen und verlieren sich letztlich im Gewirr ihrer Vernunft, weil sie nicht die Heilige Schrift als Grundlage ihrer Diskussion beachten.

Die Frage, wie sich der freie Wille zum Vorauswissen Gottes verhält, wird bei Milton im Gespräch zwischen Gott und Christus behandelt. Gott betont, dass dem Menschen – wie dem Engel – „die Freiheit auch zu fallen" gegeben sei (III,99). Der Unterschied zwischen dem Fall der Engel und dem des Menschen, den Gott voraussieht, ist allerdings, dass der Mensch verführt wurde, während die Engel aus eigenem Antrieb gefallen sind. Deshalb lässt Milton auch keine strenge Form der Prädestinationslehre zu, sondern betont, dass jeder Mensch grundsätzlich die Möglichkeit hat, erlöst zu werden. Die Bedingung ist nur, dass er die Gnade, die Gott ihm anbietet, auch ergreift und nicht von sich aus im Stand der Entfremdung verharren will. Wer seine Sünden bereut, kann gerettet werden. Dieser Dialog nimmt also bereits die positive Wendung der Erzählung vorweg, obwohl sich die Vertreibung aus dem Paradies erst noch ereignen muss. Das Vorauswissen Gottes, so ist Miltons theologische Überzeugung, beinhaltet eben keine Vorausbestimmung, keinen Plan, der die Freiheit des Menschen demnach von göttlicher Seite aushebelt. So trifft Gott zwar bereits Vorkehrungen für den Fall des Menschen, versucht aber trotzdem, ihn vor den Nachstellungen des Teufels zu bewahren, indem er z.B. den Erzengel Rafael zum Menschen schickt. Der Teufel, mittlerweile im Paradies angekommen, hat auf seinem Weg aus der Hölle, „von Zorn entflammt ... doch unerschrocken wie ein Glutkomet" (II,82), an deren Pforten seine nächsten Verwandten kennengelernt, die Milton aus der Bibel ableitet und in ein genealogisches Verhältnis zum Teufel bringt: die Sünde und den Tod. Milton parodiert den Mythos von der Geburt der Athena aus dem Kopf ihres Vaters Zeus, wenn er die Sünde zu dem Zeitpunkt aus dem Kopf Satans entspringen lässt, in dem er sich gegen Gott auflehnt. Mit der Sünde zeugt er den Tod, der somit der Sohn des Teufels ist. Da gut paulinisch aber die Sünde zum Tod führt (vgl. Röm 5,12; 6,23), kann Milton erklären, dass der Teufel zugleich auch Sünde und Tod bringt. Dies drückt Milton erzählerisch aus, indem er den Teufel seinen Verwandten versprechen lässt, sie in die neue Welt mitzunehmen, an einen Ort, an dem beide „in der weichen, balsamreichen Luft still und ungesehen auf und nieder" fliegen:

Dort werdet unermesslich ihr gesättigt,
Und alle Dinge werden euer Raub. (II, 86)

In Form einer Ätiologie erzählt Milton damit vom Eintritt der Sünde und des Todes in die Welt der Menschen, was er dadurch unterstreicht, dass er der Sünde den „verhängnisvollen Schlüssel", das „Werkzeug unsers Jammers", in die Hand gibt, mit dem sie die Pforten der Hölle öffnet (II,87).

Im Paradies angekommen, nähert sich der Teufel dem Menschen, erfährt von Gottes Gebot und knüpft seinen Plan daran. Er zielt in seiner Verführung darauf ab, dass Wissen an sich doch nicht sündig sein kann. Warum sollte Gott dann aber dieses Wissen seinem Geschöpf vorenthalten? Milton greift den Geist der frühen englischen Aufklärung auf und zeichnet den Drang nach Erkenntnis in die Versuchungsgeschichte der Genesis ein. Zwar sendet Gott – wie gesehen – zur Vorsicht den Erzengel Rafael, was die Versuchungsgeschichte verzögert, doch läuft die Geschichte trotzdem ab.

Rafael klärt den Menschen aber in einem Intermezzo auf dessen Frage hin auch über den Kampf im Himmel auf und schildert den Krieg zwischen den Armeen des Satans, die immerhin von einem Drittel aller Engel gebildet werden (vgl. Offb 12,4), und den göttlichen Kräften vor dem Hintergrund des englischen Bürgerkrieges (z.B. schießt der Teufel mit Kanonen). Erst als der Sohn Gottes sich selbst in den Kampf einschaltet, gelingt es, die gefallenen Engel in die Hölle zu stürzen. Dieses Eingreifen des Sohnes wird letztlich auch die Lösung des ganzen Epos bringen. Da Christus ganz in den Bahnen der klassischen Erlösungslehre in die Weltgeschichte eingreift, bildet diese Episode im Kern das ab, was sich auf Erden im Laufe der Zeit vollziehen wird. Der Entmachtung des Teufels im Himmel folgt dessen Niederlage auf Erden durch Christus. Denn Christus wird das Opfer bringen, das die Schuld des Menschen tilgen wird, sodass Gott letztlich seiner Gerechtigkeit Genüge tun und trotzdem dem eigentlich schuldigen Menschen seine Gnade anbieten kann.

So soll der Mensch, wie es das Recht erheischt,
Für Menschen Sühne tun, gerichtet werden
Und sterben, dann vom Tode auferstehn
Und auferstehend seine Brüder heben,
Die er erkauft mit seinem teuren Leben.
Des Himmels Liebe tilgt der Hölle Hass ... (III, 106)

Diese Sühneleistung des Sohnes stellt die Lösung des theologischen Problems dar, wie ein gerechter Gott dem ungerechten Menschen das ewige Leben gewähren kann. Die Geschichte der Welt ist also bereits – hier folgt Milton dem calvinistischen Denken – von Gott her von Anfang an bedacht, und das Drama, das sich in der Welt abspielt, ist von Gott her bereits gelöst. Deshalb ist es folgerichtig, dass die Erschaffung der Welt erst nach dem Kampf im Himmel erfolgt, obwohl Gott bereits weiß, wie der Teufel in dieser Welt wirken wird.

Milton erzählt weiter, dass dem Teufel die Verführung in Gestalt einer Schlange schließlich gelingt und er jubelnd in die Hölle zurückkehrt, wo er seinen Anhängern verspricht, sie „als Sieger [...] aus dem verfluchten Pfuhl [...] zu führen" (X,390). Allerdings übersieht er, dass Gott bereits ein Urteil über die Schlange gesprochen hat, das auch Auswirkungen auf ihn haben wird. Er versteht Gottes Urteil falsch, der Evas Nachkommen (gemeint ist Christus) dazu bestimmt, den Teufel zu zertreten, da er nur daran denkt, einen Schlag zu bekommen:

[...] Wer würde denn nicht eine Welt
Für solche Wunde gern erkaufen wollen? (X, 393)

Doch direkt darauf bemerkt er, dass der Beifall seiner Anhänger ausbleibt und er nur ein Zischen hört. Seine Höllenfürsten sind in Schlangen verwandelt worden, und er selbst spürt seine eigene Metamorphose:

Bis er als riesige Schlange niederfiel,
Auf seinem Bauche kriechend und umsonst
Sich sträubend, diesem Schicksal zu entgehn ... (X, 394)

Das Urteil Gottes hat ihn damit doch eingeholt, und der Teufel endet geschlagen. Die Sünde und der Tod haben jedoch in der Zwischenzeit eine Brücke von der Hölle in das Paradies gebaut, über die sie sich Zugang verschaffen und so in der Welt das Böse loslassen können. Adam und Eva werden schließlich aus dem Paradies vertrieben und erhalten vom Erzengel Michael einen Überblick über die künftige Geschichte. Am Ende des Epos geht das Paradies in Flammen auf, und die Geschichte der Menschheit beginnt.

Milton zeichnet einen Satan, der sich zwar in klassischen Bahnen bewegt, aber doch wesentlich aktiver mit seiner Verbannung aus dem Himmel umgeht als Dantes Teufel. Bei Dante ist der Teufel völlig passiv und vollzieht Gottes Willen als Strafwerkzeug. Im Gegensatz zur strukturierten Hölle bei Dante kommt dem Teufel bei Milton die Fähigkeit zu, diese zu organisieren und sich selbst zum Führer zu machen. Er hat die Fähigkeit, Emotionen zu äußern (ähnlich dem Teufel im *Leben Adams und Evas*[154]), und der Leser kann an seinen Gedanken teilhaben. Während sich der Teufel bei Dante nicht verändert, durchläuft er bei Milton eine negative Entwicklung. Sein Teufel ist in den ersten beiden Büchern als eine Art Freiheitsheld geschildert, der versucht, aus seinem für ihn ungerechten Sturz das Beste zu machen. Sein Streben nach Vergeltung lässt ihn zugleich menschlich verständlich wie auch gefährlich erscheinen. Im Verlauf des Epos degeneriert er aber, bis er am Ende ein Monster wird. Milton beschreibt also einen zweifachen Sturz des Teufels: Einmal fällt er aus dem Himmel, wobei er aber sein engelgleiches Aussehen behält. Dann stürzt er in die Hölle und erfährt eine Verwandlung. Diesem doppelten Sturz entspricht die zweimalige Niederlage: einmal im Himmel durch das Eingreifen Christi im himmlischen Krieg, einmal auf der Erde durch das Opfer Christi am Kreuz, das die Erlösung des Menschen bewirkt. Für Milton ist also letztlich entscheidend, dass der Teufel sowohl den Tod als auch die Sünde in der Welt freisetzt und diese von ihm ihre Macht beziehen. Da Adam den Menschen an sich repräsentiert, kann Milton damit die augustinische Lehre der Erbsünde verwerfen und das dem Menschen von Natur aus innewohnende Streben nach dem Bösen als die eigentliche, vom Teufel bewirkte, Sünde ansehen. Der Teufel ist demnach bei Milton eine Erklärung für die Ursache des Bösen. Seiner Aktivität am Anfang

---

[154] Vgl. weiter oben S. 38–40.

der Welt kommt damit eine grundlegende Bedeutung für das Verstehen der Welt zu.

„Ich bin der Geist, der stets verneint!" – *Johann Wolfgang von Goethe (1749–1832): Faust*

So schreitet in dem engen Bretterhaus
Den ganzen Kreis der Schöpfung aus
Und wandelt mit bedächt'ger Schnelle
Vom Himmel durch die Welt zur Hölle.[155]

Im Zuge der Aufklärung geht der Glaube an den Teufel als zwar übernatürliche, aber doch wirkliche Person verloren, und er wird im aufgeklärten Literaturbetrieb zum Symbol, das der jeweilige Autor von sich aus mit großer Variabilität füllen darf. „Der Teufel ist für dichterische Zwecke frei geworden, als bloßer Stoff, an dem jeder die eigene Originalität erproben kann."[156] Zu beobachten ist dabei, dass erst der Glaube an den Teufel verloren gehen musste, um ihn als Persönlichkeit für die Literatur und das Theater zu entwickeln. Der Teufel wird nur noch als Symbol dafür gesehen, dass sich der Mensch frei zwischen dem Guten und dem Bösen entscheiden kann, da Christus die Macht des Bösen grundsätzlich gebrochen und den Menschen so von der Macht des Teufels befreit hat. Stellvertretend für dieses Denken schreibt z.B. der Philosoph Schelling 1854: „Wenn uns eine freiere Ansicht dieses Prinzips vergönnt ist, so haben wir dies jenem Kampf Christi selbst zu verdanken, der die reale Gewalt desselben so weit gebrochen, dass es nun nicht mehr (wie im Kampf) einseitig, sondern von allen Seiten mit vollkommener Geistesfreiheit betrachtet werden kann"[157] In dem Maße, wie der Teufel sich also aus der religiösen Sphäre löst und dabei vorgegebene

---

[155] Johann Wolfgang von Goethe, *Faust. Der Tragödie erster und zweiter Teil.* Herausgegeben und kommentiert von Erich Trunz, München 1989, 15 („Vorspiel auf dem Theater").
[156] Eudo C. Mason, „Die Gestalt des Teufels in der deutschen Literatur seit 1748", in: *Tradition und Ursprünglichkeit. Akten des 3. Internationalen Germanistenkongresses 1965 in Amsterdam,* hg. v. Werner Kohlschmidt/Herman Meyer, Bern/München 1966, 113–125; hier: 113.
[157] Friedrich Wilhelm Joseph Schelling, *Philosophie der Offenbarung,* in: Schellings Werke 6, hg. von K.F.A Schelling, München 1927, 670.

Muster zurücklässt, kann er in das Werk des Dichters eingebunden und dabei umgedeutet werden. Eine besonders wirkungsvolle Neudeutung des Teufels liegt im vielleicht bedeutendsten deutschsprachigen Theaterstück vor: *Faust*. Goethes Mephisto ist ein Teufel, der sich selbst nicht ernst nimmt und sich das ganze Stück hindurch zwar als dämonisch zu erkennen gibt, aber letztlich immer die Schwebe hält zwischen Ernst und humoristisch eingesetzter Ironie.[158] Der Teufel ist der „Schalk", der Gott am wenigstens zur Last fällt. Und auch der Teufel empfindet eine melancholisch gebrochene Sympathie für Gott:

> *Von Zeit zu Zeit seh' ich den Alten gern,*
> *Und hüte mich mit ihm zu brechen.*
> *Es ist gar hübsch von einem großen Herrn*
> *So menschlich mit dem Teufel selbst zu sprechen.* (350–354)

Der besondere Name für den Teufel, *Mephistopheles*, war Goethe durch die ältere Faust-Dichtung vorgegeben. Eine Erklärung des Namens ist umstritten und lässt vier Möglichkeiten zu. Erstens kann Mephistopheles aus dem Hebräisch-Jiddischen als Zusammensetzung von zwei Partizipien (*mephir – tophel*) abgeleitet werden, die übersetzt „zerstören" und „lügen" bedeuten. Zweitens könnte eine Herleitung aus dem Griechischen dahinter stehen, die eine Zusammensetzung der griechischen Begriffe *me* und *photos* bzw. *philos* annimmt. Geht man in diese Richtung, kann man den Namen mit *der, der das Licht nicht liebt* übersetzen. Drittens kann auch eine Mischung aus Lateinisch und Griechisch vorliegen, wonach *mephitis* (Gestank) und *philos* (Liebe) zusammengezogen werden. Viertens könnte auch an die im italienischen Kulturraum bekannte Göttin *Mephitis* gedacht worden sein, die als Schutzgöttin des Schwefels vor allem in Gegenden mit vulkanischer Aktivität bekannt war und eher negativ bewertet wurde.

Die Ausarbeitung der Faust-Sage bringt für Goethe die Gelegenheit, den Erkenntnisdrang der Aufklärung in den grundsätzlichen Horizont des menschlichen Fragens einzubeziehen. Sein Held ist der Prototyp des Gelehrten, der wissen will, „was die Welt / Im Innersten zusammenhält" (382 f), daran aber letztlich scheitert:

---

[158] Vgl. Mason, Gestalt, 120.

Habe nun, ach! Philosophie,
Juristerei und Medizin,
Und leider auch Theologie!
Durchaus studiert, mit heißem Bemühn.
Da steh' ich nun, ich armer Tor!
Und bin so klug als wie zuvor. (354–359)

Die Wissenschaften und die technischen Errungenschaften seiner Zeit können Faust nicht helfen, und so will er freiwillig aus dem Leben scheiden. Dies ist der Ausgangspunkt für den Pakt mit dem Teufel, den Goethe bereits in seinem Prolog im Himmel vorbereitet. Dort greift er das Motiv des Ijob-Dialoges auf, indem er Gott und den Teufel über Faust sprechen lässt. Interessant ist dabei, dass Goethe sich hier zwar bis in den Sprachgebrauch an Ijob anlehnt – so nennt Gott z.B. Faust seinen „Knecht" (299)[159] –, dass aber Gott andere Intentionen mit dieser Wette verbindet als bei Ijob. Während Gott bei Ijob dessen Frömmigkeit testen will, stellt er in Goethes *Faust* eine Diagnose des Menschen und zeigt auf diese Weise, wie er selbst ihn gern sieht: als Wesen, das nicht erschlafft, sondern sich um „Bildung und Streben" (912) bemüht. Der Mensch ist kein kleiner Gott, wie dies Gottfried W. Leibniz in seiner *Theodizee* ausdrückt und was vom Teufel ironisch aufgenommen wird, sondern erscheint im Vergleich zur umfassenden Sicht auf die Welt, die der Dialog im Himmel entfaltet, sehr klein.[160] Gott geht mit Mephistopheles eine Wette ein und gestattet diesem, Faust seine Wege zu führen. Der Teufel bewirkt beim Menschen, den Faust repräsentiert, letztlich, dass dieser nicht aufhört, nach Erkenntnis zu streben, und dabei auch bemerkt, dass damit nicht nur kognitive Bereiche angesprochen werden, sondern dass das Leben auch andere Gebiete umfasst. Die Liebe, die Faust mit Gretchen entdeckt, zählt dabei als Feld des menschlichen Lebens. Der Teufel ist also bei Goethe kein Folterknecht Ijobs, sondern ein Führer Fausts in alle Dimensionen des Menschlichen. Gerade deshalb wird er von Gott am Anfang getadelt, weil es ihm zu wenig ist, wenn der Teufel – ganz traditionell – immer nur anklagen will. Gott

---

[159] Siehe weiter oben S. 21.
[160] Vgl. Theodor Friedrich/Lothar J. Scheithauer, *Kommentar zu Goethes Faust*, Stuttgart 1986, 168.

will keinen selbstgenügsamen Gelehrten und keinen nur anklagenden Teufel, sondern er setzt den Teufel als Werkzeug, als Antreiber ein, um den Menschen weiterzubringen.

Des Menschen Tätigkeit kann allzu leicht erschlaffen,
Er liebt sich bald die unbedingte Ruh;
Drum geb' ich gern ihm den Gesellen zu,
Der reizt und wirkt, und muss, als Teufel, schaffen. (340–343)

Deshalb steht die Wette, die Gott und der Teufel eingehen, unter dem Vorzeichen, dass der Teufel sie nicht gewinnen kann. Erstens wird die Neugier, die Faust immer weiter voranschreiten lässt, von Gott selbst entschuldigt (317: „Es irrt der Mensch so lang er strebt."), zweitens wird die Gültigkeit der Wette begrenzt: Sie ist nur so lange gültig, bis Faust stirbt. Der Einsatz, den der Teufel gewinnen könnte, nämlich seine Seele im Jenseits, wird ihm dadurch von Anfang an genommen, was das Ende von Faust II auch belegt, wenn Faust dort eben nicht in die Hölle kommt, sondern dem Teufel entwischt und von Engeln in den Himmel geleitet wird.

Der Teufel spielt also vor allem im Bereich der „Gelehrtentragödie" der Handlung eine wesentliche Rolle. Dort kommt ihm die Aufgabe zu, „skeptischer Philosoph, Kuppler, lustige Person und Gelegenheitenmacher, Mörder und Landverderber – aber ... auch Theologe" zu sein.[161] Vorgestellt wird er in der zweiten Studierzimmer-Szene. Dort entpuppt sich der Faust zugelaufene Pudel als Teufel (1323: „Das also war des Pudels Kern!"), der sich mit einer weit reichenden Definition seiner selbst einführt:

Ein Teil von jener Kraft,
Die stets das Böse will und stets das Gute schafft. (1335–1345)

Das Böse wird demnach auf eine positive Wirkung festgelegt, der Teufel will zwar Böses tun, muss aber letztlich einsehen, dass Gott diese Absicht durchkreuzt und sein Tun zum Guten wendet. Dies erinnert an die Deutung, die der Autor der Josefs-Novelle in Gen 50,20 den Protagonisten Josef zu seinen

---

[161] Dieter Breuer, *Mephisto als Theologe.* Faust-Studien, Aachen 1999, 81.

Brüdern sagen lässt: „Ihr gedachtet es böse mit mir zu machen, aber Gott gedachte es gut zu machen." Ähnlich wie in der Genesis wird auch bei Goethe unterschieden zwischen dem, was offensichtlich vor Augen steht, und einem eventuell verborgenen, hinter den Geschehnissen liegenden Plan Gottes. Der Teufel, der weiß, dass ihm die Rolle des Bösen zukommt, ist sich dennoch dessen bewusst, dass er gegen Gott nichts ausrichten kann, und so dazu gezwungen ist, das Böse zwar anzustreben, gerade dadurch aber letztlich das Gute zu bewirken. Dies hängt mit seiner Bestimmung durch Gott zusammen, eben nicht wirklich frei zu sein, sondern nur als freies Wesen zu erscheinen. In Wirklichkeit steht er im Dienst Gottes, der Faust dazu bringen will, sich weiterzuentwickeln und sein reines Gelehrtendasein zu überschreiten.

Die weitere Charakterisierung des Teufels zeigt ihn als das Gott entgegengesetzte und nihilistische Prinzip:

> *Ich bin der Geist der stets verneint!*
> *Und das mit Recht; denn alles, was entsteht,*
> *Ist wert, dass es zu Grunde geht;*
> *Drum besser wär's dass nichts entstünde.*
> *So ist denn alles was ihr Sünde,*
> *Zerstörung, kurz das Böse nennt,*
> *Mein eigentliches Element.* (1338–1345)

Der Teufel bekommt als Element das Böse (religiös gewendet: die Sünde) zugeordnet. Er negiert die Werke Gottes, denen er keinen Bestand gönnen will, sondern stattdessen lieber im Nichts verharren würde. Sich selbst versteht er als Teil der Finsternis, aus der Gott die Welt erschuf, und bedauert deshalb, dass das Licht jetzt der „Mutter Nacht" den Raum streitig macht (1351).

Goethe knüpft im Detail an den volkstümlichen Teufelsglauben des Mittelalters und der frühen Neuzeit an und macht den Pakt mit dem Teufel zum zentralen Angelpunkt des Dramas. Indem Faust den Anfang des Johannesprologs übersetzt (vielleicht eine Anspielung an Luthers Übersetzung der Bibel auf der Wartburg und dessen Kampf mit dem Teufel), schafft er die grundlegende Bedingung für das Erscheinen des Teufels. Da er das Wort gegenüber der Tat abwertet (1226), legt er den Grundstein für eine andere Form des Erlebens, die sich der

Nüchternheit einer protestantischen Religiosität entgegenstellt. Der Teufel dient als Personifizierung des animalischen Triebes und verkörpert damit das Gegenteil von Gottes Geistigkeit. Faust will sein theoretisches Bücherwissen verlassen und sich den Sinnesfreuden hingeben:

Des Denkens Faden ist zerrissen,
Mir ekelt lange vor allem Wissen.
Lass in den Tiefen der Sinnlichkeit
Uns glühende Leidenschaften stillen! (1748–1752)

Faust erwartet vom Teufel also kein neues Wissen, sondern das ultimative Erleben, in dem er sich selbst verlieren kann:

Dem Taumel weih' ich mich, dem schmerzlichsten Genuss,
Verliebtem Hass, erquickendem Verdruss. (1766 f)

Dieses Motiv der Enthemmung und des Rausches wird später Thomas Mann in seinem Roman *Dr. Faustus* wieder aufnehmen und es im Kontext von Genie und Wahnsinn bearbeiten.[162] Bei Goethe wird lediglich deutlich, dass Faust durch den Teufel und unter den Augen Gottes zu neuen Ufern strebt. Für ihn ist nicht die Ewigkeit oder das „Drüben" (1660) wichtig, sondern die Ruhelosigkeit der Erkenntnis, die Goethe im Prolog ja als positiv bewertet. Deshalb leistet Faust aus seiner Sicht auch keinen Wetteinsatz, wenn er dem Teufel im Pakt seine Seele anbietet. Die Bedingung, die Faust stellt, ist ebenfalls aus seiner Sicht nicht zu leisten. Er kann sich nämlich eigentlich nicht vorstellen, einen perfekten Augenblick zu erleben, der ihn zur Ruhe kommen ließe.

Werd' ich zum Augenblicke sagen:
Verweile doch! du bist so schön!
Dann magst du mich in Fesseln schlagen,
Dann will ich gern zu Grunde gehn! (1699–1703)

Der Pakt zwischen Faust und Mephisto beruht also auf dem Missverständnis, dass der Teufel durch die Erfüllung der leibli-

---

[162] Siehe weiter unten, S. 151–157.

chen Wünsche versucht, Faust zu verführen, während Gott bereits bei Abschluss der Wette antizipierte, dass Mephisto gerade durch diese einseitige Wunscherfüllung Fausts Wesen immer weiter dazu treiben wird, eben keine Ruhe zu finden. Der Teufel übersieht, dass Faust von seinem Wesen her zwei unterschiedliche Richtungen erstrebt: „Zwei Seelen wohnen, ach! in meiner Brust" (1112). Goethe stellt Faust demnach als Menschen dar, der nur durch die Befriedigung sowohl des sinnlichen wie auch des kognitiven Verlangens Erfüllung finden könnte. Der Teufel kann aber beides nicht gewähren und wird deshalb am Ende verlieren. Gott aber erreicht sein Ziel, indem er den Menschen nicht zur Ruhe kommen, sondern immer weiter streben lässt, bis er dann die Erlösung in der Gestalt erlangt, dass er nicht mehr auf sich selbst, sondern in erster Linie auf seine Nächsten achtet. Deshalb gebietet es die Logik des Dramas, dass Faust am Ende (von Faust II) durch sein Streben nach dem höchsten Dasein erlöst werden kann: „Wer immer strebend sich bemüht, den können wir erlösen" (11936–11937), proklamieren die Engel und entreißen Faust den Fängen des Teufels. Und nur in diesem geläuterten Sinn kann Faust dann beide Seelen in seiner Brust vereinen. In Faust tobt also der Kampf zwischen Gott und Teufel als Kampf zwischen animalischer und geistiger Natur des Menschen, der zu einem gewissen Grad ausgeglichen sein, bei dem aber auch die geistige Natur in den Augen Goethes letztlich den Sieg davontragen muss.

Fjodor Michailowitsch Dostojewski (1821–1881): Die Brüder Karamasow

Wie die Figur des Teufels benutzt und umgestaltet werden kann, zeigt auch Fjodor Michailowitsch Dostojewskis Aufnahme und Bearbeitung der bekannten Teufelstraditionen. Interessant sind dabei vor allem zwei Kapitel aus seinem Spätwerk *Die Brüder Karamasow*: zum einen die Legende vom Großinquisitor, zum anderen das Gespräch Iwan Karamasows mit dem Teufel.[163] Im

---

[163] Fjodor Dostojewski, Die Brüder Karamasow. Roman in vier Teilen mit einem Epilog. Deutsch von Werner Creutziger, 2 Bde., hg. von Gerhard Dudek und Michael Wegner, Berlin/Weimar ²1986.

fünften Buch des Romans erzählt Iwan Karamasow seinem Bruder Aljoscha eine von ihm erfundene Legende, die von einem Kardinal-Großinquisitor und dessen Gespräch mit dem wiedergekehrten Christus zur Zeit der spanischen Inquisition handelt (I,394 – 424). Der Inquisitor wird als „ein fast neunzigjähriger Greis" beschrieben, in dessen Augen „noch ein schwaches Feuer glimmt". Er lässt Christus wegen Aufruhr des Volkes verhaften und ins Gefängnis werfen. In der Nacht besucht er ihn dann und zeichnet dabei ein nachdenkenswertes Bild von Freiheit und Christentum. Dabei erkennt er in dem verhafteten Mann durchaus Christus wieder, kann aber aus eigener Überzeugung nicht aus dem System ausbrechen, dem er dient. Vordergründig ist damit die römische Spielart des Katholizismus gemeint. Dostojewski lässt den Inquisitor als erstes Argument gegen Christus einen „Grundzug des römischen Katholizismus" vorbringen: Der alte Mann wirft Christus vor, dass dieser „gar kein Recht habe, dem etwas hinzuzufügen, was er früher schon gesagt hat". Alles sei nun der Kirche und an deren Spitze dem Papst übergeben. Allerdings dürfte diese im Text erscheinende Interpretation zu kurz greifen, da die folgende Argumentation des Kardinals allenfalls ein Zerrbild der römisch-katholischen Kirche zeichnet und auf alle politischen Systeme bezogen werden kann, die ihr Volk (und sei es aus Fürsorge) nicht für fähig halten, die Freiheit zu bewältigen. Denn um dieses Thema geht es eigentlich im Monolog des Inquisitors, den sich Christus nur schweigend anhört. Der Kardinal wirft Christus nämlich nicht in erster Linie vor, das (römisch-katholische) Kirchengefüge mit seiner Wiederkehr zu unterlaufen und es letztlich zum Einsturz zu bringen; er argumentiert tiefgründiger, indem er die „Freiheit des Glaubens" im Verhältnis zur menschlichen Natur zum Thema macht. Für den Kardinal ist klar, dass die menschliche Natur letztlich nicht zur Selbstbestimmung fähig ist. Das tägliche Brot zum Leben ist dem Menschen wichtiger als die geistige Freiheit. Er wirft Christus in einer beeindruckenden Interpretation der neutestamentlichen Versuchungsgeschichte vor,[164] die Freiheit des Menschen zu hoch einzuschätzen, und proklamiert für sich und die Kirche das Verdienst, den Menschen glücklich gemacht zu haben, indem sie ihm die Freiheit genommen und

---

[164] Siehe weiter oben S. 47.

sie durch die Befriedigung der irdischen Bedürfnisse ersetzt haben. Dem Teufel zollt der Kardinal in diesem Zusammenhang die Anerkennung, den Menschen besser verstanden zu haben als Christus. Obwohl der Teufel als „der furchtbare und kluge Geist, der Geist der Selbstvernichtung und des Nichtseins" bezeichnet wird, ist er für den Kardinal doch der „mächtige, kluge Geist", der Jesus in der Wüste eigentlich den Weg zeigen wollte, wie „alle unlösbaren historischen Widersprüche der menschlichen Natur auf dieser Erde" gelöst werden können. Doch Jesus zog die Freiheit des Menschen vor und missachtete die Tatsache, dass der Mensch zuerst satt und dann erst frei sein will. Deshalb kommt nach seinem Weggang die Menschheit zur Kirche und verlangt: „Versklavt uns lieber, aber ernährt uns." Der Kardinal schließt daraus, dass „Ruhe und sogar Tod dem Menschen lieber sind als freie Wahl in der Erkenntnis von Gut und Böse." Da der Mensch nicht nur einfach vor sich hinlebt, sondern auch fragt, wozu er lebt, muss die Kirche die Sendung Jesu vollenden und das menschliche Gewissen beruhigen. Da sie den Menschen zuerst Brot gibt, dann aber auch ihr „Gewissen in die Gewalt bekommt", lässt „der Mensch sogar sein Brot im Stich und folgt dem, der sein Gewissen verführt". Christus muss sich also den Vorwurf gefallen lassen, dass er den Menschen zu positiv eingeschätzt hat („Ich schwöre dir, der Mensch ist schwächer und niedriger, als du geglaubt hast!"), während die Kirche den wahren Menschen im Blick hat: „Statt dem Menschen ein für allemal feste Grundlagen zur Beruhigung seines Gewissens zu geben, hast du ihm alles aufgebürdet, was es an Ungewöhnlichem, Rätselhaftem und Unbestimmtem gibt, alles, was die Kraft der Menschen übersteigt." Die Kirche benutzt daher die einzigen Kräfte, um „das Gewissen dieser schwächlichen Rebellen zu ihrem Glück für allezeit zu besiegen und zu fesseln: das Wunder, das Geheimnis und die Autorität". Alle drei Kräfte hat der Teufel Jesus angeboten, aber dieser hat sie abgelehnt. Nun hat der Teufel sie der Kirche übergeben, die davon Gebrauch macht: „Wir haben deine Tat verbessert und sie auf das Wunder, das Geheimnis und die Autorität gegründet. Und die Menschen freuten sich, dass sie wieder wie eine Herde geleitet wurden und dass endlich das furchtbare Geschenk, das ihnen so viel Qual bereitet hatte, von ihren Herzen genommen war." Dabei weiß der Kardinal, dass die Übernahme der Herrschaft über die

Menschen zwar notwendig war, dass sich die Kirche dadurch aber von Christus abgewandt hat und dem Teufel gefolgt ist. Sie nimmt damit das dritte Angebot an, das der Teufel Jesus in der Wüste gemacht hat: „Warum hast du diese letzte Gabe zurückgewiesen? Hättest du diesen dritten Rat des mächtigen Geistes angenommen, so hättest du alle Wünsche erfüllt, die der Mensch hier auf Erden hegt. Er hätte jemand gehabt, den er anbeten und dem er sein Gewissen anvertrauen kann." Und sie ergreift „das Schwert des Cäsar". Daraus folgt: „Dabei haben wir uns freilich von dir abgewandt und sind ihm gefolgt." Indem die Kirche den Menschen – im Gegensatz zu Jesus – erlaubt, im Gehorsam gegen sie selbst glücklich zu sein, „weil sie durch diese von der großen Sorge und der furchtbaren Qual freier persönlicher Entscheidung befreit sein werden", muss der Klerus die Bürde tragen, als „Hüter des Geheimnisses … unglücklich zu sein". Denn die Würdenträger wissen natürlich, dass sie Christus verraten haben, um ihre eigene Herrschaft und damit die des Teufels zu errichten. Der Kardinal bestreitet damit nicht die Rolle Jesu als Pantokrator, das heißt als Herrscher über das All, doch sieht er dem Gericht Gottes aufrichtig entgegen, da er die Tat Jesu letztlich nur korrigiert und zum Wohl der Menschheit verbessert hat. Deshalb wird er vor das Gericht Gottes treten und ausrufen: „Verurteile uns, wenn du das kannst und wagst!"

Der Teufel ist in diesem Kapitel im Grunde immer noch eine negative Gestalt, die aber durchaus positive Züge hat, da sie den Menschen besser als Christus einzuschätzen vermag und ihm so dazu verhilft, glücklich zu sein. Dies erinnert an die vulgär-utilitaristische Ethik, die gewöhnlich John Stuart Mill zugeschrieben wird, der aber einem Utilitarismus bloßer Bedürfnisbefriedigung entgegenhielt: „Es ist besser, ein unzufriedener Mensch als ein zufriedenes Schwein, besser, ein unzufriedener Sokrates als ein zufriedener Narr zu sein."[165] Der Inquisitor würde dieser Einstellung widersprechen. Ihm geht es darum, dem Menschen keine Dinge zuzumuten, die er nicht bewältigen kann. Er will ihn lieber in glückseliger Unwissenheit lassen, die mit Gehorsam und Unterdrückung erkauft wird. Hieraus lässt sich der Streit zwischen einer tendenziell materialistischen und eher

---

[165] Zitiert nach http://www.gutenberg.org/files/11224/11224-h/11224-h.htm (Zugriff am 8. 5. 2012).

idealistischen Sicht auf den Menschen erkennen, die dem Teufel bzw. Gott zugeordnet werden. Während Gott den Menschen mit seiner freien Wahl zwischen Gut und Böse überfordert, befriedigt der Teufel zunächst die leiblichen Bedürfnisse, dann aber auch die geistige Suche nach Orientierung, indem er den Gehorsam als die bequemste Form der Existenz anbietet.

Im elften Buch des Romans findet sich der zweite Text, der für unsere Thematik von Interesse ist. Dostojewski schildert hier den Alptraum des Iwan Fjodorowitsch, der dem Teufel begegnet (II,483–509). Ähnlich wie die Begegnung Adrian Leverkühns mit dem Teufel bei Thomas Mann[166] bleibt auch hier letztlich unklar, ob der Teufel real anwesend oder im Fieberwahn imaginiert wird („Ich selbst bin es, der da spricht, und nicht du."). Der Teufel erscheint als „russischer Gentleman", der ein gepflegtes Französisch spricht und sich auch darüber hinaus als gebildeter und kultivierter, wenn auch verarmter Mann zeigt, der sich aber den Vorwurf gefallen lassen muss, ein Schmarotzer zu sein. Der Teufel legt Wert auf seinen Ruf und sieht sich vielen Verleumdungen ausgesetzt. Er bekennt, dass er die Menschen aufrichtig liebt, was in Verbindung mit den Ansichten des Großinquisitors stimmig ist, aber einen ironischen Unterton nicht verbergen kann. Der Teufel liebt die Menschen nämlich nur dann, wenn sie ihm untertan sind, nicht als die von Gott zur Freiheit bestimmten Geschöpfe. Das Ideal des Teufels ist es, „in die Kirche zu gehen und eine Kerze aufzustellen, reinen Herzens, wahrhaftig"; allerdings steht er unter dem Zwang, seine Rolle in dieser Welt spielen zu müssen. Diese besteht darin, durch seine Existenz und sein Tun (das permanente „Verneinen") die Weltgeschichte in Gang zu halten. Die Betonung der Negation als notwendigen Durchgangsstadiums der Weltgeschichte ruft sowohl Reminiszenzen an die Philosophie Hegels, der die Welt in dialektischem Dreischritt voranschreiten sieht, als auch an Goethes Bestimmung des Teufels als Geist wach, „der stets verneint"[167]. Er kann nicht in das Lob Gottes einstimmen, da sonst die Welt zu einem Ende käme. Wieder liegt in dieser Beschreibung eine gewisse Ironie (vor allem in der Beschreibung der Hölle, die „heutzutage auf moralische Qualen umgestellt" ist), aber auch ein Körn-

---

[166] Siehe weiter unten S. 155.
[167] Siehe weiter oben S. 138.

chen Wahrheit, da Negation und Kritik in der Tat Triebfedern menschlicher Entwicklungen sind. Der Teufel ist daher zu Recht ein „Phantom des Lebens, ein Phantom, das alle Enden und Anfänge verloren und schließlich selbst vergessen hat, wie es sich nennen soll", da er die Balance des Lebens zwischen Freud und Leid und zwischen Heilig und Profan markiert. Indem er dafür sorgt, dass der Mensch zwischen „Glauben und Unglauben" geführt wird, sät er in paradoxer Weise, nämlich durch Unglauben, „ein winziges Samenkorn des Glaubens" in das Herz des Menschen. Er erweist sich damit letztlich als Diener Gottes, der sowohl in der Geschichte wie auch individuell im Menschen wirkt. So erinnert der Teufel bei Dostojewski in gewisser Weise an die Figur des Mephistopheles bei Goethe, obwohl der Teufel sich hier explizit von ihm abheben will, da er im Gegensatz zu Mephistopheles wirklich das Gute will: „Ich bin vielleicht der einzige Mensch in der ganzen Natur, der die Wahrheit liebt und aufrichtig das Gute wünscht." Allerdings kann er aus den genannten Zwängen diesem Wunsch nicht entsprechen und wird so zur tragischen Figur. In ironischer Brechung erklärt er deshalb: „Die Ehre, Gutes zu tun, nimmt ein anderer total für sich in Anspruch, und als mein Anteil bleiben nur die Gemeinheiten." Allerdings blickt er auf ein Ende, das ihm Frieden gönnt: „Ich weiß, am Ende werde auch ich mich aussöhnen … und das Geheimnis erfahren."

Iwan erträgt das Gespräch schließlich nicht länger und wirft seine Tasse Tee nach dem Teufel, was dieser als Nachahmung des lutherischen Wurfs mit dem Tintenfass versteht. Ihr Gespräch bricht ab, als Aljoscha an das Fenster klopft.

Im Vergleich zur Legende vom Großinquisitor wird das Bild des Teufels hier sehr viel deutlicher ausgeführt. Allerdings ist die Ironie im Text spürbar, sodass es schwer fällt, den Selbstbeschreibungen des Teufels Glauben zu schenken. Dennoch oszilliert der Teufel – ähnlich wie die übrigen Figuren des Romans – merkwürdig schillernd zwischen Komik, Pathos und heiligem Ernst.

George Bernard Shaw (1856–1950): Mensch und Übermensch

Der britische Dramatiker George B. Shaw reiht sich mit seinem Stück *Man and Superman*[168] (deutsch: *Mensch und Übermensch*) aus dem Jahr 1902 in die Reihe der Don-Juan-Literatur ein und lässt in einem langen *Zwischenspiel in der Hölle* im dritten Akt den Teufel mit anderen Figuren aus Mozarts *Don Giovanni* über das Übermenschentum diskutieren. Da seiner Ansicht nach der klassische Don-Juan-Stoff „um ein ganzes Jahrhundert zu alt ist" (12), um noch Interesse zu wecken, muss er eine Umkehrung der Motivik vornehmen, um den Stoff wieder beleben zu können. Deshalb ist sein Held, John Tanner (in Anlehnung an „Don Juan Tenorio"), kein Mann, der die Frauen verführt, sondern der umgekehrt von Frauen umworben wird. Tanner, den er als „politischen Pamphletisten" (24) anlegt, ist demnach kein „Jäger", sondern „Jagdbeute" (17). Die Frau ist für Shaw auch kein Opfer männlicher Eroberungstriebe, sondern wird selbst als aggressives Wesen beschrieben. Im dritten Akt lässt Shaw den dort auftretenden Don Juan deshalb sagen: „Und eine Frau, die einen Ehemann sucht, ist das gewissenloseste aller Raubtiere." (157) Dies entspricht den Ausführungen im dem Drama vorangestellten Brief an Arthur Walkley, wonach Frauen zur Zeit Shaws „gefährlich geworden sind" (13): „Das weibliche Geschlecht ist aggressiv und mächtig ..."(13) Dies muss auch John Tanner schmerzlich erfahren, der zum Vormund einer jungen Frau, Ann, bestellt wird, die ihn aber nicht als Vaterfigur akzeptieren, sondern zum Ehemann gewinnen will, um Kinder mit ihm zu haben. Shaw zeigt, dass die „ungeheure Überlegenheit der natürlichen Stellung des Weibes [in Sachen Partnerwahl] mit immer größerer Macht zur Geltung" (13) kommt. Shaw, der sein Stück als „eine Komödie und eine Philosophie" bezeichnet, verfolgt also die Idee, wonach Frauen sich intuitiv darum bemühen, die menschliche Rasse weiterzuentwickeln. Es geht ihm also um das Thema des „Übermenschen", das in der Philosophie seiner

---

[168] Die deutsche Übersetzung wird mit Seitenzahlen zitiert nach: George Bernard Shaw, *Mensch und Übermensch*. Mit einer Vorrede, München 1962.

Zeit verschiedentlich und durchaus disparat behandelt wurde. Damit war vor allem die Suche nach einem biologisch wie geistig dem gegenwärtigen Menschen überlegenen Wesen gemeint (Nietzsche).

Diese Philosophie wird besonders deutlich im dritten Akt. In dessen Zentrum steht ein Traum, in dem sich der Teufel mit Don Juan und weiteren Figuren unterhält. Die Hölle wird allerdings nicht nach der Art Dantes beschrieben, sondern als Platz, an dem sich die moralisch Verworfenen wohlfühlen: „Die Hölle, Señora, ist ein Platz für die Bösen. Die Bösen fühlen sich hier vollkommen wohl ..." (125) Don Juan trifft auf eine alte Frau, die sich nach einem kurzen Dialog in Donna Aña verwandelt, die er verführen wollte und deren Vater er im Duell getötet hat. Shaw lässt die Statue des Komturs, ihres Vaters, auftreten und am Gespräch teilnehmen. Der Vater von Donna Aña langweilt sich im Himmel und stattet deshalb der Hölle öfter einen Besuch ab, um mit Don Juan zu diskutieren. Shaw verkehrt in ironischer Brechung die klassischen Motive von Himmel und Hölle (Der Komtur kommt beispielsweise in den Himmel, weil er ein Heuchler ist, und will diesen verlassen, weil dieser Ort zu langweilig und freudlos ist; 134). Eingeflochten werden auch Zitate von Mozart (der die Hölle verlassen hat, weil er keinen Erfolg hatte), Dante und Milton („zwei der größten Narren, die jemals gelebt haben" [143], weil sie Lügen über die Hölle verbreitet haben). Shaw lässt die Hölle als Ort erscheinen, in dem es keine Pflichten mehr gibt, gerade weil sie keine Hoffnung mehr kennt: „Hier gibt es keine Hoffnung, folglich keine Pflicht, keine Arbeit, nichts, was man durch Beten erlangen könnte. Nichts was man dadurch verlieren könnte, wenn man tut, was einem beliebt. Die Hölle ist, kurz gesagt, ein Ort, wo man nichts anderes zu tun hat, als sich zu unterhalten." (132) Der Himmel ist langweilig („Weil der Himmel der engelhafteste, langweiligste Ort der Schöpfung ist ..."; 136), deshalb hat man es in der Hölle besser. Shaw nimmt hier das vorweg, was später im Rahmen der Pop-Kultur zu einem bekannten Motiv wird: „Good girls go to heaven (Bad girls go everywhere)".[169]

---

[169] „Gute Mädchen kommen in den Himmel. Böse Mädchen kommen überall hin." Künstler: Pandora's Box; Album: *Original Sin* (1989).

Diese Transformation macht auch der Teufel durch, der nicht so schwarz ist, „wie man ihn malt" (133). Der Teufel beklagt sich, dass Donna Aña von Vorurteilen ihm gegenüber geleitet wird: „Sie sind von der Erde zu uns gekommen, vollgesogen mit den Vorurteilen und Schrecknissen dieser von Pfaffen regierten Welt. Sie haben schlecht über mich sprechen gehört ..." (133). Shaw nimmt eine originelle Umkehr der Gestalt des Teufels vor: Dieser will nicht für das Böse verantwortlich sein, mit dem ihn die Menschen in Verbindung bringen, sondern plädiert stattdessen für die Freude und die Schönheit. Der Teufel wird hier als Engel geschildert, der oft in den Himmel zurückkehren darf – ähnlich wie bei Ijob (136)[170] –, der es aber aufgrund seines Temperaments vorzieht, in der Hölle zu wohnen (137). Der Himmel wird mit einem klassischen Konzert in England verglichen, dessen Besucher denken, dass sie diese Musik mögen müssten, es allerdings nicht wirklich tun. Der Ire (!) Shaw lässt den Komtur kommentieren: „Das sind fast ausnahmslos Engländer." (138). Die Hölle erscheint also als der bessere Ort, weil es hier im Gegensatz zur Erde keine physischen Probleme mehr gibt. (139). In einem langen Monolog beschwert sich der Teufel, dass er immer wieder falsch dargestellt und letztlich nur deshalb überhaupt in die böse Rolle gedrängt worden ist, weil der Mensch ein Wesen brauche, das die Verantwortung für das Böse übernehmen solle. Wirklich böse ist allerdings nicht der Teufel, sondern der Mensch selbst, der schließlich „der Erfinder der Folter, des Scheiterhaufens, des Galgens, der Hinrichtung durch Elektrizität, des Schwertes und der Kanone" (144) ist und so belegt, dass die Macht, die die Erde tatsächlich regiert, der Tod ist.

Don Juan widerspricht dieser Diagnose und stellt dem Menschen ein noch schlechteres Zeugnis aus als der Teufel. Für ihn ist der Mensch lediglich ein Feigling, der sich stärker erniedrigen lässt als alle Tiere (145). Dann spricht der Teufel aus, was Shaw zum Grundthema des Dramas macht: die Frage nach der Lebenskraft („life force"). Don Juan betont, dass der Mann für die Frau lediglich ein Mittel ist, um Kinder zu bekommen (147). Die Lebenskraft zwingt sie unbewusst dazu, sich im Prozess der Evolution immer den besten Mann auszusuchen, um den Men-

---

[170] Siehe weiter oben S. 20 f.

schen in seiner Entwicklung voranzubringen (147 f). Kultur und Zivilisation sind nur Versuche des Mannes, mehr zu sein als ein Erzeuger; letztlich sind diese Bemühungen aber im Kampf gegen den Tod vergeblich (148). Zwar ist die Lebenskraft dumm, „aber nicht so dumm wie die Kräfte des Todes und der Entartung" (149). Sie strebt danach, das Gehirn des Menschen immer weiterzuentwickeln, damit der Mensch über sich selbst hinauswachsen kann. Deutlich steht hier Nietzsches Idee vom Übermenschen im Hintergrund. Ihn zählt Shaw im Brief an Walkley zu den Autoren, deren Weltauffassung mit seiner verwandt sei (27) und der deshalb auch im Drama selbst mehrfach erwähnt wird. Don Juan erkennt, dass er nicht der Jäger der Frauen war, sondern deren „Beute" („Ich war die Beute."; 153); sie hätten durch ihn versucht, mehr zu werden, als sie waren (155). Die Ehe ist deshalb für ihn eine Falle, weil sie die Frau auf einen Mann festlegt und so dem großen „Hauptzweck" nicht dienlich ist: der Erzeugung einer Rasse, die zu den Höhen des Geistes zu führen ist (161). Die vom Teufel ausgehende Gefahr besteht deshalb darin, den Menschen dazu zu verführen, im Leben und in der Hölle lediglich den erfüllten Augenblick zu suchen und so den wahren Zweck der Menschheit aus den Augen zu verlieren (166f). Die Religion, die der Teufel anbietet – Schönheit und Liebe –, ist für Don Juan nicht annehmbar, weil er nach Höherem strebt. Doch dieses Streben ist – wie jeder andere Fortschritt auch – für den Teufel lediglich „eine ungeheure Komödie der Illusion" (169), was Don Juan allerdings nicht akzeptieren kann, da er annimmt, dass die Natur einem Zweck folgt. Dies aber wird vom Teufel bestritten, der lieber sein eigener Herr bleiben will „und nicht das Werkzeug irgendeiner stümperhaften allgemeinen Lebenskraft" (171). Damit stehen sich am Ende zwei Lebenskonzepte gegenüber, die sich nicht in die klassischen Ansichten von Himmel und Hölle einfügen lassen. Das, was bei Faust gesucht wird, kann der Teufel hier bieten – falls man sich denn damit zufrieden gibt. Allerdings geht Shaws Don Juan darüber hinaus; er will die gesamte Menschheit weiterentwickeln. Deshalb verlässt Don Juan die Hölle, weil er hier nicht mehr findet als Schönheit und Liebe.

Am Ende des Zwischenspiels muss der Teufel seine Niederlage resigniert eingestehen: „Ich kann diese Lebensanbeter nicht zurückhalten. Sie verlassen mich alle. Das ist mein größter Verlust, seit jener holländische Maler fortging – ein Bursche, der eine siebzigjährige Hexe ebenso gerne malte wie eine zwanzigjährige Venus." (172f) Der Teufel warnt den Komtur nach Don Juans Abgang davor, das Übermenschliche zu erforschen oder gar anzustreben, da dies die Gefahr mit sich bringt, das Individuum zu missachten und lediglich den Erfolg der Rasse im Blick zu haben. Im Hinblick auf die Erfahrungen des Nationalsozialismus muss man der Warnung des Teufels uneingeschränkt beipflichten. Aus diesem Grund lesen sich die Worte des Teufels, denen zufolge das 20. Jahrhundert der Idee vom Übermenschen hinterherrennen wird, wie eine düstere Prophezeiung. Der Übermensch ist für den Teufel deshalb auch nichts weiter als „die letzte Mode der Lebenskraftfanatiker", die von „diesem polnischen Narren [...] – wie hat er nur geheißen? Nietzsche" erfunden wurde, von dem – ein ironischer Kommentar Shaws – der Komtur allerdings noch nie etwas gehört hat. Donna Aña allerdings macht es sich zur Aufgabe, den Übermenschen zu gebären, und so endet das Zwischenspiel tragisch.

Der Teufel wird bei Shaw also als Freund des Schönen und des Lebens geschildert, der sich gegen die Anschuldigung erwehren muss, dem Menschen bei der Verwirklichung seiner evolutionären Bestimmung im Weg zu stehen. Shaws Sympathie scheint offensichtlich Don Juan zu gelten, sodass der Teufel letztlich nicht als Identifikationsfigur dienen kann. Da das Stück mit seiner fragwürdigen Evolutionstheorie aber deutlich in Richtung Eugenik tendiert, ist aus gegenwärtiger Sicht allerdings dem Teufel zuzustimmen, der mit seinen Warnungen vor der Suche nach dem Übermenschen recht behält. Obwohl Shaw den Teufel also eher entlarven will und mit ihm das, wofür er steht – Schönheit im und Freude am erfüllten Augenblick –, als Selbstgenügsamkeit des Menschen enttarnt, kann heute die Haltung des Teufels wohlwollender bewertet werden als das Streben Don Juans. Entgegen der Intention seines Verfassers gerät der Teufel so doch zur positiven Figur, was ihn unter den Teufelsgestalten innerhalb der Literatur so originell erscheinen lässt.

Thomas Mann (1875–1955): Dr. Faustus

Thomas Mann greift in seinem Roman *Dr. Faustus* nicht nur Motive aus der Faust-Sage auf, sondern auch zentrale Themen seines gesamten Werkes. Eines dieser Kernthemen betrifft den Zusammenhang zwischen der Künstlerexistenz und Tod bzw. Verfall. Insbesondere seine Novelle *Tod in Venedig* oder die Kurzgeschichte *Schwere Stunde* beleuchten, wie sich Genie und Wahnsinn zueinander verhalten. Das Genie – so Mann in Anlehnung an romantische Vorstellungen – kann nicht so beschaffen sein wie andere Menschen, sondern muss über diese hinauswachsen. Dafür zahlt es den Preis der Unvernunft und muss sich der Inspirationen, aber auch den damit verbundenen Gefahren des Rausches überlassen. Das Los des Künstlers besteht darin, sich selbst als Opfer für die eigene Kunst darzubringen – dies ist die Rolle, die Mann seinem Protagonisten Leverkühn zugedenkt und die er den Teufel aussprechen lässt: „Du wirst führen, du wirst der Zukunft den Marsch schlagen, auf deinen Namen werden die Buben schwören, die dank deiner Tollheit es nicht mehr nötig haben toll zu sein. Von deiner Tollheit werden sie in Gesundheit zehren, und in ihnen wirst du gesund sein." (326)[171]

Deshalb wählt er auch die Musik als Passion Leverkühns. Hier lässt sich der Rausch erleben – was allerdings für den Roman die Schwierigkeit aufwirft, Musik in Worte zu fassen. Mann versucht dies mithilfe der Zwölftonmusik, verstanden als das Aufbrechen der klassischen Kompositionsregeln. Sie erlaubt es seinem Protagonisten, in Verbindung mit teuflischer Inspiration neue und bislang ungehörte Werke zu schaffen. In der Zwölftonmusik scheint für Mann das Dämonische auf, dem sich Leverkühn verschrieben hat. Obwohl die Musik im Rahmen der Komposition mathematisch genauen Regeln folgt, haftet ihr etwas Unerklärliches an. Manns Romanheld will über die Grenzen der bis dato bekannten Musikwelt hinausgelangen und neue Formen suchen.

---

[171] Der Roman wird zitiert nach: Thomas Mann, *Dr. Faustus. Das Leben des deutschen Tonsetzers Adrian Leverkühn erzählt von einem Freunde*, Frankfurt a.M. 1990.

Im *Dr. Faustus* gewinnt der Leser so den Eindruck, dass der Wahn eine Voraussetzung für Genialität ist. Erzählerisch gestaltet wird dies durch die Infizierung von Adrian Leverkühn mit Syphilis. Dass Leverkühn in dem Bordell, in dem er sich die Infektion zuzieht, am Klavier ausgerechnet den teuflischen Tritonus-Akkord aus dem Freischütz von Carl Maria von Weber anschlägt, ist bezeichnend, da sich in dieser Oper der Held mit dem Teufel einlässt. Es geht Mann also um den „von Krankheit Genialisierten", auf dessen Werk sich „eine ganze Horde ... empfänglich-kerngesunder Buben stürzt" (326). Er greift dabei insgesamt positiv eine von der Romantik vorgezeichnete Linie auf, die sich von der Klassik absetzt und die auf Nietzsches *Geburt der Tragödie aus dem Geiste der Musik* Bezug nimmt. Mann bringt vor allem im *Tod in Venedig* Nietzsche folgend das Genie mit dem griechischen Gott Dionysos in Verbindung, während für die Klassik und deren Formsprache eher Apoll steht. Deshalb verwundert es auch nicht, dass Mann für den *Dr. Faustus* weniger Goethes Schauspiel als vielmehr die ältere Faust-Sage als Vorlage verwenden konnte. Während er das Motiv des alternden Künstlers, der sich seine Jugend auf ewig bewahren will, bereits in der Figur des Gustav von Aschenbach umsetzte, steht im *Dr. Faustus* eher der Teufelspakt im Zentrum. Dieser ermöglicht es ihm nämlich, seine weiteren Ambitionen umzusetzen. Mann will durch das Teufelsmotiv verdeutlichen, dass die Aufklärung in ihrer klassischen Form letztlich scheitert. Er weist damit auf die Katastrophe Deutschlands im Nationalsozialismus hin. Die Tatsache, dass die klassischen Werte Deutschlands, die sich aus der aufgeklärten Vernunft des Individuums speisten und humanistisch orientiert waren, dem Nationalsozialismus nicht standgehalten haben und seiner Faszination erlegen waren, veranlasst Mann zur Sichtweise, dass diese Werte durch den selbstgewählten Teufel vernichtet wurden. Das animalische Sehnen des Menschen und seine dunklen Triebe gewinnen in den Augen Manns gegen die klassischen Werte des Geistes.

Hier spielt der Teufel eine entscheidende Rolle. Wenn das Genie den Rausch braucht, dieser zugleich aber gefährlich ist, dann liegt in ihm eine teuflische Versuchung. Die Erweiterung des Horizontes bedarf einer Figur, die über die Grenzen des Klassischen hinausführt, und diese ist für Mann der Teufel. Sicherlich bildet hier die Erfahrung Manns mit dem NS-Regime den Hintergrund. Deshalb kann es am Ende auch keine Erlösung für Leverkühn geben, sondern nur das letztliche Scheitern. Er ist zwar ein genialer Komponist, jedoch beschwört seine Musik den Untergang herauf. Was Leverkühn komponiert, soll großartig sein, ist aber letztlich vor allem bösartig und negativ. Das Stück *Dr. Fausti Weheklag* gerät ihm zur Apokalypse, die – im Gegensatz zur biblischen Offenbarung – keinen Trost mehr kennt. Am Ende steht deshalb allein die Bitte um Gnade.

Für Mann ist die Theologie der Musik vergleichbar. Der Teufel im Roman betont, dass die Musik selbst eine „hochtheologische Angelegenheit" sei, da sie in sich „Erkenntnis und Verfallenheit [...] in einem" trägt (325). Wie die Theologie einer zuweilen erdrückend logischen Grundordnung folgt, darin aber nicht aufgeht, sondern ein geschlossenes dogmatisches System verweigert, weil sie andernfalls das Geheimnis Gottes und des Glaubens gerade verdunkeln würde, lässt auch die Musik „wahre Leidenschaft ... nur im Ambiguosen" (325) erkennen. Der Theologie und der Musik haftet also gleichermaßen ein ebenso göttlicher wie auch spiegelbildlich dämonischer Zug des Heiligen an. Es ist daher kein Wunder, dass Mann auch die Theologie bemüht und seinen Erzähler fragen lässt, „warum man die Hölle symbolischer nehmen sollte als den Himmel" (133). Die Vorlesungen des Systematische Theologie lehrenden Professors Kumpf zeigen, dass Mann durchaus kritisch auf die liberale Theologie blickte und gut lutherisch die Gnade als Zentrum der Theologie ansah. Der beliebte Prof. Kumpf sieht den Teufel „gerade in der Vernunft vorzüglich am Werke" (133), was den Auftritt der Figur vorbereitet, die eine erste Verkörperung des Satans darstellt. Neben anderen Verkörperungen des Dämonischen (etwa dem Dienstmann in Leipzig, der Leverkühn ins Bordell bringt, oder dem Impresario Fitelberg) ist es ausgerechnet ein Theologe mit dem Namen „Eberhard Schleppfuß", der den Teufel repräsentiert. Bereits der Name spielt auf den Hinkefuß des Teufels an: Der Privatdozent in Halle hinkt auch tatsächlich und trägt den für den Teufel typischen schwarzen Mantel, und so ist es kein Wunder, dass Schleppfuß den Romanhelden über das Dämonische unterrichtet. Ausdrücklich betont der Erzähler des Romans, dass die Theologie beständig in der Gefahr steht, „zur Dämonologie zu werden" (138). Schleppfuß selbst ist ein Beispiel für diese These, da er in wissenschaftlicher

Anmaßung die religiösen Symbole verhöhnt. Für ihn ist klar, dass der „Böse selbst ein notwendiger Ausfluss und ein unvermeidliches Zubehör der heiligen Existenz Gottes selbst" (137) darstellt. Der Teufel wird durch ihn also zum logisch zwingenden Gegenspieler Gottes. Mann lässt den Erzähler und Leverkühn mit Schleppfuß ins Gespräch kommen und führt so die Aporie vor Augen, die im Bezugsrahmen des Christentums mithilfe des Teufels zur Sprache gebracht wird: „Das logische Dilemma Gottes hatte darin bestanden, dass er außerstande gewesen war, dem Geschöpf, dem Menschen und den Engeln, zugleich die Selbständigkeit der Wahl, also freien Willen, und die Gabe zu verleihen, nicht sündigen zu können." (137) Das Problem des Teufels kreist bei Mann also um die Freiheit des Menschen, der die Wahl zwischen Gut und Böse und damit auch die Möglichkeit zu sündigen hat. „Freiheit ist die Freiheit zu sündigen, und Frömmigkeit besteht darin, von der Freiheit aus Liebe zu Gott, der sie geben musste, keinen Gebrauch zu machen." (138) Ein Kennzeichen des teuflischen Schleppfuß liegt in seiner Kunst, dem Menschen das Wort im Munde zu verdrehen und die Menschen durch Verwirrung der Begriffe zu manipulieren. Den Akzent im Hinblick auf das Böse legt Schleppfuß im Bereich der Sexualität; die „Geschlechtlichkeit" bildet „den Vorzugstummelplatz der Dämonen, den gegebenen Ansatzpunkt für Gottes Gegenspieler, den Feind und Verderber" (142). Den Geschlechtsakt, der als solcher bereits „Ausdruck und Vehikel der Erbsünde" ist, hat Gott in die Hand des Teufels gegeben.[172] Mann lehnt sich an das apokryphe Buch Tobit[173] an, in dem der Dämon Aschmodai sieben Ehemänner der Protagonistin Sara in der Hochzeitsnacht ermordet. Der Ansatzpunkt der Versuchung, die vom Teufel kommt, liegt zwar in „den Lenden des Menschen" (142), doch wundert sich der Erzähler darüber, dass die Last der Sünde zuweilen ganz auf die Frau abgewälzt wurde. Doch dass das Dämonische mit den menschlichen Begierden zusammenhängt, bildet ein durchgehendes Motiv des gesamten Romans. Schon die Krankheit, die sich Leverkühn bei einer

---

[172] Spätestens seit Augustin lässt sich der Konnex zwischen Sexualität und Sünde beobachten; siehe weiter oben S. 69–72.
[173] Für die Katholiken bildet dieses Buch allerdings einen Teil des biblischen Kanons.

Prostituierten holt und die ihn letztlich zum Genie werden lässt, deutet auf den Zusammenhang zwischen Genie, Wahnsinn und Sexualität hin. Dies wird auch im Verlauf einer studentischen Diskussion deutlich, wenn der Student Deutschlin (!) „das Dämonische des Daseins" mit „Naturhaftigkeit" und „Vitalität" in Verbindung bringt oder wenn ein anderer Student deutlich wird: „Nennen wir doch die Dinge bei Namen ... Das Dämonische, das heißt doch auf deutsch: die Triebe." (169)[174]

Für Schleppfuß als Verkörperung des Teufels ist der – in der Erzählung wiederholt erwähnte – Gruß, den dieser entbietet, wenn er seine Studenten auf der Straße trifft, vielsagend: „Ihr ganz ergebener Diener!" Dies verweist auf den Teufel, der sich als Diener verkleidet und dabei dem Menschen so hilft, dass dieser am Ende verloren ist. Schleppfuß bildet daher den Teufel im Vorgriff auf den Pakt ab, den Leverkühn mit ihm eingehen wird. Deshalb erkennt Leverkühn auch den Teufel, als er ihm im Fieberwahn begegnet: „Ganz ergebener Diener ... So soll ich Euch kennen" (327). Nur eine einzige Passage wird im Roman nicht aus der Perspektive des Freundes erzählt, sondern von Leverkühn selbst. Sie bildet das Zentrum des Romans und sein Herzstück: der Dialog zwischen dem Teufel und dem Protagonisten, der im Pakt mündet.[175] Der Erzähler zweifelt allerdings an der Existenz des Teufels und denkt mit Grauen daran, dass „jene Zynismen, Verhöhnungen und Spiegelfechtereien aus der eigenen Seele des Heimgesuchten kamen" (298). Für den Leser bleibt die Teufelsgestalt demnach in der Schwebe. Leverkühn liest gerade Kierkegaards (den „in die Ästhetik verliebten Christen"; 325) Ausführungen über Don Juan, der in der Oper Mozarts am Ende von seinen eigenen Dämonen in die Hölle fortgerissen wird.[176] Dann fühlt Leverkühn eisige Kälte, und er bemerkt, dass er nicht mehr allein im Zimmer ist. Leverkühn sieht lediglich Konturen des Teufels, erkennt seine Haare und hört lediglich eine angenehme Stimme mit der Artikulation eines Schauspielers. Es beginnt ein Dialog; der Teufel will schließ-

---

[174] Die „Verteufelung" der Sexualität findet sich bereits im äthHen; siehe weiter oben S. 30.

[175] Dies erinnert an den Dialog Karamasows mit dem Teufel; siehe weiter oben S. 144.

[176] Siehe weiter oben S. 146 f.

lich über Geschäfte sprechen. Leverkühn will diese Erscheinung mit seiner Krankheit erklären, aber der Teufel beharrt darauf, dass es ihn wirklich gibt. Er gibt sich nicht direkt zu erkennen, verweist aber darauf, dass Leverkühn die „Heilige Geschrift vor die Tür" gelegt hat (303). Um den Teufel empfangen zu können, muss man also anscheinend mit Gott abgeschlossen haben. Dem Teufel sind Namen gleichgültig, nur als der Herr „Dicis et non facis" („Du sprichst zwar, aber handelst nicht") möchte er nicht betitelt werden, da dies eine Verleumdung sei. Das Gegenteil des „Dicis et non facis" bildet ja die Bedingung dafür, überhaupt einen Pakt mit dem Teufel eingehen zu können. Der Teufel möchte als „Engel des Giftes" (306) mit dem Komponisten ins Geschäft kommen, weil „wir" (hier spricht der Teufel entweder im Pluralis majestatis, oder es soll angezeigt werden, dass die Dämonen viele sind) „von früh an ein Auge auf dich gehabt haben" (307). Der Teufel will Leverkühn am Ende in seine Gewalt bringen, bis dahin aber will er ihm Augenblicke verschaffen, in denen Leverkühn sich zu Recht „für einen Gott halten mag" (309). Was der Teufel dem Protagonisten des Romans anbietet, ist die Möglichkeit, Gott gleich zu werden. Ein Gott ist für Mann einer, der etwas mühelos erschaffen kann. Wie die Kurzgeschichte *Schwere Stunde* belegt, trifft dies für Mann vor allem auf Goethe zu. Damit liegt hier eine Reminiszenz Manns an den deutschen Dichter der Klassik vor. Doch während Faust bei Goethe den vollkommenen Augenblick erleben will, bekommt Leverkühn eine „ganz verteufelte Zeit [angeboten], in der es hoch und überhoch hergeht, – und auch wieder ein bisschen miserabel natürlich" (309). Der Teufel, der nun die Gestalt eines Musikdozenten angenommen hat, verspricht „das Äußerste" an „Enthobenheit und Entfesselung" (310), er bietet den Rausch, der Leverkühn in die Lage versetzt, über das Menschenmögliche hinauszugehen und geniale Musik zu komponieren. Dabei wird er die Klassik hinter sich lassen und in ganz neue Gebiete der Musik vordringen: „Wir bieten erst das Rechte und Wahre, – das ist schon nicht mehr das Klassische, mein Lieber, was wir erfahren lassen, das ist das Archaische, das Urfrühe." (318) Die dionysische Ekstase, die es dem Genie erlaubt, wahrhaft Großes zu erschaffen, steht hier im Hintergrund; sie erreicht ihren Höhepunkt in der Versuchung, zu sein wie Gott (Gen 3,5). Der Teufel garantiert Leverkühn, dass dieser „zum

Wandel eines Gottes sich steigern soll" (326). Der Teufel verwandelt sich wieder, und Leverkühn beginnt, sich für das Geschäft zu interessieren. Er fragt nach dem Preis, den er zu bezahlen hat. Der Teufel beschreibt ihm daraufhin die Hölle, die sich eigentlich gar nicht beschreiben lässt, die sich für Leverkühn aber als schalldichter Keller erweist, in dem es „das Ohr überfüllend laut sein wird" (329) und wo ihm nur noch die Wahl „zwischen extremer Kälte und einer Glut, die den Granit zum Schmelzen bringen könnte" (331) bleibt. Danach verwandelt sich der Teufel wieder. Leverkühn wird offenbart, dass die Prostituierte, bei der er sich mit Syphilis ansteckte, bereits vom Teufel geschickt war und dass der teuflische Besuch jetzt nur noch „der Konfirmation" dieser „Taufe" gilt (333). 24 Jahre Zeit gibt der Teufel dem Verführten und stellt die Bedingung: „Du darfst nicht lieben!" (334) Leverkühn akzeptiert die Bedingung, der Teufel hält Wort, und am Ende bleibt nur der Wunsch nach Gnade, aber gleichzeitig weiß Leverkühn, dass er „verdammt" ist und „kein Erbarmen" (662) zu erwarten hat. Weil er nur „Teufelswerk, eingegossen vom Engel des Giftes" (655) geschaffen hat, erleidet er einen paralytischen Schock, als er zum Abschied ein Lied spielen will, das er dem Satan abgelauscht hat. Er erwacht aus diesem Schock im Zustand der Selbstentfremdung.

Der Teufel entspringt bei Mann dem Inneren des Künstlers selbst, und so variiert er den Mythos vom Teufelspakt zum inneren Dialog mit sich selbst. Theologie und Psychologie fließen hier zusammen, und auf diese Weise verbindet Mann in Leverkühn die Probleme seiner Zeit mit dem wissenschaftlichen Bemühen um ihre Durchdringung. Er kommt dabei zu dem Ergebnis, dass das Böse letztlich nicht zu erklären, nicht durch Ratio und Kultur zu bändigen und seine Faszination ungebrochen ist. Das Genie bezahlt seine Genialität mit dem Wahnsinn und lebt in denen fort, die ihm folgen, ohne dabei das Genie zu besitzen und ohne diesen Preis zu bezahlen. Die Versuchung des Menschen, über sich selbst hinauszuwachsen, und die Rücksichtslosigkeit, die damit einhergeht, lassen das Böse sowohl zerstörerisch wie faszinierend erscheinen. Die Wirklichkeit ist komplexer, als es die Polarität von Gut und Böse auszudrücken vermag.

Stephen King: Needful Things

Stephen King, einer der erfolgreichsten Autoren der Gegenwart, lässt in seinem Roman Needful Things[177] den Teufel als hageren („gaunt") Mann auftreten: „Leland Gaunt". Er ist der Besitzer eines kleinen Ladens, der in der Kleinstadt „Castle Rock" neu eröffnet und den Namen „Needfull Things" trägt. Gaunt wird als charmanter, distinguierter Mann dargestellt, der seine Kunden versteht und ihre innersten Wünsche erkennt. Dabei macht er keinen Unterschied bezüglich des gesellschaftlichen Ansehens oder der wirtschaftlichen Potenz seiner Kunden. Allerdings wechselt die Umgangsweise, die Gaunt mit seinen Kunden pflegt. Während er sich gegenüber verschiedenen Damen des Romans galant und zuvorkommend verhält, geht er mit anderen Kunden sehr grob und vulgär oder obszön um.

Schnell wird im Roman deutlich, dass dieser Geschäftsmann nicht auf monetären Profit aus ist. Etliche Hinweise veranlassen den Leser – parallel zu einigen Romanfiguren –, Gaunt zu misstrauen, da dieser sich seiner Kundschaft allzu geschickt anpassen kann und als Gegenleistung für seine Dienste oft seltsame Wünsche äußert. Der Leser erfährt, dass Gaunt übermenschlich alt sein muss, da er offensichtlich sein Geschäft schon viel länger ausübt, als ein Mensch dies in einer Lebensspanne könnte. So geht aus der Erzählung hervor, dass er als fahrender Händler bereits im Mittelalter in Europa unterwegs war, wo sein Treiben Not und Verwüstung hervorrief. Auch seine Erscheinung, die auf seine Kunden zugleich sympathisch und monströs wirkt, verweist ihn in den dämonischen Bereich. Dass er z.B. seine Augenfarbe ändern kann, um seinen Kunden sympathisch zu erscheinen, bestärkt den Leser in seinem Misstrauen. Während Gaunt z.B. für einen unglücklich verliebten jungen Mann die blaue Augenfarbe seiner Geliebten annimmt, ändert er die Farbe für Polly Chalmers, die Freundin seines Gegenspielers, des Sheriffs Alan Pangborn, in haselnussbraun, was bei Polly den Eindruck erweckt, Gaunt bereits zu kennen. Es zeigt sich über-

---

[177] Deutscher Titel: In einer kleinen Stadt, Erstveröffentlichung 1991. Das Buch wurde 1993 von Fraser C. Heston mit Max von Sydow, Ed Harris erfolgreich verfilmt.

dies, dass Gaunt eine starke sexuelle Anziehung auf Frauen ausübt, obwohl er nicht als schön im klassischen Sinn beschrieben wird. King greift hier also traditionelle Motive auf, die den Teufel kennzeichnen: seine Fähigkeit zur Maskerade und die Verbindung des Dämonischen mit Sexualität. Auch die weiteren Beschreibungen Gaunts bedienen sich verschiedener volkstümlicher Teufelsvorstellungen, z.b., dass seine Augenbrauen zusammengewachsen sind oder dass sein Zeigefinger genauso lang ist wie der Mittelfinger. Außerdem kennt er die Namen seiner Kunden, ohne dass diese sich ihm vorstellen, und kann sie in seinen Bann ziehen. Schließlich kann Gaunt sich gegenüber seinem Gegenspieler Pangborn unsichtbar machen, der wiederum nicht verstehen kann, was die Einwohner „seiner" Stadt an dem Laden so anziehend finden. Dieses disparate Wahrnehmungsverhältnis entspricht der unterschiedlichen Wahrnehmung der gekauften Gegenstände. Was z.B. für Hugh Priest ein wunderschöner Fuchsschwanz ist, stellt sich für Norris Ridgewick als schmutziges, ekliges Stück Fell dar. Spätestens im achten Kapitel des ersten Teils, als Gaunt die Visitenkarte des Sheriffs in seiner Hand verbrennt, weiß der Leser, wen er vor sich hat.

Der Roman bezieht also seine Spannung aus der Diskrepanz zwischen den Informationen, die den Einwohnern zur Verfügung stehen, und seinem Wissen um Leland Gaunt. Er beobachtet dabei das Geschehen um den Laden „Needful Things" von Beginn an skeptisch. Dies wird bereits im Prolog angelegt, da dort eine nahende Katastrophe angekündigt wird, und erweist sich im Verlauf des Romans als sich selbst erfüllende Prophezeiung. Das zentrale Motiv der Erzählung läuft darauf hinaus, dass der Teufel als Versucher auftritt, um die Stadt ins Chaos zu stürzen und möglichst viele menschliche Seelen für sich zu gewinnen. King bedient sich dabei des Teufelspakt-Motivs. Die Kunden, die in dem Laden einkaufen, müssen dem Teufel als Gegenleistung für ihren Kauf eine – zuweilen harmlos erscheinende – Gegenleistung erbringen, die in einem diabolischen Kreislauf von Aktion und Wirkung letztlich die Einwohner der Stadt gegeneinander aufhetzt, sodass diese sich gegenseitig umbringen. Auch die Kirchen halten dabei dem Teufel nicht stand. King berichtet, dass die Anführer der örtlichen Kirchengemeinden, Reverend William Rose (United Baptist Church) und Father Brigham (römisch-katholisch), ihre Gemeindeglieder, angestachelt von Gaunt, in einen tödlichen Kampf führen, der das Finale des Romans ankündigt.

Das Netz von Intrigen, das Gaunt mithilfe seiner Kunden über die Stadt spannt, wächst immer weiter und mündet in einem Fiasko. Lediglich Alan Pangborn durchschaut schließlich das Wirken Gaunts, was ihm vor allem deshalb gelingt, weil er bereits (in einem früheren Roman Kings: *Stark – The Dark Half*) mit dem Bösen konfrontiert war. Schließlich kommt es zum finalen Duell zwischen ihnen. Gaunt will mit einer Tasche fliehen, in der er die Seelen der verführten Menschen gefangen hält. Pangborn kann sie ihm aber entwenden und greift dann zur Bekämpfung des Bösen auf seine früheren Erfahrungen zurück. Durch die apotropäisch anmutende Beschwörung anderer Dämonen,[178] die er als Schattentiere darstellt, setzt er sich gegen Gaunt zur Wehr. Der Dialog zwischen Gaunt und Pangborn läuft auf die Frage hinaus, ob der Teufel seine Kunden betrogen hat oder ob sie selbst schuld an ihrem Untergang sind. In der Tat hat Gaunt ja niemanden dazu gezwungen, bei ihm einzukaufen. Allerdings belegen seine Verkäufe[179], dass er seine Kunden doch betrogen hat. Deshalb stehen ihm die Seelen auch nicht rechtmäßig zu. Weil Pangborn ihm die Tasche nicht geben will, legt Gaunt sein menschliches Äußeres ab, entpuppt sich als Dämon und versucht, ihm die Tasche mit Gewalt zu entreißen. Mit einem Zauberspruch und einem Papierblumenstrauß, aus dem gleißendes Licht erstrahlt, gelingt es Pangborn, den Angriff des Teufels abzuwehren. „Die Ankunft des Weißen", einer in vielen King-Romanen auftretenden Kraft des Guten[180], die nicht näher beschrieben wird, verhilft Pangborn zum Sieg. Der Finsternis des Teufels wird die Kraft des Lichts entgegengestellt, und Pangborn vollführt damit einen Exorzismus nach King-Ma-

---

[178] Z.B. einer Spielzeugschlange, die sich für Gaunt als real erweist, der Vögel aus *Stark* und des Hundes „Cujo", ebenfalls eine Figur aus früheren King-Romanen; zum Prinzip der Dämonenabwehr siehe weiter oben S. 50 f.

[179] Ganz deutlich etwa das Schmerzmittel, das er Polly zur Linderung ihrer Arthritis verkaufte und das sich als Spinne in ihrem Herzen entpuppte.

[180] „... jene uralte, unverwüstliche und dennoch so bescheidene Kraft, welche die Menschheit immer und immer wieder erlöst hat"; Stephen King, *Die Augen des Drachen* (*The Eyes of the Dragon*), 1987, Kapitel 19.

nier: „Hebe dich fort, Dämon! Du bist ausgestoßen von diesem Ort!"[181] Die Tasche zerplatzt, die Seelen kommen frei und die Stadt kommt zur Ruhe. Der Teufel flieht mit einem Auto, das sich zunächst in eine Kutsche, dann in einen Karren verwandelt, mit dem im Mittelalter Wunderärzte durch das Land gereist sind und auf dessen Seite „Caveat emptor" („Der Käufer möge aufpassen") steht.

Im amerikanischen Rechtssystem bedeutet dieser Grundsatz, dass ein Käufer das Risiko für eventuelle Mängel am Gegenstand des Kaufes trägt. Auf den Roman angewandt heißt dies, dass die Kunden Gaunts das Risiko für ihren Kauf selbst tragen. Diesem Grundsatz zufolge hätte der Teufel das Recht auf seiner Seite gehabt, und die Seelen wären sein legales Eigentum gewesen. Durch Pangborns Eingreifen und die Ankunft des Weißen kann der Teufel aber besiegt werden. Allerdings wird er dadurch nicht endgültig vernichtet. Bereits im Epilog zum Buch wird die Neueröffnung eines anderen Ladens („Answered Prayers") in einer anderen Stadt angekündigt. Das Spiel des Teufels beginnt von Neuem.

King spielt in diesem Roman also mit christlicher Mythologie und suggeriert, dass es in der Welt den Kampf zwischen der dämonischen und der göttlichen (weißen) Kraft gibt. Der Teufel wird in klassischer Manier als Lügner und Verführer dargestellt, der versucht, die Menschen – die in Kings Perspektive durchaus einen freien Willen haben – zu verführen und ihre Seelen gefangen zu nehmen. Der Mensch allerdings, der mit dem Teufel einen Pakt eingeht, verliert dabei auf jeden Fall. Kings Roman zeigt daher – ähnlich wie die Darstellung des Teufels im Film oder der populären Musik –, wie die Gegenwart den Teufel wahrnimmt: in einer Mischung aus Angst und religiöser Folklore.

---

[181] Kapitel 23.

Der Teufel im Märchen[182]

Das Märchen zeigt den Teufel, wie er im Volksglauben verschiedener Territorien vorkommt. In einer Wechselwirkung von Märchenproduktion und -rezeption nimmt er dabei verschiedene Züge und Charakteristika an, lässt sich aber generell als Schreckensfigur bezeichnen. Die Darstellung seines Aussehens beruht auf einer Mischung aus menschlicher und tierischer Wesensart, sodass das Märchen letztlich den entscheidenden Anteil für die bis in die Gegenwart reichende Vorstellung des Teufelsäußeren hat. Typisch sind der Pferde- oder Bocksfuß, Hörner, die Farbe Schwarz (z.B. die schwarzen Hunde und Katzen im Märchen *Von einem, der auszog, das Fürchten zu lernen*), der Schwanz, aber auch der Schwefelgestank.

Religionsgeschichtlich lassen sich diese Attribute vor allem durch pagane Gottheiten oder ihnen ähnliche Wesen erklären, die durch ihre Degradierung ihr Aussehen dem Teufel vererbten (Dionysos, Pan, Hephaistos, Satyrn).[183] Über die Gattung des Volksschauspiels wird der Teufel weiterentwickelt und visuell greifbar. Daraus leitet sich das heutige Puppentheater ab, das den Teufel immer noch als die böse Hauptfigur kennt.

Gerade in einer Zeit, in der er theologisch immer mehr an Einfluss verliert, gewinnt er in der populären Erzähltradition an Kontur. Während er in der Anfangszeit seines Auftretens im Volksschauspiel in Anknüpfung an das Neue Testament und die Lehre der Kirche die Funktion hatte, in der religiösen Unterweisung das Böse zu verkörpern, das den Menschen permanent bedroht, wird er im Laufe der Zeit eher zu einer Figur, die sich aus diesen Bahnen zunehmend befreien und weitere Felder erobern kann. Vielfach entwickelt sich der Teufel vom Symbol des Bösen zu einem Wesen, das der Mensch durch seine Geschicklichkeit übertölpeln kann. Die von ihm ausgehende Gefährdung des Menschen nimmt ab, und er wird zu einer Bedrohung, der man sich sogar für die eigenen Zwecke bedienen kann.

---

[182] Vgl. Marco Frenschkowski/Daniel Drascek, „Teufel", in: EM 13, Berlin/New York 2010, 383–413.

[183] Siehe weiter oben S. 16.

Auffallend ist, dass der Teufel mit menschlichen Zügen aus-gestattet wird. So wird er manchmal als starkes, manchmal als schwaches Wesen vorgestellt, und er bekommt eine Familie. Be-rühmt ist vor allem die Großmutter des Teufels (z.B. *Der Teufel und seine Großmutter*), die den Menschen oft hilft, sich gegen den Teufel zu behaupten oder diesen zu überlisten (wie etwa in *Der Teufel mit den drei goldenen Haaren*). Möglicherweise ist die Groß-mutter des Teufels ein Pendant zu Maria, die ja im volkstüm-lichen Glauben ebenfalls angerufen wird, um ihren Sohn, den Weltenrichter, milde zu stimmen. Ein Wesensmerkmal des Teu-fels ist die Verkleidung, in der er den Menschen begegnet. Zwar kann diese vom aufmerksamen Beobachter durchschaut wer-den, z.B. wenn der Teufel hinkt oder wenn seine Hörner sichtbar werden. Allerdings muss er nicht immer in menschlicher Ge-stalt erscheinen, sondern kann sich auch in Tiere verwandeln, um den Menschen so in die Irre zu locken. Der Teufel wohnt im Märchen in der Hölle, die zu Fuß gut für alle Lebewesen erreichbar, meistens aber abgetrennt durch einen Fluss ist, der mithilfe eines Fährmanns überquert werden kann.[184] Obwohl der Teufel überall auf der Erde umhergehen und wirken kann (vgl. 1 Petr 5,8), kehrt er abends wie ein braver Mensch in sein Haus, die Hölle, zurück. Diese wird in der Regel nicht ausführ-lich beschrieben, wirkt zuweilen wie ein normaler Wohnort, kann aber auch in Anlehnung an die Fegefeuervorstellung[185] als ein heißer Ort geschildert werden, wo mehrere Teufel die Verdammten quälen und dabei Karten spielen. Ätiologisch wird der Teufel auch zuweilen eingesetzt, wenn z.B. bizarre Felsfor-mationen als der „Tisch des Teufels" (z.B. bei Dahn in der Süd-pfalz) gedeutet werden.

Das Märchen tendiert dazu, dualistisch zu denken und den Teufel in einem ständigen Konflikt mit Gott zu sehen. Zwar be-hält Gott die Oberhand in diesem Kampf, aber der Teufel er-scheint – wie zuweilen auch in der Pop-Musik[186] – als durchaus ernst zu nehmender Gegner. Obwohl seine Geschöpfe (z.B. der

---

[184] Dies dürfte ein Nachhall aus der griechischen Mythologie sein und erinnert an Hades, den Styx und den Fährmann Charon.

[185] Siehe weiter oben S. 82 f.

[186] Vgl. Chris de Burghs Lied *Spanish Train*, in dem der Teufel letztlich gegen Gott gewinnt. Siehe weiter oben S. 192.

Wolf) als menschenfeindliche und deshalb misslungene Kreaturen betrachtet werden, ist nicht zu übersehen, dass der Teufel dennoch Eigenschaften und Fähigkeiten Gottes kopiert. Dies kann sogar so weit gehen, dass der Teufel – analog zur Denkweise der Gnosis[187] – als Demiurg erscheint, der der eigentliche Herr dieser Welt ist und den Gott erst noch besiegen muss. Vor allem in südosteuropäischen Märchen ist der Teufel bereits an der Erschaffung der Welt beteiligt.[188] Präsenter ist aber die Vorstellung, dass der Teufel Menschen rauben kann. Dieses Motiv findet sich z.B. in der Erzählung von der Teufelsbraut, deren Anfänge bis ins 16. Jahrhundert zurückreichen und die dann im Puppentheater weiterlebte.[189] Eine Frau verspricht ihrem Mann die Treue und will sich vom Teufel holen lassen, wenn sie einen anderen Mann heiratet. Als sie dies tut, wird sie tatsächlich vom Teufel geholt. Abseits dieser Erzähltradition wird allerdings eine Hexe als Teufelsbraut bezeichnet, die mit dem Teufel Geschlechtsverkehr haben soll. Der Teufel verleiht dem Menschen, mit dem er einen Pakt schließt,[190] übernatürliche Fähigkeiten und bekommt als Preis für seinen Dienst dessen Seele. Er lässt sich durch Zaubersprüche beschwören oder erscheint, weil ein Mensch geflucht hat. Außerdem ist er für das schlechte Wetter und für Krankheiten verantwortlich und versucht selbst am Sterbebett, die Seele des Menschen den Engeln zu entreißen, die auf sie warten. Interessant ist in diesem Zusammenhang, dass hinter dieser Vorstellung durchaus das neutestamentliche Motiv stehen kann, wonach sich der Teufel und Michael um den Leichnam des Mose streiten (Jud 8 f).[191] Ausgebaut wird dieses Motiv durch die von der kirchlichen Lehre nicht gedeckte Ansicht, dass ein gutes Werk viele böse Werke überwiegt, weshalb der Teufel versuchen muss, den Sterbenden davon abzuhalten, wenigstens ein letztes gutes Werk zu tun. Dies illustriert die *Fabel vom Zwiebelchen*, die Fjodor Michailowitsch Dostojewski in seinem Buch *Die Brüder Karamasow* erzählt:

---

[187] Siehe weiter oben S. 64 f.

[188] Vgl. Gabriella Schubert, „Der Teufel als Demiurg in südosteuropäischen Volksmärchen", in: ZfB 40 (2004) 1, S. 47–60.

[189] Vgl. Rolf W. Brednich, „Teufelsbraut", in: EM 13, Berlin/New York 2010, 436–438.

[190] Vgl. Leimgruber, Teufel, 85.

[191] Siehe weiter oben S. 61.

„Es war einmal eine böse, sehr böse Frau, und die starb. Und als sie gestorben war, wusste niemand von irgendeiner guten Tat, die sie getan hätte. Da ergriffen sie die Teufel und warfen sie in den feurigen See. Aber ihr Schutzengel stand da und dachte: An welche gute Tat von ihr könnte ich mich wohl erinnern, um sie Gott vorzutragen? Da fiel ihm etwas ein, und er sagte zu Gott: Sie hat einmal eine Zwiebel aus ihrem Gemüsegarten einer Bettlerin geschenkt. Und da antwortete ihm Gott: Nimm diese Zwiebel und strecke sie der im See Schwimmenden hin! Soll sie sie ergreifen und sich an ihr festhalten! Und wenn du sie so aus dem See herausziehen kannst, mag sie ins Paradies eingehen. Wenn aber die Zwiebel abreißt, soll das Weib da bleiben, wo sie jetzt ist. Der Engel lief zu ihr und streckte ihr die Zwiebel entgegen. Da, sagte er, ergreif sie und halte dich daran fest! Und er begann sie vorsichtig herauszuziehen und hatte sie schon fast herausgezogen; doch als die übrigen Sünder in dem See sahen, dass diese Frau herausgezogen wurde, da klammerten sie sich alle an sie, um ebenfalls herausgezogen zu werden. Sie aber wurde böse, sehr böse, stieß mit den Füßen nach ihnen und schrie: Ich werde herausgezogen, nicht ihr! Das ist meine Zwiebel, nicht eure! Kaum hatte sie das gesagt, zerriss die Zwiebel. Und die Frau fiel zurück in den See und brennt da noch bis auf den heutigen Tag. Der Engel aber weinte und ging fort."[192]

Hier zeigt sich die Auffassung, dass ein einziges gutes Werk reicht, um in den Himmel zu kommen, was die Aufgabe des Teufels erschwert.

Grundsätzlich gilt, dass der Mensch, der einen festen Glauben aufweist, den Teufel besiegen kann. Darin liegt das religiös-pädagogische Konzept des Märchens, das die kirchliche Überlieferung an diesem Punkt popularisiert. Wer im Glauben verankert ist, kann den Teufel kraft seines Glaubens oder auch mit List überwinden. Je nachdem wird der Teufel dann parodiert und als dümmlich dargestellt. So lassen sich insgesamt drei Kategorien von Teufelsdarstellungen unterscheiden.[193]

---

[192] Dostojewski, Die Brüder Karamasow, Bd. 2, 47–48.
[193] Nach Sigrid Früh/Wilhelm Solms (Hg.), *Märchen von Höllen und Teufeln*, Krummwisch 2011. Alle im Text erwähnten Märchen finden sich in dieser Sammlung.

Erstens tritt der Teufel nach wie vor als die dämonische Verkörperung des Bösen auf und hat dabei die Funktion, ethische Gebote einzuschärfen und die kirchliche Lehre zu festigen. Dies kommt vor allem in Märchen zum Ausdruck, in denen der Teufel nicht mit List, sondern mithilfe kirchlich vermittelter Riten aufgehalten werden kann. In dem maltesischen Märchen *Die Prinzessin, die nur den allerschönsten Prinzen heiraten wollte* wird die Titelheldin zwar vom verkleideten Teufel geheiratet, letztlich aber dadurch gerettet, dass sie ihren ganzen Körper mit Rosenkränzen bedeckt. Diese Gebetskette wird ausdrücklich als Bannmittel bezeichnet. Dass der Fluch und der Name des Teufels diesen herbeirufen können, zeigt das Märchen *Der Bauer und die drei Teufel* aus Estland. Auf die Verfluchung eines Pferdes reagiert der Teufel in Gestalt eines Hundes und nimmt das Pferd in Besitz. Der Bauer legt sich mit einer ganzen Teufelsfamilie an und besiegt sie durch Vaterunser, Bekreuzigung und mithilfe dreier Zauberworte. Die Kraft der Religion bzw. der Magie – beides wird im Volksglauben nicht deutlich voneinander unterschieden – vermag also den Teufel zu bannen. Ganz besonders eindrücklich wird dies im russischen Märchen *Die Witwe und der Teufel*, in dem die Titelheldin von der Heimsuchung befreit wird, indem der Pope der Stadt drei Wochen für sie betet. Christliche Anklänge an Trinität und Exorzismus sind hier nicht von der Hand zu weisen. Allerdings erfüllen diese Märchen auch ermahnende Funktionen, insbesondere dann, wenn es keine Rettung mehr gibt für diejenigen, die sich mit dem Teufel einlassen. Die Faust-Sage aus Baden kennt z.B. kein gutes Ende für Faust, der vom Teufel geholt wird, ebenso das schlesische Märchen, das von der *Frau mit dem Satan im Bunde* erzählt, bei dem die Frau am Ende nicht mehr beerdigt werden kann, weil der Teufel sie im Tode geholt hat.

Die zweite Kategorie spiegelt bereits die theologische Aufklärung wider, da der Teufel jetzt nicht mehr allein als dämonische Kraft angesehen wird, der es standzuhalten gilt. Man kann mit ihm nun sein Spiel treiben und ihn überlisten. Die Gattung Märchen wird damit oft zum Schwank und dient mehr dem aufgeklärten Amüsement als der religiösen Erbauung. Die Helden können den Teufel besiegen, indem sie klüger sind als er oder über stärkere Kräfte verfügen. Der Schrecken, den die älteren Erzählungen vom Teufel verbreiten konnten, wird durch diese

Märchen gemildert, und das Drohpotenzial des Teufels wird erheblich reduziert. Klassisches Beispiel für die Art von Märchen ist das Grimm'sche Märchen *Bauer und Teufel*, in dem ein Bauer den Teufel bei einem Pakt überlistet. Einmal bekommt der Teufel das, was unter der Erde wächst, einmal das, was über der Erde wächst, aber immer bekommt er die Pflanzenreste anstelle der Frucht (einmal Rüben, einmal Weizen). Während der Teufel in diesem Märchen nur überlistet wird, ergeht es ihm in einem Märchen aus Estland noch schlimmer, da er hier von einem Soldaten in einen Rucksack gesteckt wird, der von einem Schmied auf dem Amboss mit Hammerhieben geplättet wird. So zugerichtet, verwehrt der Teufel dem Soldaten den Einlass in die Hölle, und der Soldat kommt in den Himmel. In diese Kategorie fällt auch das Grimm'sche Märchen *Der Teufel mit den drei goldenen Haaren*. Hier wird der Teufel zwar nicht direkt überlistet, aber immerhin von seiner eigenen Großmutter ausgetrickst, die einen Menschen in der Hölle versteckt, dem Teufel die drei Haare ausreißt, die der Mensch braucht, und dem Teufel die Antworten auf die Fragen entlockt, die der Mensch wissen will. Ein ähnliches Erzählmotiv kennt auch ein Märchen aus Siebenbürgen: *Die beiden Fleischhauer in der Hölle*. Die Großmutter des Teufels hilft darin einem armen Mann, reich zu werden, indem sie ihm ein Haar des Teufels schenkt, das zu einem großen Heubaum heranwächst. Dem Antagonisten des Märchens aber, dem reichen Fleischhauer, hilft sie nicht, weil dieser sich nicht demütig zeigt, und wirft ihn der gesamten Teufelsfamilie zum Fraß vor. Der Teufel ist demnach in dieser Kategorie auch nicht ungefährlich, man kann ihn aber mit Demut und List hintergehen und letztlich über ihn triumphieren.

In einer dritten Kategorie von Erzählungen tritt der Teufel als Beistand des Menschen auf und verhilft ihm zu seinem Recht. Schon im bereits skizzierten Märchen *Die beiden Fleischhauer in der Hölle* erweist sich der Teufel unfreiwillig als Beistand des armen Mannes. Deutlich wird das Motiv des helfenden Teufels aber, wenn dieser ganz bewusst Unterstützung leistet. Dies ist in den Märchen der Fall, in denen der Teufel als Anwalt des Menschen auftritt, um ihn gegen ungerechte Forderungen und Anschuldigungen zu schützen. Eine seit dem 14. Jahrhundert nachweisbare Erzähltradition kennt die Geschichte, dass ein Gast von einem Wirt betrogen wird, dem er sein ganzes Vermögen zur Verwahrung gegeben hatte. Dieser will es aber nicht mehr herausrücken und streitet ab, es überhaupt bekommen zu haben. Der Teufel tritt in diesem Konflikt als Zeuge des unschuldigen Menschen auf und bewirkt vor Gericht, dass der Wirt verurteilt wird.[194] Dieser Typus von Teufel als Anwalt der Schwachen erscheint damit als Werkzeug der göttlichen – ausgleichenden – Gerechtigkeit in der Tradition des römischen Rechtsbewusstseins, demzufolge jedem das Seine zukommt. Im Grimm'schen Märchen *Des Teufels rußiger Bruder* sucht z.B. ein ohne eigenes Verschulden in Not geratener Soldat nach einem Lebensunterhalt für sich. Der Teufel bietet ihm an, in seine Dienste zu treten und nach sieben Jahren entlohnt zu werden. Diesen Lohn stiehlt ihm aber ein Wirt, bei dem er logiert. Der Soldat kehrt daraufhin in die Hölle zurück, weil er weiß, dass er unschuldig ist, und bittet den Teufel um Hilfe. Dieser gewährt sie ihm, und so endet das Märchen am Ende glücklich. In diesen Märchen schimmert demnach immer eine deutliche Kritik am gesellschaftlichen System durch, das sozial Schwache benachteiligt. Theologisch liegt in ihnen der Gedanke, dass der Teufel auf verborgene Weise doch dem Plan Gottes folgt und letztlich ein Werkzeug der göttlichen Gerechtigkeit darstellt.

Der Teufel in der Jugendliteratur und in der Graphic Novel

Wenn der Teufel in der Kinder- und Jugendliteratur auftaucht, dann hat er häufig die Funktion, das Böse in der Geschichte zu erklären. Es geht weniger darum, den Teufel als Person oder facettenreiche Gestalt dazustellen, vielmehr soll er als Begründung für unmenschliche Verhaltensweisen oder als dunkler, geheimnisvoller Gegenspieler eingesetzt werden. Dies lässt sich exemplarisch gut an dem Jugendbuch *Timm Thaler* von James Krüss verdeutlichen.

Das Buch schildert den Handel, den der Protagonist Timm Thaler mit einem gewissen Herrn „Lefuet" (von hinten nach vorne gelesen: Teufel) eingeht, der ihn zu dem Handel überredet, sein ansteckendes Lachen gegen die Möglichkeit einzutauschen,

---

[194] Vgl. Siegfried Neumann, „Teufel als Advokat", in: EM 13, Berlin/ New York 2010, 413–416.

jede Wette zu gewinnen. Der Teufelspakt folgt den gattungsgemäßen Kriterien, wonach Timm Thaler keinem Menschen von diesem Handel erzählen darf, da er sonst seine Gabe verlieren würde. Der Teufel hingegen bekommt die Auflage, dass er seinen Teil der Abmachung einhalten muss, da Timm Thaler ansonsten sein Lachen zurückbekäme.

Im Laufe der Geschichte verzweifelt Timm Thaler immer mehr daran, dass er sein Lachen verkauft hat, und versucht, es wiederzuerlangen. Doch erst mit der Hilfe eines Leidensgenossen, der dem Teufel seine Augen verkauft hatte, gelingt es ihm, den Teufel in eine Zwickmühle zu treiben.

Letzterer tritt hier nicht nur in der Rolle dessen auf, der den Pakt anbietet, sondern auch in der des bösen Kapitalisten, der den Menschen den Spaß und die Freude am Leben nimmt. Gleichzeitig stellt das Buch das Lachen als wichtiges soziales Bindeglied dar: Der Kontakt zu den Mitmenschen wird schwierig, wenn es fehlt. Indem der Teufel das Lachen stiehlt, zerreißt er die soziale Verbindung zwischen Timm und seinen Mitschülern und Freunden.

Auch die vierteilige Saga *Der Kreis der Dämmerung* von Ralf Isau, die im Zeitraum von 1999–2001 erschienen ist und im 20. Jahrhundert spielt, setzt die Figur des Teufels ein. Die Hauptfigur des Romans, David Camden, erblickt als „Jahrhundertkind" genau um 0:00 Uhr an Neujahr 1900 das Licht der Welt, woraufhin ihm die anwesende Hebamme ein 100-jähriges Leben voraussagt, in dem er die Welt vor einem drohenden Unheil bewahren muss. Dieses Unheil wurde seinem Vater in einer Vorgeschichte als Verschwörung von zwölf mächtigen Männern unter der Führung von Lord Belial offenbart. Sie wollen die Menschheit auslöschen, um ein neues, reines Menschengeschlecht zu begründen. Lord Belial ist der mächtigste der zwölf Verschwörer und damit der teuflische Gegenspieler David Camdens. Der Teufel bekommt hier die traditionelle Rolle als Anführer einer dunklen Verschwörung zugewiesen. Er wird mit übernatürlichen Kräften ausgestattet, die an bestimmte Hilfsmittel gebunden sind. So ist die Lebenskraft des Teufels an seinen Siegelring gekoppelt, und ohne ihn existiert er nur als der Schatten „Negromanus". Dieser Schatten wird von Belial häufig als Attentäter eingesetzt, z.B. um David Camdens Eltern und später auch sein ungeborenes Kind zu töten. Der Teufel ist hier als ein blutloses, unsterbliches Wesen angelegt, dessen Kraft schwindet, sobald der Schatten vernichtet wird.

Ralf Isau legt mit seiner Tetralogie um David Camden einen historisch größtenteils fundierten Roman vor, der die Geschichte des Kampfes zwischen Christ und Antichrist, dem Guten (David Camden) und dem Bösen (Belial) schildert. Indem er diesen Kampf anhand der Geschichte des 20. Jahrhunderts erzählt, deutet er das Böse des Jahrhunderts als Ausdruck teuflischen Wirkens. Obwohl der Teufel die Katastrophen dieser Zeit lenkt, hält Isau an der Möglichkeit jedes einzelnen Menschen fest, sich in seinem Handeln frei zu entscheiden. So schafft er trotz teuflischer Beeinflussung Raum für menschliche Verantwortung.

Dass Lord Belial eine Verkörperung des Teufels ist, wird sowohl durch den Namen „Belial" als auch durch seine unmenschlichen Fähigkeiten angedeutet; allerdings enthüllt Isau seine Identität erst im letzten Band der Geschichte. Man kann in der Vernichtung des Teufels durch die „teuflischste" Waffe, die der Mensch erschaffen hat, die Atombombe, einen friedensethischen Impuls im Werk oder den philosophisch-magischen Grundsatz des Analogiezaubers entdecken, doch dürfte hier vor allem ein erzähltechnisches Motiv vorliegen, nämlich der Zwang zum großen Abschluss. Die Teufelsfigur ist nicht sonderlich komplex konzipiert; sie verkörpert das absolut Böse. Der Teufel tötet ohne Erbarmen und Reue, plant Attentate und Anschläge, um sein Ziel, die Vernichtung der Menschheit, voranzutreiben, und nimmt auch auf Verbündete keine Rücksicht. Auch das Motiv des Teufelspakts kommt in dieser Geschichte vor: Die elf Mitverschwörer sind den Handel mit ihm eingegangen, dass sie im Austausch für ein übernatürlich langes Leben ihre ganze Existenz seinem Plan unterordnen müssen.

Das Spektrum der Graphic Novels, in denen der Teufel eine Rolle spielt, ist breit gefächert, weshalb es hier lediglich möglich ist, nur einige wenige interessante Titel zu nennen. Die klassische Graphic-Novel-Literatur, in der der Teufel und seine Dämonen lediglich Gegner des Helden sind, bleibt deshalb außer Acht, und es werden nur solche Beispiele betrachtet, in denen der Teufel oder seine Dämonen selbst eine tragende Rolle spielen. Um Dämonen geht es beispielsweise in der Serie *John Constantine – Hellblazer*, die ein Zitat aus John Miltons *Paradise Lost* ihrem Auftakt voranstellt und so deutlich macht, dass es um den

Kampf gegen die teuflischen Agenten geht. Titelheld ist ein Magier, der als junger Mann die „dunklen Künste" erlernt hat und nun als reumütiger Sünder auftritt. Er kämpft gegen Dämonen, Erzengel und auch Menschen, die wie er Magier sind. Er ist ein Antiheld, der viel raucht, trinkt und spielt. Ihn suchen die Geister seiner toten Freunde heim, wobei er sich einredet, nichts mit ihrem Unglück zu tun zu haben. Trotzdem plagt ihn das schlechte Gewissen und lässt ihn sarkastisch und arrogant werden. Er ist häufig manipulativ und bedient sich moralisch grenzwertiger Vorgehensweisen, um seine Ziele zu erreichen. Personen, die sich mit ihm einlassen, werden oft in seine Missgeschicke hineingezogen und müssen dann die Konsequenzen erfahren. Der Teufel ist allerdings kein direkter Widersacher des Protagonisten, sondern vor allem Gegenspieler Gottes. Beide lassen ihre Abgesandten auf der Erde zum Duell antreten. Er hat aber keinen direkten Auftritt in den Geschichten, sondern wird nur als dunkle Bedrohung hinter seinen Dämonen wahrgenommen. Etwas anders verhält es sich damit in der Serie *Hellboy*. Sie spielt in der Gegenwart. Okkulte und paranormale Phänomene werden allerdings als real und normal angesehen. In der Erzählwelt von *Hellboy* haben monsterähnliche Figuren genauso Einfluss auf die Welt wie mystische Geschichten oder mythische Überlieferungen. Die Reihe ist nach ihrem Helden benannt. Dieser ist ein vom russischen Mystiker Rasputin im Auftrag der Nationalsozialisten beschworener Teufel, der als „Teufelsbaby" in die Hände amerikanischer Soldaten gerät. Aufgezogen wird er von Trevor Bruttenholm, der als Direktor der Behörde zur Untersuchung und Abwehr paranormaler Erscheinungen (B.U.A.P.) arbeitet. Dieser gibt ihm den Namen „Hellboy" und erzieht ihn zu einem Mitarbeiter an seinem Institut, wo er Dämonen und mystische Kreaturen bekämpft. Da er selber ein Dämon ist, verfügt er über übermenschliche Fähigkeiten, was Kraft, Ausdauer, Regeneration und Lebensdauer angeht. Im Laufe seiner Geschichten trifft er auch immer wieder auf Mitstreiter, die aber nicht wie er einen „höllischen" Ursprung haben, sondern häufig der Mythologie oder dem Märchen entstammen. Sein eigentlicher Name lautet „Anung Un Rama", was „Tier der Apokalypse" bedeuten soll. Er lehnt seine Bestimmung als Antichrist aber ab und schlägt sich stattdessen auf die Seite der Menschen. Sein ihm eigener Humor, seine sarkastische Art und seine menschlichen Gefühle

machen es schwer, dem Leser glaubhaft zu machen, er sei der
Bote der Apokalypse. Einzig seine tiefrote Hautfarbe und sein
dämonenhaftes Aussehen samt Hörnern erinnern an den Teufel.

Der Teufel im Film

Wie in der populären Musik prägen auch in bekannten Film-
produktionen verschiedene Teufelsvorstellungen das Bild des
Teufels in der Gegenwart. Ähnlich der Typologie des Teufels
im Märchen[195] kann man hierbei verschiedene Kategorien unterscheiden.

Was die Herkunft des Teufels betrifft, so akzeptiert die Film-
welt ausnahmslos den Mythos vom gefallenen Engel. Er wird
als Widersacher Gottes gezeichnet, der gemeinsam mit seinen
Dämonen aus Rache für ihren Sturz aus dem Himmel und aufgrund verletzter Eitelkeit versucht, den Menschen von Gott abzubringen.

Diese Vorstellung vom Teufel wird innerhalb der modernen
Filmkultur übernommen, ebenso wie der Erzengel Michael, der
den Teufel aus dem Himmel stürzt (Offb 12). Michael verteidigt
den Menschen, weshalb er z.B. von Pfarrer Moore im Film *Der
Exorzismus von Emily Rose*[196] um Schutz und Verteidigung angerufen wird, als er in der Nacht augenscheinlich vom Teufel
heimgesucht wird.[197]

Eine für die filmische Darstellung des Teufels und des Erz-
engels Michael zentrale Bedeutung hat der Film *End of Days*.[198]
Hier sagt der Teufel selbst, dass er sich vom Licht, also von
Gott, abgewandt habe,[199] was die Vorstellung impliziert, dass er
zum Engelreich gehörte. Außerdem wird hier die traditionelle
Geschichte bzw. der Mythos um den Erzengel Michael als Vor-

---

[195] Siehe weiter oben S. 162–168.

[196] Originaltitel: *The Exorcism of Emily Rose*, Regie: Scott Derrickson,
2005.

[197] Spielzeit: 00:38:56–00:39:10.

[198] Deutscher Titel: *Nacht ohne Morgen*, Regie: Peter Hyams, 1999.

[199] End of Days, 01:11:16.

kämpfer gegen den Teufel vor allem am Ende des Films explizit aufgegriffen und entscheidend in den Vordergrund der Handlung gerückt. Der Teufel nimmt Besitz vom Körper des Protagonisten Jericho, doch anstatt sich ihm und seiner Kontrolle zu übergeben, stürzt sich Jericho, der zwischenzeitlich zum Glauben zurückgefunden zu haben scheint, in das Schwert einer umgestürzten Statue eines Engels – Michael – in typisch römischer Rüstung.[200] Damit wird symbolisiert, dass der Teufel erneut durch den Erzengel Michael besiegt wurde.

In ähnlicher Weise wird auch im Film *Die Prophezeiung*[201] der traditionelle Konflikt zwischen dem Erzengel Michael und dem Teufel aufgegriffen, und die Handlung bzw. der darin enthaltene Kampf mit dem Teufel wird siegreich beendet. Während des entscheidenden Versuches des Teufelsanbeters Eric Stark, das unschuldige Mädchen Cody zu opfern, tauchen drei fliegende Lichtgestalten auf, die sich ihm in den Weg stellen und Cody beschützen. Eine dieser Lichtgestalten, in der man den Erzengel Michael erkennen kann, tritt dabei in den Vordergrund und besiegt – wieder in typischer Rüstung – den Teufel.[202]

Interessanter als die akzeptierte mythologische Herkunft des Teufels sind aber im Film seine Funktionen und die Darstellung des Teufels, da diese zum Teil unbewusst das Bild prägen, das in der Gegenwart vom Teufel vermittelt wird. Die Darstellung des Teufels im Film bewegt sich dabei zwischen zwei Polen. Auf der einen Seite soll der Teufel als Symbolfigur des Unglaubens und der Sünde so gezeichnet werden, dass die von ihm ausgehende Gefahr bereits durch sein Aussehen deutlich wird. Dementsprechend wird er als „Horrorgestalt" inszeniert, bei deren Anblick der Zuschauer erschrecken soll. Diese Darstellungsweise greift aus ganz verschiedenen Quellen (vor allem aus Märchen und der Kunstgeschichte) Hinweise auf sein Äußeres auf und kombiniert dies mit einer dem Zeitgeist entsprechenden Motivik. Hier dominiert die Darstellung als „Schwarzer Mann" und als feuriges Fabelwesen. Dem Teufel werden Attribute heidnischer Gottheiten beigelegt (Hörner, Flügel), und er wird als Mischwesen aus Tier und Mensch dargestellt (mit Pferde- bzw. Bocks-

---

[200] End of Days, 01:42:20 -01:49:00.
[201] Originaltitel: *Bless the Child*, Regie: Chuck Russell, 2000.
[202] *Die Prophezeiung*, 01:37:40-01: 38:55.

fuß). Spätestens seit den apokryphen Apokalypsen[203] und dann bei Dantes Darstellung des Inferno[204] nimmt der Teufel das Aussehen eines Fürsten der Unterwelt an, weshalb er gerne mit Feuer und Flammen, umgeben von Illustrationen des Chaos und der Finsternis, dargestellt wird.

Der andere Pol ist die Darstellung des Teufels als Mensch. Gerade wenn er andere Menschen verführen will, kann er nicht als Horrorgestalt auftreten, sondern wird oft als anziehend und charismatisch dargestellt. Meist wird er als Mann gezeigt, der einen gewissen Einfluss auf Frauen hat.

Indem beide Pole also entweder die Maske oder den wahren Kern des Teufels zu illustrieren suchen, verbleiben sie doch beide in den klassischen Bahnen der Teufelsvorstellung. Deshalb ist für das Teufelsbild im Film die Betrachtung der Funktionen, die die Moderne dem Teufel beimisst, interessanter.

Der Teufel als böser Geist

Eine ganze Reihe von Filmen arbeitet mit dem Motiv der Besessenheit, die mithilfe eines Exorzismus[205] angegangen werden muss. Den Auftakt bildet der Klassiker *Der Exorzist*,[206] der mehrere Fortsetzungen erlebt und andere Filme wie *Der Exorzismus von Emily Rose*, *The Rite*[207] und *The Devil Inside*[208] inspiriert hat.

Der Exorzist handelt von der Besessenheit eines kleinen Mädchens namens Reagan. Langsam verändert sie ihr Wesen. Zunächst vermuten die Erwachsenen in ihrer Umgebung, dass sie krank sei, und lassen sie von verschiedenen Ärzten untersuchen, die aber keine physische Ursache finden können. Nachdem sie sich immer aggressiver, animalischer und destruktiver benimmt, zieht Reagans Mutter einen Priester zu Rate. Obwohl dieser als aufgeklärter Priester dargestellt wird, der dem Exorzismus als Ritual misstrauisch gegenübersteht, sieht er sich angesichts der sich steigernden Phänomene der Besessenheit

---

[203] Siehe weiter oben S. 27–43.

[204] Siehe weiter oben S. 122–128.

[205] Siehe weiter oben S. 91–95.

[206] Originaltitel: *The Exorcist*, Regie: William Friedkin, 1973.

[207] Deutscher Titel: *Das Ritual*, Regie: Mikael Håfström, 2011.

[208] Originaltitel: *The Devil Inside*, Regie: William Brent Bell, 2012.

(Reagan geht z.B. im Spinnengang rückwärts die Treppe hinunter und dreht ihren Kopf um hundertachtzig Grad) gezwungen, eine Besessenheit des Mädchens anzunehmen. Als es zu einem mysteriösen Todesfall in ihrer Umgebung kommt und der in ihr wohnende Dämon ihr Äußeres zunehmend entstellt, entschließt sich der Priester, Hilfe zu suchen, und nimmt mit der Unterstützung eines erfahrenen Kollegen den Exorzismus in Angriff. Der Teufel stellt sich in dessen Verlauf („Ich bin nicht Reagan …Ich bin der Teufel."[209]) selbst vor und gibt auch darüber Auskunft, was er vorhat: Er möchte sie quälen, „bis sie fault und stinkend in der Erde liegt"[210].

Die Besessenheit durch den Teufel hat hier also keine pädagogisch eventuell wertvolle Funktion (wie bei *Emily Rose*), sondern ihm kommt eine rein destruktive, lebensfeindliche Rolle zu.

Ähnlich ist dies auch in *The Rite*: Der junge Priester Michael Kovak besucht den berühmten römischen Exorzisten Lucas – offensichtlich nach dem Vorbild des (realen) römischen Exorzisten Gabriel Amorth gestaltet – und versucht, dessen Weltsicht zu verstehen. Pater Lucas will die Besessenheit einer jungen Frau vom Teufel lösen. Anzeichen der teuflischen Besessenheit ist das animalische Benehmen der jungen Frau: Sie knurrt, brüllt und schreit wie ein Tier. Ihre Augen verfärben sich weiß, dann werden die Pupillen groß und schwarz. Sie beginnt am Holz der Stuhllehne zu kratzen, verdreht ihre Finger und verkrampft ihre Körperteile. Sie provoziert und gibt sehr primitive und obszöne Laute von sich. Sie wird gewalttätig gegenüber sich selbst und den Menschen in ihrer Umgebung, spuckt blutige Nägel aus und spricht in Sprachen, die sie nicht kennen kann, und mit Stimmen, die unmenschlich klingen.[211]

Die einzige Möglichkeit, die Frau von der Besessenheit zu erlösen, liegt im Exorzismusritual. Allein durch den wahren und tiefen Glauben an Gott und Jesus Christus kann demnach der Teufel besiegt werden. Dies spricht die Begleiterin des jungen Priesters, Angelina, im Angesicht des Teufels direkt aus: „Akzeptieren Sie Gott, ohne ihn können Sie nicht gewinnen."[212] Und

[209] *Der Exorzist*, 01:21:07-01:21:20.
[210] *Der Exorzist*, 01:28:11-15.
[211] *The Rite*, 00:30:51-00:33:10; 00:42:00-00:45:50; 00:59:40-01:00:05;
[212] *The Rite*, 01:36:10.

genau auf dieser Grundlage kann er als Gläubiger den Teufel letztendlich durch sein ehrliches Glaubensbekenntnis endgültig besiegen. Der Exorzismus ist erfolgreich, und der Teufel ist besiegt im Namen Jesu Christi und in der Gemeinschaft Gottes.

Ein weiterer interessanter Aspekt ist, dass Besessenheit offensichtlich „ansteckend" ist. Dies hängt wiederum mit antiker Dämonologie zusammen, wonach sich ein ausgetriebener Dämon schnell wieder einen neuen „Wirtskörper" sucht (vgl. Mt 12,43–45 bzw. Lk 11,24 f). Als Pater Lucas den Teufel aus Rosalia austreibt, ergreift dieser von ihm Besitz, und Pater Lucas zeigt alle Anzeichen der Besessenheit, sodass nun Michael Kovak den Teufel austreiben muss. So nimmt der Film ein weiteres traditionelles Motiv auf und aktualisiert es für die Gegenwart.

Der Teufel als Bestrafer

Der Teufel muss den Menschen nicht immer erst von seinem Weg abbringen. Oft genug verliert der Mensch aus eigenem Antrieb die richtige Orientierung und verfällt der Sünde. Dann tritt der Teufel als Ankläger und als Bestrafer dieses Menschen auf. Er erhebt einen Anspruch auf die Seelen der Menschen, die sich in ihrem Leben gegen Gott gewandt haben. Gott und Teufel stehen in dieser Perspektive in einem Wettstreit um die Seelen der Menschen.[213]

Deutlich wird dieses Motiv im Film *Devil*[214] greifbar. Hier hat der Teufel die konkrete Funktion, in menschlicher Gestalt die Erde heimzusuchen, „um die Verdammten schon auf der Erde zu strafen"[215]. Das Treiben des Teufels ist damit nicht nur böse, sondern er wird in der Perspektive von Sacharja und der apokalyptischen Tradition gesehen, wonach er „nur" der Ankläger der Menschen ist, nicht unbedingt ihr Verführer. Er verursacht zwar Tod, Gewalt und Chaos und verlangt nach den menschlichen Seelen, dies aber völlig im Einklang mit der göttlichen

---

[213] Dieses Motiv findet sich auch bei Chris de Burghs *Spanish Train*, siehe weiter unten S. 192.

[214] Originaltitel: *Devil*, Regie: John Erick Dowdle, 2010.

[215] *Devil*, 00:01:13.

Gerechtigkeit als Konsequenz des sündhaften Handelns der Menschen.

Der Film spielt fast die ganze Zeit in einem Aufzug, der nicht mehr funktioniert und in einem Hochhaus zwischen den Stockwerken festhängt. Abgesehen von einem Polizisten, der seine Familie bei einem von einem Unbekannten verursachten Autounfall verlor,[216] und den Sicherheitsbeamten des Hochhauses sind fünf Personen in diesem Fahrstuhl, die schwere Schuld auf sich geladen haben, die Hauptcharaktere des Films. *Devil* bezieht seine Spannung nun daraus, dass in regelmäßigen Abständen im Fahrstuhl das Licht für eine gewisse Zeit erlischt und die Insassen nacheinander in der Dunkelheit verletzt bzw. getötet werden, ohne dass der Zuschauer weiß, wer oder was dafür verantwortlich ist. Der letzte Überlebende ist die Figur „Tony", der sich dem Teufel, der als eine bereits getötete Taschendiebin auftritt, stellen muss. Er kann sich im Gegensatz zu seinen Vorgängern vor Anklage und Strafe des Teufels retten, indem er durch die Sprechanlage im Aufzug die fahrlässige Tötung und darauf folgende Fahrerflucht beichtet und ehrlich Reue und Trauer darüber kundtut. Der Polizist erkennt den jungen Mann als Mörder seiner Familie, aber anstatt ihn weiterhin zu hassen und für das, was er ihm und seiner Familie angetan hat, zu verurteilen, vergibt er ihm. Durch diesen Akt der Reue und Buße kann Tony dem Teufel entgehen, der daraufhin flucht: „Verflucht, ich wollte dich so teuflisch gern haben."[217] Weil der Sünder durch die Buße Absolution erlangt, kann der Ankläger nicht mehr über die Seele des reuigen Sünders verfügen. Dies zeigt, dass der Film sich völlig an die in der Tradition überlieferte Darstellung des Teufels hält: Die Macht des Teufels ist durch die Macht Gottes beschränkt ist.

Der Teufel als Versucher

Die seit dem Neuen Testament klassische Rolle des Teufels als Verführer der Menschen wird im Film vor allem unter dem Aspekt des Teufelspaktes aufgegriffen. Der Teufel bietet dem

---

[216] *Devil*, 00:38:55.
[217] *Devil*, 1:08:36.

Menschen bestimmte Leistungen an, wie etwa die Erfüllung von Wünschen nach weltlichen Genüssen und Macht, und fordert von seinem Bündnispartner Gegenleistungen, wie etwa die Anbetung seiner selbst und den Abfall von Gott.

Diese Idee, wonach man einen Pakt mit dem Teufel schließen kann, findet sich so im Neuen Testament nur angedeutet, wenn der Teufel z.B. in der Versuchungsgeschichte Jesu verspricht, ihm die Welt zu Füßen zu legen, wenn dieser ihn anbete (Mt 4).[218] Erst im Laufe der Kirchengeschichte wächst die Bedeutung dieser Konzeption, wobei vor allem die augustinische Lehre vom Pakt mit dem Dämon und seine Vorstellung von den zwei Reichen, dem Gottesstaat und dem Reich des Bösen, eine Rolle spielt.[219] Nach dieser Überzeugung geht jeder Mensch mit dem Teufel ein Bündnis ein, der magische oder heidnische Handlungen (z.B. am Gottesdienst der heidnischen Götter teilzunehmen) vornimmt. Durch den Einfluss Augustins bekommt das Motiv des Paktes vor allem im christlichen Westen eine große Bedeutung im Volksglauben, sodass der versuchende Teufel mehr und mehr als Erklärung für Glaubensanfechtung und -verlust haftbar gemacht wird. So gewinnen der Teufel und seine Dämonen stark an Einfluss, da sie praktisch jeden Menschen zu jedem Zeitpunkt seines Lebens bedrohen, was für die Kirche zur dunklen Hintergrundfolie ihrer Erlösungsbotschaft wird. Ketzer werden als Teufelspartner diffamiert und verfolgt, Frauen (und Männer) werden als Hexen (und Hexer) tituliert und im Bund mit dem Teufel gesehen, dafür verurteilt und hingerichtet. Die literarische Grundlage dieser Sichtweise bildet der berühmt-berüchtigte *Hexenhammer* (*Malleus malleficarum*) von 1478, der den Höhe- und Endpunkt der Entwicklung und Ausgestaltung der mittelalterlichen Teufelsbundidee darstellt.[220]

Dieses im Wesentlichen mittelalterliche Gedankengut hält sich bis in die Teufelsvorstellung der Gegenwart und prägt als zentrales Motiv die Vorstellung des Teufels in Hollywood. Mehrere Filme machen dies deutlich.

---

[218] Siehe weiter oben S. 44–47.
[219] Siehe weiter oben S. 71.
[220] Siehe weiter oben S. 77 f.

Zu nennen sind hier *Im Auftrag des Teufels*[221], *Ghost Rider*, *Das Kabinett des Doktor Panassus*[222] und *Die Prophezeiung*. Der Teufel versucht jeweils mit Lüge, Intrige, Täuschung und Verrat, dem Menschen Impulse in die Richtung zu geben, die von Gott wegführt. Anfänglich kann dies nicht bemerkt werden, und der Mensch gibt sich ihm unbewusst hin. Als Ansatzpunkt dienen dem Teufel dabei immer menschliche Schwächen, Wünsche und Bedürfnisse. Auf diesen aufbauend entwirft er ein Netz der Beeinflussung, das es ihm erlaubt, den Menschen auf seine Seite zu ziehen.

Trotz grundsätzlicher motivischer Übereinstimmung finden sich dennoch Unterschiede in der Darstellung des Teufels als Versucher. Diese Unterschiede treten vor allem im Hinblick auf die anthropologischen Voraussetzungen der teuflischen Versuchung auf. Verspricht der Teufel z.B. weltliche Genüsse, Reichtum, Macht und Anerkennung, so liegt dem Objekt seiner Verführung an materiellen Dingen. Zum anderen nutzt er aber auch die Gefühle des Menschen und die daraus wachsenden menschlichen Bedürfnisse für sich aus und führt im emotional-psychologischen Sinne in Versuchung.

Im Film *Im Auftrag des Teufels* von Regisseur Taylor Hackford, welcher auf einem gleichnamigen Roman von Andrew Neidermann basiert, wird der Teufel zunächst vor allem als Versucher dargestellt, der sich am Wunsch des Menschen nach Erfolg, Anerkennung und einem im wirtschaftlichen Sinn guten Leben orientiert. Der Teufel macht sich dabei vor allem die menschliche Eitelkeit, seine „Lieblingssünde"[223], wie er selbst sagt, zunutze. Die typische und angeborene Eigenliebe des Menschen und seine Eigenschaft, nur an seinen persönlichen Vorteil zu denken, werden vom Teufel genutzt, um den Menschen zu verführen.

Die Karriere des erfolgreichen Anwalts Kevin Lomax (Keanu Reeves) gerät in eine Sackgasse. Diese Situation bietet für den Teufel in Gestalt eines beeindruckenden Chefs („John Milton"[224]) einer Anwaltskanzlei in New York die Chance, Lomax zu ver-

---

[221] Originaltitel: *The Devil's Advocate*, Regie: Taylor Hackford, 1997.
[222] Originaltitel: *The Imaginarium of Doctor Parnassus*, Regie: Terry Gilliam, 2009.
[223] *Im Auftrag des Teufels*, 02:12:04.
[224] Siehe weiter oben S. 128–134.

führen. Er bietet ihm einen Arbeitsvertrag an und stellt ihm eine erfolgreiche und sehr gut bezahlte Anwaltskarriere in Aussicht. Geleitet von seinem Ehrgeiz, seinem Erfolgsstreben und seiner Eitelkeit, nimmt Kevin das teuflische Angebot trotz der Warnungen seiner Mutter an, die New York mit der großen Hure Babylon vergleicht.[225] Die Darstellung des Teufels orientiert sich an klassischen Vorstellungen, sodass der Teufel christliche Gebote abwertet[226] und sich zugleich wollüstig, sexuell anzüglich und vulgär zeigt. Er ist außerdem in Drogengeschäfte und Waffenhandel verstrickt, verkörpert und vermittelt den Hang zum Bösen, zu Unrecht, Gewaltbereitschaft und Sünde.[227] Gott wird von ihm als „Sadist"[228] angeklagt, der den Menschen Triebe, Bedürfnisse und Schwächen mitgegeben hat, ohne ihnen dabei zu helfen, mit diesen umzugehen. Laut dem Teufel sieht sich Gott als „Voyeur"[229] sein „eigenes, privates kosmisches Schmierentheater"[230] auf der Erde an, ohne Unterstützung zu leisten. Der Teufel hingegen sei ein „Fan der Menschheit"[231] und habe sie in ihren Bedürfnissen unterstützt. Ähnlich wie der Teufel in Mt 4 kann auch Milton mit der Bibel argumentieren („Siehe, ich sende euch wie Schafe mitten unter die Wölfe"; Mt 10,16), um die Verantwortungslosigkeit Gottes, seine Ignoranz gegenüber dem menschlichen Leid und dem Schmerz zu verdeutlichen.

Der Film baut aber letztlich auf das Motiv des freien Willens. Obwohl Lomax sich als Sohn des Teufels entpuppt, kann er ihm entkommen, da der Teufel nicht als Marionettenspieler agiert, also nicht direkt in das Geschehen eingreift, sondern lediglich „die Bühne"[232] vorbereitet, auf der jeder Mensch selbst entscheidet, in welche Richtung er geht. Der Mensch muss also zwischen Gut und Böse wählen, wobei die Maskerade des Teufels darin besteht, vorzugaukeln, dass er eigentlich das Gute personifiziert. Die Lösung des Films läuft auf den Suizid von Lomax hinaus, der dem Teufel damit im letzten Moment entgeht.

---

[225] *Im Auftrag des Teufels*, 00:00:50-00:04:45.
[226] *Im Auftrag des Teufels*, 02:06:10-02:06:40.
[227] *Im Auftrag des Teufels*, ab 01:08:28-01:09:40.
[228] *Im Auftrag des Teufels*, 01:59:38.
[229] *Im Auftrag des Teufels*, 01:58:55.
[230] *Im Auftrag des Teufels*, 01:59:10.
[231] *Im Auftrag des Teufels*, 02:00:10.
[232] *Im Auftrag des Teufels*, 01:52:54.

Versuchung begegnet aber nicht nur auf materiellem Gebiet, sondern betrifft oft auch die Erfüllung von immateriellen Sehnsüchten. Der Teufel bietet z.B. an, das Unglück, das Menschen erlebt haben, rückgängig zu machen, etwa in *End of Days*, wenn der Teufel dem Protagonisten, der um den Verlust seiner Frau und seiner Kinder trauert, anbietet: „Ich kann dir alles wiedergeben, alles, was er dir genommen hat, alles. (…) Sag mir, was du willst, sag mir einfach, was du willst, und ich werde es dir geben."[233] Hier geht es nicht um das Streben nach Macht und Gewinn, sondern um den Ausgleich von Glück und Unglück, um eine gewisse Balance des Schicksals. Der Teufel setzt seine Verführung beim Empfinden der Menschen an und erlangt damit direkt Zugang zu ihren Schwächen und Wunden. Der Teufel wählt deshalb Menschen aus, die aufgrund bestimmter Umstände empfänglich für ihn sind.

Im Film *Ghost Rider*,[234] der Verfilmung eines gleichnamigen Comics aus dem Marvel-Verlag, schließt der Protagonist, Johnny Blaze (Nicolas Cage), einen Vertrag mit dem Teufel und verkauft ihm seine Seele. Dadurch wird er zu einem teuflischen Kopfgeldjäger, der alle diejenigen jagt, die sich dem Teufel verschrieben, ihre Seele verloren haben und aus der Hölle geflohen sind. Dieser teuflische Pakt wird ganz nach mittelalterlicher Vorstellung mit Menschenblut besiegelt, indem der Paktierende einen vom Teufel vorgefertigten, schriftlichen Vertrag mit seinem Blut unterschreibt.[235] Der Teufelspakt wird also bürokratisch geschlossen, was in gewisser Weise eine Parodie des mittelalterlichen Motivs darstellt. Johnny Blaze will aber – im Gegensatz zu Kevin Lomax – keinen Reichtum und keine Macht, sondern ihn treiben selbstlose Wünsche und Emotionen: Er will seinen geliebten Vater vor einem baldigen Krebstod bewahren und sagt deshalb dem Teufel seine Seele zu, wenn er seinen Vater wieder gesund macht.[236] Zwar heilt der Teufel den Vater auch wirklich, doch stirbt dieser am selben Tag bei einem Motorradunfall.[237] Der Teufel ist also kein wirklich verlässlicher Vertragspartner,

---

[233] *End of Days*, 01:08:10; 01:12:10.
[234] Originaltitel: *Ghost Rider*, Regie: Mark Steven Johnson, 2007.
[235] *Ghost Rider*, 00:06:50- 00:09:25.
[236] *Ghost Rider*, 00:07:40- 00:08:36.
[237] *Ghost Rider*, 00:09:25-00:11:00.

da er nur vordergründig die menschlichen Wünsche erfüllt, letztlich aber nichts Gutes bewirkt. So ist der Teufel auch als Vertragspartner letztlich doch nur Lügner und Verführer.

Ist es bei *Ghost Rider* die Vaterliebe und bei *End of Days* die Liebe zur Familie, die dem Teufel in die Hände spielt, so geht es in *Das Kabinett des Dr. Panassus* zunächst um den Wunsch nach Unsterblichkeit, der zu einem ersten Bündnis bzw. genauer einer Wette mit dem Teufel führt. Der in die Jahre gekommene Dr. Panassus, Besitzer eines kleinen Wandertheaters mit einem besonderen Spiegel, und der Teufel – hier in Gestalt eines ebenfalls schon älteren Mannes namens Mister Nick – lernen sich in dem Kloster kennen, in welchem Panassus lebt. Hier zeigt sich ein weiteres bereits erwähntes und sehr beliebtes Motiv, welches in direktem Zusammenhang zu der Darstellung des Teufels als Verführer und Versucher steht, nämlich das Motiv, dass meist sehr fromme und christliche Menschen vom Teufel aufgesucht, verführt und auf seine Seite gezogen werden sollen. Bereits bei ihrem ersten Treffen lässt sich Panassus verführen und schließt mit dem Teufel die erste Wette bzw. den ersten Pakt ab: Panassus erhält vom Teufel die Unsterblichkeit, im Gegenzug soll Panassus dem Teufel eine bestimmte Anzahl an menschlichen Seelen verschaffen.

Der Teufel wird als Spieler dargestellt, der auf die menschliche Schwäche seines Wettpartners setzt, zuletzt auf Panassus' Liebe zu seiner Tochter. Die Liebe, also eigentlich die göttliche Macht, wird letztlich zum Anknüpfungspunkt der teuflischen Versuchungen.

In der Rolle des Verführers handelt der Teufel vollkommen unabhängig und scheinbar nicht von Gott begrenzt. Er verhält sich verräterisch und intrigant und hält seine Versprechungen an die Menschen nur vermeintlich ein. Sie entpuppen sich immer als teuflische Versuchungen, die dem Menschen keinen Gewinn, sondern nur Verderben bringen.

Der Teufel als Werkzeug göttlicher Offenbarung

Die Filme, die sich mit dem Exorzismusritual beschäftigen, wollen in der Regel vor allem unterhalten, indem sie die zutiefst böse Seite des Teufels, sein zerstörerisches und mordlustiges

Wirken am Menschen zu demonstrieren suchen. Doch neben diesen Aspekten findet sich im schon genannten Film *Der Exorzismus der Emily Rose* eine Funktion des Teufels, die durch ihre theologische Relevanz und Bedeutung darüber hinausgeht. Der durch den Fall der Anneliese Michel[238] angeregte Film dreht sich um die Frage, ob die Protagonistin, die junge Studentin Emily Rose, wirklich vom Teufel besessen war oder nicht.

Der Film schildert den Gerichtsprozess, der um die angeblich fahrlässige Tötung der besessenen Emily durch den sie betreuenden Pfarrer Richard Moore geführt wird, und zeigt aus verschiedenen Perspektiven den vorherigen Leidensweg von Emily. Zunächst steht dabei die Alternative von „Glaube oder Vernunft" im Vordergrund. Interessant ist vor allem, welche Bestimmung Emily selbst dem Teufel zuweist: „Viele Menschen behaupten, dass Gott tot ist. Aber wie können sie so etwas denken, wenn ich ihnen den Teufel zeige?"[239]

Dieser Satz wird als Selbstzeugnis Emilys zitiert. Er stammt aus einem Brief, den Emily an den sie betreuenden Pfarrer Richard Moore schrieb, nachdem der Exorzismus gescheitert war und sie eine Erscheinung der Jungfrau Maria hatte. Darin zeigt sich die konkrete Bedeutung, die Emily dem Teufel beilegt. Er wird von ihr in Bezug auf Gott gesehen und dient praktisch als negativer Beweis für die Existenz Gottes. Denn wer von der Existenz des Teufels überzeugt werden kann, der muss auch Gott anerkennen, der schließlich der Schöpfer des dann zum Teufel gewordenen Engels ist.

Das gleiche Motiv findet sich auch im Film *The Rite*, wenn dort der Priesteranwärter zum Teufel, der in Pater Lucas wohnt und wütet, sagt: „Ich glaube an dich, also glaube ich an Gott."[240]

Ebenso warnt ein Priester in *End of Days* davor, dass es des Teufels Absicht sei, dem Menschen seine Nichtexistenz vorzuspielen, um damit zugleich Gottes Existenz als nicht plausibel darzustellen.[241] Der Teufel ist in diesem Fall also vor allem Mittel zum Zweck. Indem er von Menschen Besitz ergreift, wird er indirekt zum Zeugnis für Gott. Der Teufel dient demnach als

---

[238] Siehe weiter oben S. 91.
[239] *Emily Rose*, 01:38:10.
[240] *The Rite*, 01:37:55.
[241] *End of Days*, 01:05:08.

Medium göttlicher Offenbarung. Es geht also nicht einfach nur darum, den Teufel als von Grund auf böse darzustellen und die leidvollen Konsequenzen und Begleiterscheinungen seiner Wirkung und Macht in den Vordergrund der Handlung zu rücken, sondern er hat hier seine konkrete Rolle als Teil eines Paradoxon: In der besessenen Emily offenbart sich nicht nur die Existenz des Teufels, sondern zugleich auch die Existenz Gottes. Deshalb will Pater Moore auch die ganze Geschichte Emilys vor Gericht erzählen und so öffentlich Zeugnis ablegen, damit die Welt durch die Konfrontation mit dem Teufel zu Gott finden bzw. in ihrem Glauben an ihn bestärkt werden kann.

Der Teufel als Widersacher Gottes

Eine weitere Rolle des Teufels ist die des (oft endzeitlichen) Herrschers über die Welt, der den Untergang der menschlichen Zivilisation bewirkt und auf der Erde ein Königreich der Finsternis zu errichten sucht. Dieses Motiv findet sich in den Filmen *Im Auftrag des Teufels*, *End of Days* und *Das Omen*[242]. Der Teufel wird in Anlehnung an die Johannesoffenbarung als Faktor am Ende der Welt angesehen, der zurückkehrt, um seine Macht aufzurichten. Gebunden ist diese Rückkehr und Errichtung seiner Herrschaft in allen drei Filmen an die Geburt eines Kindes, des als Antichrist verstandenen Sohnes des Teufels.

In *End of Days* wird der Teufel als antichristlicher Widersacher Gottes dargestellt, der danach strebt, seine tausend Jahre währende Gefangenschaft zu verlassen und seine Herrschaft auf der Erde aufzurichten. Dazu braucht er eine bestimmte Frau (Christine York), um mit ihr ein Kind zeugen zu können. Das chiliastische Motiv, das in der Johannesoffenbarung mit der Angabe der tausend Jahre, in denen der Teufel gefangen gehalten wird,[243] vorgegeben ist, wird hier zur Vorstellung umgeformt, dass der Teufel zu jeder Jahrtausendwende auf die Erde kommt, um kurz vor dem Jahreswechsel mit einer reinen Frau sein antichristliches Kind zu zeugen. Wenn diese Verbindung erfolgreich ist, hat der Teufel die Möglichkeit, das Tor zur Hölle endgültig zu öffnen

---

[242] Originaltitel: *The Omen*, Regie: Richard Donner, 1976.
[243] Siehe weiter oben S. 57 f.

und seine Herrschaft auf Erden beginnen zu lassen. Dass hier eine deutliche Anspielung an die Johannesoffenbarung vorliegt, belegt der Teufel selbst, wenn er sagt: „Tausend Jahre habt ihr auf meine Rückkehr gewartet (…) und mit eurem letzten Atemzug sollt ihr Zeugnis ablegen über die Nacht ohne Morgen."[244]

Neben der Johannesoffenbarung findet sich ein weiteres antikes Motiv im Film, das die Zeugung des Kindes vorgibt. Die sexuelle Vereinigung des Teufels mit einer menschlichen Frau ruft die Vorstellung des äthHen in Erinnerung, wo erzählt wird, welch katastrophale Folgen die Vereinigung der göttlichen und menschlichen Sphäre hat.[245] Wenn dazu noch betont wird, dass die Frau, die wohl nicht zufällig „Christine" heißt, nicht nur jungfräulich, sondern auch eine gläubige Gottesdienerin ist, dann wird die Zeugung des Antichristen noch frevelhafter. Dass Christine York aber trotz ihres Glaubens für den Teufel prädestiniert ist, wird durch die frevelhaften Umstände ihrer Geburt und die „teuflische" Zahl 666 deutlich, die sie als Mal auf ihrer Haut trägt.

Der Teufel ist in diesem Film also nicht in erster Linie Bestrafer, Ankläger oder Verführer, sondern vor allem der Gegenspieler Gottes, der ein antichristliches Reich erschaffen will.

Dies entspricht auch seiner Darstellung in *Das Omen*. Dieser Film nimmt Anleihen bei Offb 8,7–9, bei den Posaunen Gottes und ihren schrecklichen Auswirkungen und bei Offb 16,14–16, der Ankündigung eines Krieges zwischen Gott und den am Ort „Armageddon" von bösen Geistern zusammengeführten Königen der Erde. Im Film wird angekündigt, dass jetzt der endzeitliche Kampf um die Welt beginnt: „Das Armageddon steht unmittelbar bevor."[246] „Armageddon" wird hier von seiner ursprünglichen Bedeutung als Ortsname („Berg von Megiddo") abgelöst und als Eigenname der endzeitlichen Schlacht verstanden. Im Film wird damit auf die Rückkehr des Teufels in Gestalt seines antichristlichen Sohnes Damien verwiesen, sodass der biblische Hintergrund lediglich die Szenerie bereitstellt, in der der endzeitliche Entscheidungskampf vor dem Jüngsten Gericht spielen kann. Der kleine Junge „Damien", der Sohn des Teufels, soll dessen Herrschaft auf

---

[244] *End of Days*, 01:19:32–01:19:41.
[245] Siehe weiter oben S. 30.
[246] *Das Omen*, 00:04:39.

der Erde etablieren und die Welt vernichten. Diesen gilt es zu töten und die Welt zu retten. Der Film verkennt damit fundamental
seine biblischen Bezugspunkte, da die Johannesoffenbarung die
Welt an sich gar nicht retten will, sondern auf den neuen Himmel
und die neue Erde hofft (Joh 21). Der letzte Krieg und das Gericht sind notwendige „Durchgangsstationen" auf dem Weg zum
himmlischen Jerusalem. Während *Das Omen* und *End of Days* den
Fortbestand der Welt als Ziel der guten Mächte ansehen, will dies
die Johannesoffenbarung gerade nicht, weil für sie diese Welt
nicht lebenswert, sondern dem Untergang geweiht ist – ein gutes
Beispiel dafür, wie sich der historische Kontext, in dem ein Text
gelesen wird, auf dessen Interpretation auswirkt.

Damien wird ähnlich wie Christine York durch die Zahl 666
gekennzeichnet, wenn er am sechsten Tag des sechsten Monats
um sechs Uhr morgens geboren wird und die 666 auch als Mut-
termal auf dem Hinterkopf trägt. Als Personifizierung des Antichristen hat Damien die Absicht, ein teuflisches Fürstentum als
Gegenstück zum göttlich-christlichen Reich zu errichten, und
findet in verschiedenen Figuren des Films Hilfe, die ihre Bezüge
in mittelalterlichen Teufelsvorstellungen haben (z.B. die schwarzen Hunde).

Der Überblick über die Funktionen des Teufels zeigt, dass
nahezu alle biblischen Motive aufgenommen und im Film mehr
oder minder mit wechselnden Schwerpunkten, oft aber in mun-
terer Durchmischung umgesetzt werden. Die Bibel ist demnach
für die Filmkultur hinsichtlich des Teufels die wichtigste Quelle, und da sie immer unbekannter wird, müssen viele Filme
mithilfe von Nebenfiguren die Grundlagen des Glaubens und
damit auch die Fundamente des Teufels erklären. Lediglich der
Gedanke, dass der Teufel auf paradoxe Weise die Existenz Gottes beweisen kann, ist der Bibel fremd, da sie das Problem der
Nichtexistenz Gottes nicht kennt.

DER TEUFEL IN DER POPULÄREN MUSIK

Einen unmittelbaren und kaum gefilterten Zugang zur Frage, wie der Teufel heute im allgemeinen Bewusstsein verankert ist, bietet auch die moderne Popularmusik. In der meist englischsprachigen Folk-, Rock und Popmusik finden sich Texte, die das Gegenwarts- und Alltagsbewusstsein vieler Menschen zur Sprache bringen. Da sich das kollektive Zeitbewusstsein einer Gesellschaft in der Regel nur langsam verändert, kann ein Überblick über die Musik der letzten ca. fünfzig Jahre hilfreich sein, um das Lebensgefühl von gegenwärtigen Generationen im Hinblick auf den Teufel zu illustrieren.

Zunächst ist zu beobachten, dass Lieder, die sich mit dem Teufel beschäftigen – um mit Mk 5,9 zu sprechen –, Legion sind. Eine beliebige Auswahl zeigt, dass der Teufel zu einer gern verwendeten Metapher geworden ist, mit der man im Song spielen kann: *Devil's haircut* (Beck); *Devil's Hand* (Shaking Apostles); *Devil's spoke* (Laura Marling); *Devil Baby* (Mark Knopfler); *The Devil's been busy* (Traveling Wilburys); *Devil got my Woman* (Skip Lames); *Devil inside* (INXS); *Devil Song* (Beth Orten); *Devil's Sidewalk* (Neil Young); *Devils and Dust* (Bruce Springsteen); *Devil's Ball* (Double); *Devil's Song* (Tara); *The Road to Hell* (Chris Rea); *Highway to Hell* (ACDC).

Er wird in diesen Liedern oft von seinem genuin religiösen Ursprung gelöst und in erster Linie als Figur benutzt, auf die verschiedene Sichtweisen projiziert werden können. So bekannte die Band *Blood, Sweat and Tears* in ihrem Song *And when I die*[247] aus dem Jahr 1968: „I can swear there ain't no heaven but I pray there ain't no hell. But I'll never know by living, only my dying will tell."[248] Hier schwört das moderne, aufgeklärte Selbstbewusstsein all dem ab, was in den traditionellen religiösen Vorstellungen beim Begriff *Heaven* (Himmel) mitschwingt. Erledigt

---

[247] Album: *Blood, Sweat and Tears* 2 (1969).

[248] „Ich kann schwören, dass es keinen Himmel gibt, doch ich bete, dass es keine Hölle gibt. Doch lebend werde ich dies nie erfahren. Nur mein Sterben wird es offenbaren."

scheinen die Hoffnung auf paradiesische Zustände auf Erden und im Jenseits und der sie begründende Gottesglaube. Allerdings meldet sich ein gewisser Zweifel, wenn es im Nachsatz heißt, dass dies im Leben nicht erfahren werden kann – nur im Sterben. Da der religiöse Kontext aber fehlt, bleibt von der mittelalterlichen „Kunst des Sterbens" (*ars moriendi*), bei der man verschiedene Stufen durchlief, letztlich nur die Aufforderung übrig: „die naturally", „stirb auf natürliche Weise". Während auf einer intellektuell-theoretischen Ebene die Religion ausgedient zu haben scheint und man ihr bedenkenlos abschwören kann, zeigt sich gleichzeitig, dass auf der emotional-existenziellen Ebene doch noch nicht alle Erfahrungen hinreichend kognitiv bewältigt werden können. Deshalb kommt die religiöse Sinnsuche doch wieder ins Spiel, weshalb der Sänger das traditionelle „pray" (beten) doch nicht unterlassen will. Diese kaum in eine säkulare Weltsicht zu integrierende Welterfahrung lässt sich anscheinend immer noch sprachlich in altgewohnten Bildern einfangen. So meldet sich das Unabgegoltene als Einschränkung: „But I pray there ain't no hell".

Ebenfalls 1968 sorgte ein bekannt-berüchtigtes Lied der Rolling Stones für einen kleinen – und gut kalkulierten – Skandal, weil bereits im Titel Sympathie für den Teufel bekundet wurde: *Sympathy for the devil*.[249] Schon der Titel stellte einen gewollten Affront gegen die Kirche dar, die sich prompt in Diskussionen darüber verwickelt sah, ob man ein solches Lied verkaufen oder im Radio spielen dürfe. Inhaltlich ist das Lied eher unspektakulär. Bis weit in die zweite Hälfte des Liedes stellt sich eine Figur vor, deren Namen der Zuhörer erraten soll. Die Hinweise zum Lösen dieses Rätsels gibt der Erzähler anhand einer Auflistung seiner Schandtaten preis. Als „man of wealth and taste" („Mann von Reichtum und Geschmack") eingeführt, der schon lange sein Unwesen treibt und den Menschen ihre Seele und ihren Glauben stiehlt, zählt er von der Ermordung Jesu Christi über das Mitwirken am Blitzkrieg der Nationalsozialisten bis hin zur Ermordung der Kennedys schreckliche Ereignisse der gesamten Weltgeschichte, die gleichsam seine Visitenkarte bilden, auf. Doch dann wird der Gedankengang weitergeführt: „When after all it was you and me" („... wenn es letztlich du und ich waren").

---

[249] Album: *Beggars Banquet* (1968).

Dies deutet darauf hin, dass der Teufel letztlich doch keine singuläre Figur des Bösen ist, sondern dass er in allen Menschen am Werk ist. Da die aufgezählten Verbrechen von Menschen begangen wurden, scheint die Erkenntnis aufzublitzen, dass die Selbstvorstellung des Teufels, der sein rätselhaftes Spiel mit dem Hörer treibt, letztlich darauf hinausläuft, dem Menschen den Spiegel vorzuhalten.

Nachdem die Figur eine Umwertung der bürgerlichen Werte vorgenommen hat („Just as every cop is a criminal, and all the sinners saints" – „So wie jeder Polizist ein Verbrecher und alle Sünder Heilige sind"), gibt sich der Sänger zu erkennen, indem er sich selbst als Luzifer („Just call me Lucifer" – „Nenn mich einfach Luzifer") vorstellt. Dann folgt die Aufforderung, dass man ihm, falls man ihm begegne, großzügigerweise mit Sympathie und Höflichkeit entgegentreten möge. Dies wird durch die eindringliche Warnung unterstrichen, dass bei Nichtbeachten die eigene Seele dabei auf dem Spiel stünde. Deutlich ist auch die Aufforderung, den Namen zu nennen, was an das „Rumpelstilzchen"-Motiv erinnert und einen Nachklang des Glaubens darstellt, dass die Kenntnis des Namens eine magische Macht verleiht.

So lässt der Teufel in diesem Lied einen zwiespältigen Eindruck zurück. Dass auf der Welt „teuflische" Ereignisse geschehen und dass das „Teuflische" nicht immer als solches erkennbar ist, dürfte wenig überraschen. Interessanter ist die Andeutung, dass der Teufel in der Welt nicht als reale Figur umgeht, sondern als etwas im Menschen existieren könnte. Allein der Gedanke, den Teufel in Verbindung mit unserem eigenen Wirken zu sehen, wäre dann als Leistung des Liedes zu würdigen. Auf jeden Fall leistet es letztlich eine Kritik an den kirchlich hergebrachten Kriterien des gesellschaftlichen Zusammenlebens. Die im Chorus gestellte Frage nach der „Natur des Spiels" zielt dabei auf die Deutung von Gut und Böse, von Gott und Teufel. Das gesellschaftliche System wird hier in Ansätzen darauf befragt, wie es den Begriff der Gerechtigkeit füllt.

Nur zwei Jahre später erregte die nächste Rockband aus England Aufsehen. Gegründet unter dem Namen *Earth*, hatte sie erst Erfolg, als sie sich umbenannte und am Freitag, den 13. Februar 1970 das Album *Black Sabbath* veröffentlichte. Dieses beginnt den gleichlautenden Song mit dem teuflischen Akkord, den auch Adrian Leverkühn bei seinem Bordellbesuch in *Dr. Faustus* spielt.[250] Diesem Akkord wird ein so schrecklicher Klang attestiert, dass seine Zusammenfügung dem Teufel zugeschrieben wird. Der Teufel spielt in diesem Werk eine wichtige Rolle. Er verbreitet lachend Schrecken und wird ganz klar als Feind des Menschen vorgestellt. Dabei schafft das ganze Lied eine (insbesondere für die damalige Zeit) dunkle und okkulte Atmosphäre mit den rauen und düsteren Gitarrenriffs und dem gequetschten und langgezogenen Gesang von Ozzy Osbourne.

In einem weiteren Lied des Albums (N.I.B.) wird der Teufel glorifiziert und schenkt den Menschen Trost und Liebe. Er wird mit dem Versprechen, Liebe für die Ewigkeit an seine Gefolgschaft spenden zu können, als gottgleich dargestellt.

Das Plattencover mit einem umgekehrten Kreuz unterstreicht dabei den morbiden Charme des Albums und untermauert den Ruf der Band, okkultistisch und satanistisch zu sein. Unabhängig von den tatsächlichen Absichten der Band entwickeln sich in der Folgezeit neue Musikstile und auch religiöse Kulte um den Teufel und die schwarze Magie. *Black Sabbath* gilt daher bis heute als die Gründerband der düstersten Spielart des Heavy Metal: „Black Metal".

Vielfältiger erscheint der Teufel in den Liedern von Bob Dylan.

Der Teufel tritt bei Dylan erst in späteren Werken auf, während er in seiner Phase als Folk- und Protestsänger zwar bereits das Böse thematisiert, es hier aber vor allem im innerweltlichen Kontext verortet und entweder in sich selbst („I fought with my twin, this enemy within"[251]) oder anderen Menschen entdeckt (z.B. *Masters of war*[252]).

Einen deutlichen Bruch im Werk Dylans stellt seine Hinwendung zum Religiösen dar, die ihn in christlich-fundamentalistische Gruppen führte („Born-Again-Period" – „Phase der Wiedergeburt"). In dieser Phase ist es daher nicht verwunderlich, dass der Teufel oft erwähnt wird; allerdings handelt es sich dabei fast durchweg um Bibelzitate. Dylan benutzt biblische

---

[250] Siehe weiter oben S. 152.
[251] "Ich kämpfte mit meinem Zwilling, diesem Feind in meinem Inneren": Aus: *Where are you tonight*; Album *Street Legal* (1978).
[252] "Herren des Krieges": Album: *The Freewheelin' Bob Dylan* (1963).

Überlieferung, um sich selbst („I was blinded by the Devil" –
„Ich war vom Teufel verblendet")[253] und die Welt vor diesem
Hintergrund zu verstehen. Dass der Teufel z.b. über die Welt
herrscht, ist die Schuld Adams („Adam given the Devil reign"
– „Adam, der dem Teufel die Herrschaft eingeräumt hat"), und
eindringlich warnt er: „you know that sometimes Satan comes
as a man of peace!"[254]

Allerdings bleibt Dylan auch nach seiner Bekehrung der
Überzeugung treu, dass das Böse letztlich aus dem Menschen
selbst kommt („Man's ego is inflated, his laws are outdated"[255]).

Die modernen Werke Dylans haben sich von dieser streng
christlichen Weltsicht dagegen wieder gelöst. Dylan scheint angesichts des Themas Teufel ratlos zu sein und resigniert: „Well,
the Devil's in the alley, the mule's in the stall, say anything you
wanna, I've heard it all."[256] Den Glauben an den Teufel scheint
Dylan damit überwunden zu haben.

Dass dies wahrscheinlich insgesamt für die populäre Musik
in Nordamerika und Mitteleuropa gilt, zeigt der spielerische
Umgang mit Motiven, die aus dem religiösen Kontext herausge-
löst und in eine neue Erzählform integriert werden. Als Beispiel
in Deutschland kann die Folkmetal-Band *Subway to Sally* dienen,
die 1992 gegründet wurde und sich in zahlreichen Liedern Anleihen bei der christlichen Mythologie erlaubt oder kirchliche
Metaphern und Symbole verwendet (z.B. das Album *Foppt den
Dämon* von 1996). Der Titel *Sag dem Teufel* (1997) beschäftigt sich
also mit dem Bösen im Menschen. Beginnend mit einer Auflistung von guten Taten oder Verhaltensweisen, die in unserer Gesellschaft als erwünscht gelten, richtet sich der Sänger direkt an
den Zuhörer. Der Erzähler gibt vor zu wissen, dass der Zuhörer
tierlieb, hilfsbereit, artig, fleißig und gut gekleidet ist, aber auch
ein untergeordnetes Leben führt und nicht selber die „Zügel in
der Hand" hat. Dann befiehlt der Erzähler dem Zuhörer, seine

---

[253] Aus: *Saved*; Album: *Saved* (1980).

[254] „Du weißt, dass Satan zuweilen als Mann des Friedens kommt!"
Aus: *Man of Peace*; Album: *Infidels* (1983).

[255] „Des Menschen Ego ist aufgeblasen, seine Gesetze sind überholt."
Aus: *Slow Train*; Album *Slow Train Coming* (1979).

[256] „Nun gut, der Teufel ist in der Gasse, das Maultier im Stall. Sag
was du willst, ich habe das alles schon gehört." Aus: *Mississippi*; Album
Love and Theft (2001).

dunkle Seite nach außen zu kehren und sich darüber klar zu werden, dass er einen Teufel in sich hat. Das Video zum Lied[257] lässt keinen Zweifel daran aufkommen, dass der Sänger in die Rolle des Teufels geschlüpft ist, da seine Ausstattung viele entsprechende Attribute aufweist (Dreizack, Hörner, Umhang). Seine Art zu singen ist sehr eindringlich, und er scheint allwissend zu sein, da er von einem Traum des Hörers weiß. Auffallend an den Versuchungen, denen er den Adressaten aussetzt, ist allerdings, dass kaum eine der beschriebenen Taten wirklich böse ist. Sie bezeugen allenfalls ein rebellisches Verhalten, das eine bürgerliche Gesellschaft vielleicht stört, aber nicht wirklich „teuflisch" ist.

Klassischer und tiefgründiger wird dagegen die Rolle des Teufels in einem Lied des irischen Künstlers Chris de Burgh aufgegriffen. De Burgh schildert in *Spanish Train*[258] ein Spiel zwischen Gott und dem Teufel, die um die Seelen verschiedener Menschen kämpfen.[259] Im konkreten Fall will der Teufel die Seele eines sterbenden Zugführers mit sich nehmen, aber Gott selbst erscheint und versucht den Teufel daran zu hindern. Der Teufel schlägt eine Pokerpartie vor, und so sieht sich Gott in ein teuflisches Spiel verwickelt. Der Erzähler beobachtet, dass die Nacht hereinbricht, die dem Teufel in die Karten spielt. Der Teufel betrügt im Spiel und gewinnt. Dazwischen fleht der Sänger im Refrain Gott an, seine Sache gut zu machen, da auch die Seele des Sängers auf dem Spiel stehe. Der Ausblick am Ende sieht Gott und den Teufel in einem ewigen Spiel vertieft. Jetzt spielen sie aber Schach, und immer noch betrügt der Teufel. Der einzige Trost, der der Menschheit bleibt, ist, dass Gott sein Bestes gibt. Interessant ist diese Teufelsvorstellung aber nicht nur wegen ihres Pessimismus, sondern durch die Aufnahme und Umwertung einer Vielzahl von vorgegebenen Motiven wie etwa der Motivik von Nacht und Tag, von Dunkelheit und distinguiertem Auftreten des Teufels gegenüber der strahlenden Erscheinung Gottes, die aber letztlich nicht ausreicht. Der Teufel als Spieler und Betrüger hintergeht nun nicht mehr nur Menschen, sondern Gott selbst.

---

[257] http://www.youtube.com/watch?v=wMLAlDBQLbo (Zugriff am 2. 4. 2012).

[258] Album: *Spanish Train and others Stories* (1975).

[259] Bekannt ist dieses Motiv vor allem aus vielen Märchen. Siehe weiter oben S. 164.

Anders, aber in motivischer Anknüpfung an *Spanish Train*, thematisiert De Burgh den Teufel in seinem Lied *The Devil's Eye* von 1979. Dort identifiziert er den Teufel mit der betäubenden Wirkung des Fernsehens. Der Teufel sieht durch das Fernsehen auf die Zuschauer und kann sie so erreichen und beeinflussen. Er besetzt jede TV-Station in der Welt, schaltet das Programm ab und befiehlt den vor dem Fernsehschirm gebannt sitzenden Zuschauern, eine bestimmte Nummer anzurufen. Der Teufel sitzt in der Hölle und will mithilfe des Mediums Fernsehen die Herrschaft über die Welt übernehmen. Allerdings wird er von Gott gestört, der immer noch über seine Niederlage im spanischen Zug verärgert ist. Doch auch hier bleibt offen, ob Gott den Teufel erfolgreich daran hindert, die Welt zu versklaven. Während *Spanish Train* allerdings eine eher mythologisch anmutende Geschichte erzählt, scheint bei *The Devil's Eye* eine Skepsis gegenüber dem Medium Fernsehen das zentrale Thema zu sein. Immerhin wird es zum Instrument des Teufels erklärt, der so problemlos seinen Einfluss auf die Welt ausdehnen kann.

Beide Lieder De Burghs zeigen also mit der Übernahme und der Neudeutung klassischer Motive, wie ein moderner Künstler mit der traditionellen Metaphorik spielen, sie in neue Geschichten überführen und dabei gleichzeitig auch sozialkritische Töne anklingen lassen kann.

Sozialkritischer als De Burgh greift der New Yorker Rapper Jeru the Damajas die Figur des Teufels auf. In seinem Lied *Ain't The Devil Happy*[260] hadert er mit dem gesellschaftlichen Zustand der Vereinigten Staaten von Amerika und benutzt dabei religiöse Bilder, um Themen wie Gier, Rassismus und Entfremdung zu thematisieren.

Jeru the Damaja betrachtet sich selbst als den Wanderer aus Psalm 23, der das finstere Tal durchqueren muss. Weil er vernünftig handelt, kann er reinen Herzens sein, im Gegensatz zu den Menschen, die die Verantwortung dafür tragen, dass Menschen sich gegenseitig umbringen. Er sieht beim Teufel die Schuld für Brudermorde nach dem Vorbild von Kain und Abel. Der Rapper appelliert an seine Hörer, ihren Verstand zu benutzen, da ansonsten der Teufel die Oberhand behalten wird. Seiner Gesellschaftsdiagnose zufolge braucht der Teufel gar nicht viel

---

[260] Album: *The Sun rises in the East* (1994).

zu tun, da der Mensch sich selbst zerstört. Der Teufel ist darüber glücklich, da er aus der Hölle kam, um die Menschheit zu zerstören. Da aber die „guten" Menschen untätig bleiben, gewinnen die kriminellen Elemente die Hoheit über die Gesellschaft. Gutes kann z.B. inmitten der Drogentoten nur schwer gedeihen, und so „verweht die Saat". Der Rapper fragt sich, was wir dabei erreichen, und gibt die ernüchternde Antwort selbst: „Nichts!" Der Teufel wird dabei immer fetter.

Es scheint fast, als ob sich der Teufel in Jeru the Damajas Lied nicht nur über das Unheil in der Welt freut, sondern auch seine Existenz bekräftigt, indem er sich daran nährt. Der Teufel freut sich deshalb über das Scheitern einer Gesellschaft, die sich nicht selbst helfen kann. Hoffnung in Form eines Retters ist laut dem Autor jedoch nicht in Sicht – da mag man noch so lange zum Himmel aufschauen. In seiner Erkenntnis, dass dieser Retter nicht kommt, stützt sich Jeru the Damaja auf die Erfahrung seiner Vorväter, denen auch nicht geholfen wurde. Der Dollarschein nimmt in dem Lied die Position des Gottes an, dem jeder nachstrebt – selbstbezogene Gier, über die der Teufel sich am Ende der nächsten Strophe amüsiert.

Ein anderer Aspekt der Teufelsfigur findet sich bei der amerikanischen Heavy-Metal-Band *Iced Earth*, deren Alben auch in den deutschen Charts regelmäßig notiert werden. Schon die diversen Titel zeigen eine starke religiöse Affinität: *Days of Purgatory*, *Dark Genesis*, *Framing Armageddon*. Konkreter auf den Teufel eingegangen wird in dem Lied *The Coming Curse* [261], das von der Reise eines Sängers auf der Erde erzählt. Er stellt sich als das Auge des Wächters vor und berichtet vom Kommen des Antichrist. Anstatt mit Wasser wurde er in einem alten, mythologisch anmutenden Land mit Feuer getauft, was bereits die Verkehrung der christlichen Taufe andeutet. Seine Aufgabe besteht darin, die Erde von der Menschheit zu befreien. Der Teufel ist hier also weder Spieler noch Verführer, sondern direkt Vernichter, der nicht von allen erkannt wird, da er verkleidet auftritt. Vom Teufel in uns selbst bis zum mordenden Drahtzieher einer kriminellen Gesellschaft hat sich das Bild schon in einen alles vernichtenden Fluch gewandelt.

---

[261] Album: *Something Wicked This Way Comes* (1998).

III. Der Teufel – Das personifizierte Böse

Der Teufel – für die einen eine reale Figur, für die anderen das Maskottchen eines Fußballvereins (1. FC Kaiserslautern, Manchester United). Die Bandbreite, in der der Teufel begegnet, ist so groß, dass kaum ein gemeinsamer Nenner gefunden werden kann, um ihn zu klassifizieren. Sieht man aber von den extremen Verharmlosungen ab, die den Teufel zu einem Fansymbol degradieren, lässt sich durchaus ein Ausgangspunkt für die moderne Kultur (Film, Musik) wie auch für die religiöse Reflexion bestimmen: Am Anfang des Nachdenkens über den Teufel steht das Böse. Der Teufel ist das Böse in und als Person. Allerdings setzt dies voraus, dass überhaupt über das Böse nachgedacht wird. Bevor es also zur Personifizierung des Bösen im Teufel kommen kann, muss das Böse selbst in den Blick gerückt sein. Das Böse ist also die grundlegende Erfahrung des menschlichen Lebens, die eine Reflexion erfordert und deren Ergebnis der Teufel sein kann. Fraglich ist nur, inwieweit diese Deutung tragfähig für das Erleben des Bösen ist und ob sie einer christlichen Weltsicht tatsächlich entspricht.

Am Anfang steht also das Böse.[262] Der Mensch erlebt „böse" Dinge, die ihm zustoßen. Er kann von einer Naturkatastrophe heimgesucht werden oder von einem anderen Menschen mit voller Absicht geschädigt werden. Deshalb ist z.B. zwischen einem natürlichen und einem moralischen Übel zu unterscheiden. Während das natürliche Übel eher als Unglück erlebt wird, scheint der Begriff des Bösen vor allem auf die Fälle zuzutreffen, in denen ein Mensch einem anderen Menschen absichtlich etwas antut. Allerdings übersieht diese Unterscheidung, dass Böses nicht nur dann vorliegt, wenn eine bestimmte Absicht gegeben ist oder ein Täter benannt werden kann. Deshalb ist generell zu

---

[262] Im Folgenden orientiere ich mich an den Ausführungen von Ingolf U. Dalferth, *Das Böse. Essay über die Denkform des Unbegreiflichen*, Tübingen ²2010; Ders., *Leiden und Böses. Vom schwierigen Umgang mit Widersinnigem*, Leipzig ²2007.

betonen, dass unter dem Begriff „böse" all das verstanden werden muss, was das Leben des Menschen in irgendeiner Weise schädigt. Das Böse ist demnach eine destruktive Einwirkung auf das Leben an sich. Konkret wird das Böse immer von einer bestimmten Person erlebt, die leidet. „Böse" ist deshalb zunächst kein Begriff, der das Sein an sich beschreibt, sondern der über das Empfinden einer Person orientiert. „Böse" und „gut" stehen dabei im Kontrast zueinander und zeigen an, wie eine Person ihr Erleben beurteilt. „Böse" ist demnach das, „was in bestimmten Zusammenhängen als sinnlose Schädigung, Behinderung, Einschränkung, Zerstörung von Leben, Lebensmöglichkeiten und Lebensqualität erlebt, wahrgenommen, erfahren, bewertet bzw. beurteilt wird."[263]

Um das Böse in den Blick nehmen zu können, muss deshalb immer genau darauf geachtet werden, was für wen böse ist. Darauf macht schon William Shakespeare aufmerksam, der im *Hamlet* warnt: „Denn an sich ist nichts weder gut noch böse; das Denken macht es erst dazu."[264] Was also für einen Menschen gut ist, kann für den anderen böse sein. Daraus lässt sich bereits eine wichtige Erkenntnis gewinnen: Das Böse gibt es gar nicht an sich, sondern es manifestiert sich immer in einer bestimmten Situation und Realität. „Für sich genommen und abgesehen davon, woran, wogegen und für wen es auftritt, lässt sich Böses nicht fassen."[265] Es hat keine Wirklichkeit für sich, sondern ist nur insofern real, als es von jemandem als böse gedeutet wird. Das Böse ist zwar Wirklichkeit für den Menschen, der etwas Böses erlebt, allerdings heißt dies nicht automatisch, dass dieses böse Erleben an einer übergeordneten Macht oder Wirklichkeit partizipiert. Da immer nur etwas oder jemand als das oder derjenige gedeutet werden kann, das oder der Böses bewirkt, kann es das Böse an sich auch gar nicht geben. Das „Böse ist ganz und gar Phänomen, also ausschließlich darin wirklich, dass es für jemanden in Erscheinung tritt, dessen Leben es schädigt, und seine Wirklichkeit als Phänomen ist durch und durch parasitär"[266].

---

[263] Dalferth, Leiden, 21.
[264] *William Shakespeare: Hamlet, 2. Akt, 2. Szene.*
[265] Dalferth, Böse, 3.
[266] Dalferth, Leiden, 40.

Wenn das Böse demnach nicht an sich auftreten, sondern nur in einer konkreten Situation von einem konkreten Menschen als etwas Böses erlebt werden kann, dann wird deutlich, dass dies oft in Situationen geschieht, in denen ein Mensch die Schädigung seines Lebens erfährt, wenn er leidet. Ein Mensch leidet durch etwas oder jemanden, an etwas oder jemandem, wegen etwas oder jemandem. Das Böse tritt also nur in Verbindung mit etwas anderem auf, deshalb ist es parasitär.

Wenn ein Mensch leidet, dann fragt er sich, warum er leiden muss. Er empfindet dieses Leiden als böse und bringt das Böse und das Leiden in eine enge Verbindung miteinander. Allerdings muss betont werden, dass der Zusammenhang von Bösem und Leiden nicht unbedingt haltbar ist. Wenn z.B. ein geliebter, aber schwer kranker Mensch stirbt, dann leidet der Angehörige, weiß aber gleichzeitig, dass der Tod nicht böse, sondern eher eine Erlösung war. Deshalb müssen Leiden und Böses zwar entkoppelt werden, doch es bleibt ebenso Aufgabe, das Böse im Leiden zu erkennen.

Für den Teufel hat dies die Konsequenz, dass es ihn nicht an sich geben kann, wenn es das Böse an sich nicht gibt. Er existiert demnach auch nicht für sich, sondern er hat keine andere Wirklichkeit als die im Denken von Menschen. Der Teufel ist also eine Antwort auf das Sinnproblem, das mit dem Bösen einhergeht. Da der Mensch sich mit dem Bösen nicht einfach abfinden will, sucht er verschiedene Umgangsweisen damit. Der leidende Mensch sieht im Teufel z.B. eine Erklärung für sein Leiden. Der Teufel liefert die Antwort auf die Frage nach dem Ursprung des Leidens und verleiht ihm wie am Beispiel Ijobs einen Sinn. Das Leiden kann deshalb als Prüfung des Menschen verstanden werden, und so gewinnt der Mensch die Zuversicht, es erleiden zu können. Diese Sinndeutung von Leiden läuft allerdings grundsätzlich Gefahr, im Leiden einen Sinn finden zu *müssen*. Im Hinblick auf das Böse kann dies aber prinzipiell nicht geschehen, weil das Wesen des Bösen gerade in einer *sinnlosen* Schädigung des Lebens besteht.

Bezieht man den Teufel überhaupt in seine Bewältigung des Leidens und des Bösen ein, dann muss auch Gott in diese Interpretation einfließen. Das Böse wird so in einen christlichen Deutungshorizont integriert und als ein Problem des Glaubens behandelt. In dieser Sichtweise wird deutlich, dass das Leiden unabhängig von der Frage nach dem Bösen behandelt werden kann. Leid ist demnach nicht unbedingt eine Auswirkung des Bösen, sondern wird als Realität aufgefasst, die nicht vom Bösen bewirkt, sondern objektiv sinnlos ist. Das Böse ist in christlicher Perspektive besiegt, das Leiden wird dadurch aber nicht direkt beendet. Gerade im Leiden kann der Glaube eine Lebensorientierung gewinnen, die nicht erst dadurch Plausibilität gewinnt, dass das Leiden geheilt werden muss, sondern bereits in der Welt das Böse überwindet, ohne alles Leiden beenden zu können. Die Überwindung des Bösen gelingt aber nur im Glauben an Gott und die daraus resultierende Lebenshaltung des Christen. Da Gott in Kreuz und Auferstehung Jesu den Tod überwunden und so gezeigt hat, dass er ein Gott des Lebens ist, lässt sich erkennen, dass das, was das Leben schädigt, in den Augen Gottes das Böse ist und dass er dieses Böse auch bereits überwunden hat. Dieser grundlegende Glaubenssatz ist die Basis für die christliche Deutung des Bösen. Böse ist demnach das, „was den Menschen von der Wahrnehmung von Gottes Gegenwart abhält, ihm die Sicht auf Gott und das Leben mit Gott verstellt"[267]. Das Böse wird demnach von Gott aufgedeckt als das, was seinen Absichten zuwiderläuft und was er deshalb besiegt hat. Von Gott her gesehen hat das Böse also keine Existenz mehr in der Welt, obwohl es der Mensch immer noch erleben kann. Was also die Offenbarung des Johannes durch das mythologische Bild des vom Himmel gestürzten Teufels ausdrückt, kann zur Grundeinsicht des christlichen Glaubens erklärt werden. Das, was der Mensch als böse erfährt, wird bei Gott überwunden – das Problem ist nur, dass dies eben nicht unbedingt erfahren werden kann, während das Böse in der Welt offensichtlich andauernd erlebt wird.

Wenn also vom Teufel und vom Bösen gesprochen wird, dann hilft dies, das Böse zu ertragen und der Sinnlosigkeit zu widerstehen, mit der es in das persönliche Leben einbricht. Der Mensch versteht sich und die Welt neu, indem er über das Böse und dessen Überwindung nachdenkt. Das Böse und sein Ursprung lassen sich aus menschlicher Perspektive nicht ergründen, dem Leben dient es aber, wenn der Mensch „böse" und „gut" als Begriffe gebraucht, mit denen er im Leben Orientie-

---

[267] Dalferth, Leiden, 202.

rung findet. Immerhin resultiert in christlicher Perspektive ein gewisser Trost aus der Überzeugung, wonach das Böse nicht das letzte Wort hat, sondern vom Guten besiegt wird, doch bleibt in der konkreten Situation das schwer erträgliche Paradoxon, dass das Böse trotzdem wirkt. Das Ziel des Nachdenkens über das Böse kann deshalb letztlich nicht sein, es erklären oder ihm auf jeden Fall einen Sinn abgewinnen zu wollen, es geht vielmehr darum, „eine Möglichkeit zu finden, sich zur unbegreiflichen Wirklichkeit sinnlosen Übels so zu verhalten, dass man weiterleben kann"[268].

Im Hinblick auf den Teufel heißt das, dass man in ihm ein Symbol des Bösen sehen sollte, das es vielen Menschen ermöglicht, das Böse in ihrem Leben zu deuten. Eine eigene Realität kommt ihm darüber hinaus aber nicht zu. Vielmehr ist hier das Programm der *Entmythologisierung* des eingangs bereits zitierten evangelischen Theologen Rudolf Bultmann am Platz. Er wollte damit das Sinnpotenzial der biblischen Texte in der Gegenwart angemessen zur Sprache zu bringen. Für den Teufel kann dies nur bedeuten, ihn als Verkörperung und in gewissem Sinn auch Domestizierung des Bösen zu sehen. Der Teufel macht das Böse auf seine Weise rational. Es hat in ihm eine Herkunft (Engelssturz), eine Aufgabe (Prüfung) und einen berechenbaren Charakter (Verführer). Gleichzeitig ist aber auch immer klar, dass Gott dem Teufel nur eine gewisse Frist gesetzt hat und sein Tun jederzeit überwacht und einschränken kann. Wichtig ist in dieser Hinsicht auch, dass der Teufel schon besiegt ist und am Ende der Weltgeschichte vernichtet wird. Solange man das Böse mit dem Teufel gleichsetzen kann, ist es für den Menschen also nicht einfach sinnlos und unverständlich, sondern es wird in eine stringente Weltsicht integriert, die suggeriert, dass es prinzipiell beherrschbar und letztlich sogar besiegt ist. Darin besteht der Trost, das Böse mit dem Teufel zu identifizieren. In dem Maße, in dem diese Ineinssetzung aber nicht mehr überzeugt, verliert der Teufel an Bedeutung, und das Problem des Bösen stellt sich wieder neu.

---

[268] Dalferth, Böse, VI.

IV. Quellentexte

Im Textanhang finden sich lediglich relativ schwer zugängliche Texte, auf die im Hauptteil Bezug genommen wird.

1. Das Äthiopische Henochbuch, Kapitel 6–10: „Der Fall der Engel"
(Zitiert nach Siegbert Uhlig, *Das Äthiopische Henochbuch*, JSHRZ V/6, Gütersloh 1984.)

VI

1   Und als die Menschenkinder zahlreich geworden waren, da wurden ihnen in jenen Tagen schöne, reizvolle Töchter geboren.

2   Und die Engel, die Söhne der Himmel, sahen sie und begehrten sie und sprachen zueinander: Auf, wir wollen uns Frauen aus den Menschenkindern wählen und uns Kinder zeugen!

3   Aber Semyaza, der ihr Oberster war, sprach zu ihnen: Ich fürchte, ihr werdet vielleicht nicht willens sein, diese Tat auszuführen, und ich werde allein büßen für ein großes Vergehen.

4   Und sie antworteten alle und sprachen zu ihm: „Wir wollen alle einen Eid schwören und uns alle gegenseitig durch Verwünschung verpflichten, dass wir nicht diesen Plan aufgeben, sondern wir wollen dieses Werk ausführen."

5   Da schworen sie alle zusammen und verpflichteten sich gegenseitig durch Verwünschung dazu.

6   Und es waren insgesamt Zweihundert, die herabstiegen in den Tagen des Jared auf den Gipfel des Berges Hermon.

VII

1   Und sie nahmen sich Frauen, und jeder von ihnen wählte sich eine aus, und sie begannen, zu ihnen einzugehen und

sich mit ihnen zu vermischen, und sie lehrten sie Zaubermittel und Beschwörungen und zeigten ihnen das Schneiden
von Wurzeln und Pflanzen.

2   Und jene wurden schwanger und gebaren mächtige Riesen,
deren Größe dreitausend Ellen war.

3   Diese verzehrten den ganzen Ertrag der Menschen, bis die
Menschen sie nicht mehr zu ernähren vermochten.

4   Da wandten sich die Riesen gegen sie, um die Menschen zu
fressen.

5   Und sie begannen, sich an den Vögeln und den Tieren und
den Reptilien und den Fischen zu versündigen, und sie fra-
ßen untereinander ihr Fleisch und tranken das Blut davon.

6   Da klagte die Erde über die Frevler.

VIII

1   Und Azazel lehrte die Menschen, Schwerter und Messer,
Schilde und Brustpanzer herzustellen, und er zeigte ihnen
die Metalle und ihre Bearbeitung, Armspangen, Schmuck
und den Gebrauch des Augenschminkens und der Augen-
verschönerung und das kostbarste und auserlesenste Ge-
stein und allerlei Farbtinkturen. Und die Welt veränderte
sich.

2   Und es herrschte große Gottlosigkeit, und sie trieben viel
Unzucht und gingen in die Irre, und all ihre Wege wurden
böse. [...]

4   Und bei ihrer Vernichtung schrien die Menschen, und ihre
Stimme drang zum Himmel.

IX

1   Da blickten Michael, Uriel, Rafael und Gabriel vom Himmel
herab, und sie sahen das viele Blut, das auf der Erde ver-
gossen wurde, und all das Unrecht, das auf der Erde verübt
wurde.

[…]

4   Und sie sprachen zu ihrem Herrn, dem König: […]

10 Und nun siehe, die Seelen derer, die tot sind, schreien und klagen bis zu den Pforten des Himmels, und ihr Seufzen ist aufgestiegen und vermag nicht zu entkommen angesichts des Unrechts, das auf Erden geschieht.

11 Und du weißt alles, bevor es geschieht, und du weißt dies und was sie betrifft, und du sprichst nicht zu uns. Und was sollen wir darum mit ihnen tun?"

X

1 Da hat sich der Höchste, der Große und Heilige, hören lassen, und er sandte Asaryalyur zu dem Sohn Lamechs und sprach zu ihm:

2 „Sprich zu ihm in meinem Namen: Verbirg dich! Und offenbare ihm das bevorstehende Ende, denn die ganze Erde wird vernichtet werden, und eine Wasserflut wird über die ganze Erde kommen, und es wird vertilgt werden, was auf ihr ist.

3 Und nun belehre ihn, damit er entkomme und seine Nachkommenschaft erhalten bleibe für alle Generationen."

4 Und der Herr sprach weiter zu Rafael: „Binde den Azazel an Händen und Füßen und wirf ihn in die Finsternis, und reiße die Wüste auf, die in Dudael ist, und wirf ihn hinein.

5 Und lege auf ihn raue, spitze Steine und bedecke ihn mit Finsternis, und dort soll er für ewig hausen, und bedecke sein Angesicht, damit er das Licht nicht sehe.

6 Und am großen Tag des Gerichtes soll er in die Feuerglut gestoßen werden.

7 Und heile die Erde, die die Engel verdorben haben, und kündige die Heilung der Erde an, dass sie die Erde heilen, so dass nicht alle Menschenkinder umkommen durch das Geheimnis all dessen, was die Wächter kundgemacht und ihre Söhne gelehrt haben.

8 Und die ganze Erde ist verdorben worden durch die Lehre der Werke Azazels, und ihm schreibe alle Sünden zu." […]

11 Und zu Michael sprach der Herr: „Geh, lass Semyaza und die anderen bei ihm, die sich mit Frauen verbunden haben, wissen, dass sie mit ihnen zugrunde gehen in all ihrer Unreinheit.

12 Und wenn sich alle ihre Söhne gegenseitig erschlagen, und wenn sie sehen die Vernichtung ihrer Geliebten, so binde sie für siebzig Generationen unter die Hügel der Erde, bis zum Tage ihres Gerichtes und ihres Endes, bis das Gericht für alle Ewigkeit vollzogen wird.

13 Und in jenen Tagen wird man sie wegführen in den Abgrund des Feuers und in die Qual und ins Gefängnis, und sie werden für ewig eingeschlossen sein.

14 Und wenn jemand brennen und zugrunde gehen wird – er wird von nun an mit ihnen zusammen gebunden sein bis zum Ende aller Generationen.

15 Und vertilge alle wollüstigen Seelen und die Söhne der Wächter, weil sie die Menschen misshandelt haben.

16 Und vernichte alle Gewalttat von der Erdoberfläche, und jedes Werk der Bosheit soll ein Ende nehmen; und die Pflanze der Gerechtigkeit und der Wahrheit soll erscheinen, und sie wird zum Segen gereichen; das Werk der Gerechtigkeit und Wahrheit soll mit Freuden gepflanzt werden in Ewigkeit.

17 Und dann werden alle Gerechten entkommen und werden am Leben bleiben, bis sie tausend Kinder gezeugt haben; und alle Tage ihrer Jugend und ihres Alters werden sie in Frieden vollenden.

2. Das Leben Adams und Evas: Der Hass des Teufels

(Zitiert nach der Übersetzung von Otto Merk/Martin Meiser, *Das Leben Adams und Evas*, JSHRZ II/5, Gütersloh 1998.)

10,3 Als aber Adam sie sah und den Teufel mit ihr, rief er unter Tränen aus: „O Eva, o Eva, wo ist das Werk deiner Reue? Wie bist du zum zweiten Mal von unserem Feind verführt, durch den wir unserer Wohnung im Paradies und unserer geistlichen Freude entfremdet sind?" 11,1 Als Eva das hörte, erkannte sie, dass es der Teufel war, der ihr geraten hatte, aus dem Wasser zu gehen, und sie fiel vornüber auf die Erde, und es verdoppelten sich ihr Schmerz und ihr Seufzen und ihr Trauern 2 und sie rief aus: „Weh dir, Teufel, was überwindest du uns kampflos? Was liegt dir an uns? Oder was haben wir dir getan, dass du so listig uns verfolgst? Weswegen richtet sich deine Bosheit gegen uns?

3 Haben etwa wir deine Herrlichkeit genommen und dich ehrlos gemacht? Was verfolgst du uns, du Feind, so gottlos und voller Neid bis zum Tod?"

12,1 Und aufseufzend sprach der Teufel: „O Adam, meine ganze Feindschaft und mein Neid und mein Schmerz richten sich auf dich, weil ich deinetwegen vertrieben und meiner Herrlichkeit beraubt worden bin, die ich im Himmel inmitten der Engel hatte, und deinetwegen auf die Erde hinausgeworfen bin." 2 Da antwortete Adam: „Was habe ich dir getan, 3 oder was ist meine Schuld gegen dich? Wenn du von uns nicht geboren oder verletzt worden bist, warum verfolgst du uns?" 13,1 Da antwortete der Teufel: „Adam, was sagst du zu mir? Um deinetwillen bin ich vertrieben worden. 2 Als du geformt wurdest, bin ich von dem Angesicht Gottes verstoßen und fernab der Gemeinschaft der Engel geschickt worden. Als Gott den Lebenshauch dir eingeflößt hat und dein Gesicht und dein Abbild zum Ebenbild Gottes gemacht wurde, brachte dich Michael herzu und ließ dich im Angesicht Gottes anbeten, und Gott der Herr sprach: Siehe, Adam, ich habe dich zu unserem Ebenbild und Abbild gemacht. 14,1 Und Michael ging hinaus und rief alle Engel und sprach: Betet das Ebenbild Gottes des Herrn an, wie es Gott der Herr geboten hat. 2 Und er, Michael, betete als Erster an und rief mich und sprach: Bete das Ebenbild Gottes, Jehovas, an. 3 Und ich antwortete ihm: Ich habe keine Veranlassung, Adam anzubeten. Und ich sprach zu ihm: Was drängst du mich? Ich werde nicht jemanden anbeten, der geringer und später entstanden ist als ich; in der Schöpfung bin ich früher als er. Bevor jener entstand, war ich schon geschaffen. Er muss mich anbeten. 15,1 Als das die übrigen Engel hörten, wollten sie ihn (ebenfalls) nicht anbeten. 2 Und Michael sprach: Bete das Ebenbild Gottes an. Wenn du aber nicht anbetest, wird dir Gott der Herr zürnen. 3 Und ich sprach: Wenn er mir zürnt, werde ich meinen Sitz über die Gestirne des Himmels setzen und dem Höchsten ähnlich sein. 16,1 Und Gott der Herr wurde zornig auf mich und schickte mich mit meinen Engeln weit weg von unserer Herrlichkeit, und deinetwegen sind wir in diese Welt hinaus vertrieben worden von unseren Wohnungen und sind auf die Erde geworfen worden, 2 und sofort wurden wir vom Schmerz erfüllt, weil wir solch großer Herrlichkeit beraubt wurden, 3 und wir litten Schmerz über solch große Freude und Wonne. 4 Und mit List umgarnte ich deine Frau und bewirkte, dass du durch sie von diesen Freuden und Wonnen vertrieben wurdest, gleich wie ich von meiner Herrlichkeit vertrieben wurde. 17,1 Als Adam dies vom Teufel hörte, rief er unter vielen Tränen aus und sprach: „Herr, mein Gott, in deinen Händen ist mein Leben. Entferne diesen meinen Feind von mir, der meine Seele zu verderben sucht, und gib mir seine Herrlichkeit, die er selbst verloren hat." 2 Und sofort erschien ihm der Teufel nicht mehr. 3 Adam aber stand weiterhin vierzig Tage in Buße im Wasser des Jordan.

3. Texte aus Qumran: 1QS III–IV

(Zitiert nach der Übersetzung von Johann Maier, *Die Qumran-Essener: Die Texte vom Toten Meer I*, UTB 1862, München 1995.)

Vom Gott der Erkenntnisse stammt alles Seiende und Gewordene, und bevor sie ins Dasein getreten, setzte Er ihren ganzen Plan fest. […] Er hat den Menschen geschaffen zur Beherrschung (18) der Welt und bestellte für ihn zwei Geister, um in ihnen zu wandeln bis zum Termin Seiner Heimsuchung. Es sind die Geister (19) der Wahrheit und des Unrechts. In einem Licht-Quellort ist der Ursprung der Wahrheit und aus einer Finsternis-Quelle kommt der Ursprung des Unrechts. (20) In der Hand eines Lichterfürsten liegt die Herrschaft aller Gerechtigkeitssöhne, auf Lichtwegen wandeln sie, und in der Hand eines Finsternis- (21) Engels liegt alle Herrschaft der Unrechtssöhne und auf Finsterniswegen wandeln sie. Durch einen Finsternisengel geschieht der Irrtum (22) aller Gerechtigkeitssöhne, und all ihre Sünden, ihre Verschuldungen, ihre Schuld, und ihre treulosen Taten geschehen durch seine Herrschaft (23) entsprechend Gottes Geheimnissen bis zu seinem Ende. Und all ihre Plagen und die Termine ihrer Bedrängnisse liegen in der Herrschaft seiner Anfeindung, (24) und alle Geister seines Loses sind da, um Lichtsöhne zu Fall zu bringen, doch Israels Gott und der Engel Seiner Wahrheit sind eine Hilfe für alle (25) Lichtsöhne. Er hat Geister von Licht und Finsternis erschaffen, auf ihnen gründete Er jegliches Werk (26) und gemäß ihren Vorschriften jegliche Arbeit und auf ihre Wege jegliches Maß. […]

Denn Gott hat sie nebeneinander gestellt bis zur letzten (17) Zeit und setzte ewige Feindschaft zwischen ihre Teile: Ein Gräuel für Wahrheit sind Taten von Unrecht und ein Gräuel für Unrecht alle Wege von Wahrheit, und Eifer (18) von Streit (liegt) über all ihren Urteilen, denn sie wandeln nicht in Eintracht. Aber Gott in den Geheimnissen Seines Verstandes und in der Weisheit Seiner Herrlichkeit hat einen Zeitraum für den Bestand des Unrechts gegeben und zum Termin (19) der Heimsuchung wird Er es für immer vertilgen. Dann kommt auf immer Welt-Wahrheit hervor, nachdem sie befleckt geworden auf Frevelwegen in Unrechtsherrschaft bis zum (20) festgesetzten Gerichtstermin. Dann sichtet Gott durch Seine Wahrheit alle Werke eines Mannes und läutert sich den Bau des Menschen, um allen Unrechtsgeist zu tilgen aus dem Gebinde (21) seines Fleisches, und um ihn zu reinigen durch Heiligkeits-Geist von allen Freveltaten. Und Er sprengt auf ihn Wahrheits-Geist wie Wasser der Reinigung von allen Lügengräueln und von Befleckung (22) durch unreinen Geist, um Rechtschaffenen Einsicht zu schenken ins Wissen des Höchsten und Weisheit von Himmelssöhnen zu lehren den vollkommen Wandelnden. Denn sie hat Gott erwählt zu ewigem Bund (23) und ihnen gilt alle Herrlichkeit Adams. Kein Unrecht wird mehr sein – zur Schande aller Trugwerke! Bis dahin streiten Geister von Wahrheit und Unrecht im Herz eines Mannes, (24) sie handeln in Weisheit und Unverstand, und wie es dem Erbteil eines Mannes an Wahrheit und Recht entspricht, demgemäß hasst er Unrecht, und entsprechend seinem Erbe im Unrechts-Los handelt er darin frevlerisch, und dementsprechend (25) verwirft er Wahrheit. Denn nebeneinander hat Gott sie gesetzt bis zu bestimmter Zeit und bis zum Schaffen von Neuem.

4. DIE OFFENBARUNG DES PETRUS

(Zitiert nach der Übersetzung von C. Detlef G. Müller, in: Wilhelm Schneemelcher, *Neutestamentliche Apokryphen II*, Tübingen ⁶1999.)

21 Ich sah aber auch einen anderen Ort, … einen ganz düsteren; und dies war der Ort der Strafe, und die dort gestraft wurden, wie auch die strafenden Engel, trugen das finstere Gewand, gekleidet entsprechend der Luft des Ortes. 22 Und etliche waren an ihrer Zunge aufgehängt. Das waren die, welche den Weg der Gerechtigkeit gelästert hatten, und unter ihnen lag Feuer, das

loderte und quälte sie. 23. Und es war ein großer See da, gefüllt mit brennendem Schlamm, in welchem etliche Menschen
steckten, welche sich von der Gerechtigkeit abgewandt hatten,
und quälende Engel setzten ihnen zu. 24. Es waren aber auch
andere da: Frauen, an ihren Haaren über jenem aufkochenden
Schlamm aufgehängt. Das waren die, welche sich zum Ehebruch
geschmückt hatten. Diejenigen Männer aber, welche sich zur
ehebrecherischen Befleckung mit ihnen vereinigt hatten, waren
an den Füßen aufgehängt und hatten ihre Häupter im Schlamm,
und mit lauter Stimme riefen sie: „Wir hätten nicht geglaubt, an
diesen Ort zu kommen." 25. Und ich sah die Mörder und ihre
Mitwisser, in eine Schlucht voll giftigen Gewürms geworfen und
geplagt von jenen Tieren und so sich windend in jener Qual. Es
bedrängen sie aber Würmer wie dunkle Wolken. Die Seelen der
Ermordeten aber standen dabei, schauten die Strafe jener Mörder und sprachen: „Oh Gott, gerecht ist dein Gericht!" 26. Nahe
bei diesem Ort sah ich eine andere Schlucht, in welche der Eiter
und der Unrat der Gequälten niederrann und dort zu einem See
wurden. Und dort saßen Frauen, denen der Eiter bis zum Halse
ging, und ihnen gegenüber saßen viele Kinder, welche vorzeitig geboren waren und weinten. Und von ihnen gingen Feuerflammen aus und trafen die Frauen in die Augen. Das waren
die, welche unehelich die Kinder empfangen und abgetrieben
hatten. 27. Und andere Männer und Frauen standen bis zur Mitte ihres Leibes in Flammen und waren an einen finstern Ort
geworfen und wurden von bösen Geistern gepeitscht und in ihren Eingeweiden von nimmermüden Würmern zerfressen. Das
waren die, welche die Gerechten verfolgt und sie ausgeliefert
hatten. 28. Und nahe bei denen waren wieder andere Männer
und Frauen, welche ihre Lippen zerbissen und gequält wurden
und feuriges Eisen in ihre Augen bekamen. Das waren die, welche den Weg der Gerechtigkeit gelästert und verleumdet hatten.
29. Und diesen gegenüber waren wieder andere Männer und
Frauen, welche ihre Zunge zerbissen und flammendes Feuer in
ihrem Munde hatten. Das waren die falschen Zeugen. 30. Und
an einem anderen Orte waren glühende Kieselsteine, schärfer
als Schwerter und als jeder Spieß; und Männer und Frauen, angetan mit schmutzigen Lumpen, wälzten sich auf ihnen in ihrer
Qual. Das waren die, welche reich waren und auf ihren Reichtum vertraut und sich nicht der Waisen und Witwen erbarmt,

sondern das Gebot Gottes missachtet hatten. 31. In einem anderen großen See, voll von Eiter und Blut und aufwallendem Schlamm, standen Männer und Frauen bis zu den Knien; das waren die, welche Geld verliehen und Zinseszins gefordert hatten. 32. Andere Männer und Frauen, welche von einem hohen Abhang heruntergeworfen wurden, kamen unten an und wurden von ihren Peinigern wieder angetrieben, den Abhang hinaufzusteigen, und wurden dort hinuntergeworfen und hatten keine Ruhe von dieser Qual. Das waren die, welche ihre Leiber befleckt hatten, indem sie sich wie Frauen hingegeben hatten. Aber die Frauen bei ihnen, das waren die, welche untereinander verkehrt hatten wie Männer mit der Frau. 33. Und bei jenem Abhang war ein Ort, erfüllt von dem mächtigsten Feuer. Und dort standen Männer, welche sich mit ihren eigenen Händen Bilder an Stelle Gottes geschnitzt hatten. Und bei jenen waren andere Männer und Frauen, welche glühende Ruten hatten und einander schlugen und nie Ruhe hatten von dieser Qual.

5. Die Apokalypse des Paulus

(Zitiert nach der Übersetzung von Hugo Duensing und Aurelio de Santos Otero, in: Wilhelm Schneemelcher, *Neutestamentliche Apokryphen II*, Tübingen ⁶1999.)

35. Und ich sah nicht weit entfernt einen andern Greis, den vier böse Engel in Eile laufend herzubrachten, und sie ließen ihn bis an die Knie in den feurigen Fluss hinab und bewarfen ihn mit Steinen und verwundeten sein Gesicht wie ein Sturm und erlaubten ihm nicht zu sagen: Erbarme dich meiner! Und ich fragte den Engel, und er sagte zu mir: Der, welchen du siehst, ist Bischof gewesen, aber er hat sein Bischofamt nicht gut ausgeführt; er hat zwar einen großen Namen erhalten, aber er ist nicht eingetreten in die Heiligkeit dessen, der ihm den Namen gegeben hat, in seinem ganzen Leben, weil er nicht gerechtes Gericht gehalten und sich der Witwen und Waisen nicht erbarmt hat. Nun aber ist ihm vergolten gemäß seiner Ungerechtigkeit und seinen Werken. 36. Und ich sah einen andern Menschen im feurigen Flusse bis an die Knie. Es waren aber seine Hände ausgestreckt und blutig, und Würmer gingen aus seinem Munde und aus seinen Nasenlöchern, und er war seufzend und weinend,

und ausrufend sagte er: Erbarme dich meiner, denn mir wird
mehr Leid zugefügt als den Übrigen, die in dieser Strafe sind.
Und ich fragte: Wer ist dieser, Herr? Und er sagte zu mir: Dieser,
den du siehst, ist Diakon gewesen, der die Opfergaben aufaß
und hurte und das Rechte angesichts Gottes nicht tat. Deshalb
bezahlt er unaufhörlich diese Strafe. Und ich blickte und sah
an seiner Seite einen andern Menschen, den man in Eile brachte und in den feurigen Fluss warf, und er war darin bis an die
Knie. Und es kam der Engel, der über die Strafen gesetzt war,
mit einem großen feurigen Schermesser, und damit zerfleischte
er die Lippen jenes Mannes und die Zunge in gleicher Weise.
Und seufzend weinte ich und fragte: Wer ist jener, Herr? Und er
sagte zu mir: Der, welchen du siehst, ist Vorleser (Lektor) gewesen und hatte dem Volke vorgelesen, er selbst aber beobachtete
die Gebote Gottes nicht. Nun bezahlt er auch seine besondere
Strafe. 37. Und ich sah eine andere Menge von Gruben an jenem Orte und in der Mitte davon einen Fluss, der angefüllt war
mit einer Menge von Männern und Weibern, und Würmer verzehrten sie. Ich aber weinte, und seufzend fragte ich den Engel
und sagte: Herr, wer sind diese? Und er sagte zu mir: Das sind
die, welche Zinseszins eintrieben und auf ihre Reichtümer ver-
trauten, nicht hoffend auf Gott, dass er ihnen Helfer wäre. Und
wiederum blickte ich und sah einen andern sehr engen Ort, und
er war wie eine Mauer und in seinem Umkreis Feuer. Und ich
sah darin Männer und Weiber, die ihre Zunge zerkauten, und
fragte: Wer sind diese, Herr? Und er sagte zu mir: Dies sind die,
welche in der Kirche das Wort Gottes verunglimpfen, nicht darauf achtend, sondern gewissermaßen Gott und seine Engel für
nichts achtend. Deshalb bezahlen sie nun in gleicher Weise ihre
besondere Strafe. 38. Und ich blickte und sah ein anderes Loch
unten in der Grube, und sein Anblick war wie Blut. Und ich fragte und sagte: Herr, was ist dieser Ort? Und er sagte zu mir. In
dieser Grube fließen alle Strafen zusammen. Und ich sah Männer und Weiber, eingetaucht bis an die Lippen, und fragte: Wer
sind diese, Herr? Und er sagte zu mir: Diese sind Zauberer, welche Männern und Weibern magische Zaubermittel dargereicht
haben und es nicht möglich machten, dass sie zur Ruhe kamen,
bis sie starben. Und wiederum sah ich Männer und Weiber von
sehr schwarzem Angesicht in der Feuergrube und seufzte und
weinte und fragte: Wer sind diese, Herr? Und er sagte zu mir:

Diese sind Hurer und Ehebrecher, die, obwohl sie eigene Frauen hatten, die Ehe gebrochen haben; gleicherweise haben auch die Weiber in derselben Art die Ehe gebrochen, obwohl sie eigene Männer hatten. Deshalb bezahlen sie unaufhörliche Strafen. 39. Und ich sah dort Mädchen, welche schwarze Gewänder hatten, und vier fürchterliche Engel, die in ihren Händen feurige Ketten hatten. Und sie legten die Ketten an ihre Nacken und führten sie in die Finsternis. Und wiederum weinend fragte ich den Engel: Wer sind diese, Herr? Und er sagte zu mir: Diese sind solche, welche, obwohl sie als Jungfrauen bestellt waren, ihre Jungfrauenschaft ohne Wissen ihrer Eltern verunreinigt haben. Deshalb bezahlen sie unaufhörlich ihre besonderen Strafen. Und wiederum erblickte ich dort Männer und Weiber mit zerschnittenen Händen und Füßen gestellt und nackt an einen Ort von Eis und Schnee, und Würmer verzehrten sie. Wie ich es aber sah, weinte und fragte ich: Wer sind diese, Herr? Und er sagte zu mir: Diese sind die, welche Waisen und Witwen und Arme geschädigt und nicht auf den Herrn gehofft haben. Deshalb bezahlen sie unaufhörlich ihre besonderen Strafen.

V. Literatur

I. Verwendete Literatur

Hilarion Alfejev, *Geheimnis des Glaubens. Einführung in die ortho-doxe dogmatische Theologie*, Freiburg 2003.

Anselm von Canterbury, *Freiheitsschriften*. Übersetzt und einge-leitet von Hansjürgen Verweyen, Fontes Christiani 13, Frei-burg 1994.

Ferdinand Barth, *Erläuterungen zur Göttlichen Komödie*, Darm-stadt 2003.

Hans-Martin Barth, *Der Teufel und Jesus Christus in der Theologie Martin Luthers*, FKDG 19, Göttingen 1967.

Karl Barth, *Kirchliche Dogmatik* III/3, Zürich 1950.

Otto Böcher, „Chiliasmus. I. Judentum und Neues Testament", in: TRE 7, 1981, S. 723–729.

Otto Böcher, *Christus Exorzista. Dämonismus und Taufe im Neuen Testament*, BWANT 96, Stuttgart 1972.

Otto Böcher, *Dämonenfurcht und Dämonenabwehr*. Ein Beitrag zur Vorgeschichte der christlichen Taufe, BWANT 90, Stuttgart 1970.

Otto Böcher, *Johannesoffenbarung und Kirchenbau. Das Gotteshaus als Himmelsstadt*, Neukirchen-Vluyn 2010.

Otto Böcher, „Der Taufstein der protestantischen Pfarrkirche zu Klein-Bockenheim", in: Der Wormsgau 7, 1965/66, 63 f.

Otto Böcher, „Teufel. III. Neues Testament", in: TRE 33/1-2, 2001, S. 117–121.

François Bovon, *Das Evangelium nach Lukas*, EKK III/2, Neukir-chen-Vluyn 22008.

Johanna Brankaer, *Die Gnosis. Texte und Kommentar*, Wiesbaden 2010.

Rolf W. Brednich, „Teufelsbraut", in: EM 13, Berlin/New York 2010, 436–438.

Dieter Breuer, *Mephisto als Theologe*, Faust-Studien, Aachen 1999.

Norbert Brox, *Der erste Petrusbrief*, EKK XXI, Neukirchen-Vluyn ²1986.

Rudolf Bultmann, *Neues Testament und Mythologie. Das Problem der Entmythologisierung der neutestamentlichen Verkündigung*, BEvTh 96, München 1988.

Ingolf U. Dalferth, *Das Böse. Essay über die Denkform des Unbegreiflichen*, Tübingen ²2010.

Ingolf U. Dalferth, *Leiden und Böses. Vom schwierigen Umgang mit Widersinnigem*, Leipzig ²2007.

Dante Alighieri, *Die Göttliche Komödie*. Mit den Illustrationen von Sandro Boticelli, Wiesbaden ²2011.

Jan Dochhorn, *Schriftgelehrte Prophetie. Der eschatologische Teufelsfall nach Apc Joh 12 und seine Bedeutung für das Verständnis der Johannesoffenbarung*, WUNT 268, Tübingen 2010.

Jan Dochhorn, „Der Sturz des Teufels in der Urzeit", in: ZThK 109, 2012, 3–47.

Fjodor Dostojewski, Die Brüder Karamasow. Roman in vier Teilen mit einem Epilog. Deutsch von Werner Creutziger, 2 Bde., hg. v. Gerhard Dudek und Michael Wegner, Berlin/Weimar ²1986.

Gerhard Ebeling, *Dogmatik des christlichen Glaubens III*, Tübingen 1979.

Wilfried Eckey, *Das Markusevangelium. Orientierung am Weg Jesu. Ein Kommentar*, Neukirchen-Vluyn 1998.

Evangelischer Erwachsenenkatechismus. Suchen – glauben – leben, Gütersloh ⁸2010.

Marco Frenschkowski/Daniel Drasec, „Teufel", in: EM 13, Berlin/New York 2010, 383–413.

Theodor Friedrich/Lothar J. Scheithauer, *Kommentar zu Goethes Faust*, Stuttgart 1986.

Sigrid Früh/Wilhelm Solms (Hg.), *Märchen von Höllen und Teufeln*, Krummwisch 2011.

Johann Wolfgang von Goethe, *Faust*. Kommentiert von Erich Trunz, München 1989.

Reinhard Hempelmann, „Die Rolle Satans im pentekostalen Christentum", in: *Die Kommunikation Satans. Einflüsterungen, Gespräche, Briefe des Bösen*, hg. v. Johann Ev. Hafner/Patrick Diemling, Frankfurt a.M. 2010.

Wilfried Härle, *Dogmatik*, Berlin/New York ²2002.

Peter Heine, „Der Teufel im Islam", in: *Die Kommunikation Satans. Einflüsterungen, Gespräche, Briefe des Bösen*, hg. v. Johann Ev. Hafner/Patrick Diemling, Frankfurt a.M. 2010.

Charles und Frances Hunter, *Handbuch der Heilung*, Remscheid 1989.

Charles und Frances Hunter, *Wie man Kranke heilt*, Kingwood 1981.

Dieter Ising, *Johann Christoph Blumhardt. Leben und Werk*, Göttingen 2002.

Winfried Joest, *Dogmatik II*, Göttingen ³1993.

Anastasios Kallis, *Von Adam bis Zölibat. Taschenlexikon Orthodoxe Theologie*, Münster 2008.

Jürgen U. Kalms, *Der Sturz des Gottesfeindes. Traditionsgeschichtliche Studien zu Apokalypse 12*, WMANT 93, Neukirchen-Vluyn 2001.

Walter Kasper, „Die Lehre vom Bösen", in: *Die Macht des Bösen und der Glaube der Kirche*, hg. v. Rudolf Schnackenburg, Düsseldorf 1979, 68–84.

Katechismus der Katholischen Kirche, Leipzig/München/Fribourg 2005.

Stephen King, *Die Augen des Drachen*, München 2011.

Stephen King, *In einer kleinen Stadt*, München 2009.

Hans-Josef Klauck, *Die apokryphe Bibel*, Tübingen 2008.

Kurt E. Koch, *Christus oder Satan*, Lindach ²2003.

Kurt E. Koch, *Besessenheit und Exorzismus*, Basel 1992.

Ulrich H.J. Körtner, „Dämonen und Dämonisierung in Gegenwartsdiskursen", in: ZNT 28, 2011, 56–65.

Harald Lamprecht (Hg.), *Confessio. Themenheft: Satanismus – Sympathie mit dem Bösen*, Dresden 2001.

Dietz Lange, *Glaubenslehre I*, Tübingen 2001.

Ute Leimgruber, *Teufel. Die Macht des Bösen*, Kevelaer 2010.

Ulrich Luz, *Das Evangelium nach Matthäus*, EKK I/1, Neukirchen-Vluyn ⁵2002.

Johann Maier, *Die Qumran-Essener: Die Texte vom Toten Meer I*, München 1995.

Thomas Mann, *Dr. Faustus. Das Leben des deutschen Tonsetzers Adrian Leverkühn erzählt von einem Freunde*, Frankfurt a.M. 1990.

Christoph Markschies, *Kaiserzeitliche christliche Theologie und ihre Institutionen. Prolegomena zu einer Geschichte der antiken christlichen Theologie*, Tübingen 2007.

Eudo C. Mason, „Die Gestalt des Teufels in der deutschen Literatur seit 1748", in: *Tradition und Ursprünglichkeit. Akten des 3. Internationalen Germanistenkongresses 1965 in Amsterdam*, hg. v. Werner Kohlschmidt/Hermann Meyer, Bern/München 1966, 113–125.

Otto Merk/Martin Meiser, *Das Leben Adams und Evas*, JSHRZ II/5, Gütersloh 1998.

Paul Metzger, *Katechon. II Thess 2,1-12 im Horizont apokalyptischen Denkens*, BZNW 135, Berlin/New York 2005.

Paul Metzger, „‚Der Teufel hat wenig Zeit' (Offb 12,12), Hans Blumenberg, die Wahrheit der Apokalyptik und die Legitimität der Auslegung", in: ZNT 22 (2008), S. 34–43.

John Milton, *Das verlorene Paradies*. Mit dem Bilderzyklus von Gustave Doré, Wiesbaden ²2010.

Ulrich B. Müller, *Die Offenbarung des Johannes*, ÖTK.NT 19, Gütersloh 1984.

Almut Neumann, *Verträge und Pakte mit dem Teufel. Antike und mittelalterliche Vorstellungen zum „Malleus maleficarum"*, St. Ingbert 1997.

Siegfried Neumann, „Teufel als Advokat", in: EM 13, Berlin/New York 2010, 413–416.

Rolf Pöhler, *Christsein heute. Gelebter Glaube*, Lüneburg 2007.

Derek Prince, *Luzifer ist entlarvt*, Trostberg ²2008.

Manfred Probst/Klemens Richter (Hg.), *Exorzismus oder die Liturgie zur Befreiung vom Bösen*, Münster 2002.

Johanna Rahner, *Einführung in die christliche Eschatologie*, Freiburg 2010.

Jan Rohls, „Das Verlorene und Wiedergewonnene Paradies. Religiöse Epik und reformierte Dogmatik in John Miltons Spätwerk", in: KuD 56, 2010, 258–283.

Friedrich Wilhelm Joseph Schelling, *Philosophie und Offenbarung*, Schellings Werke 6, München 1927.

Friedrich Daniel Ernst Schleiermacher, *Der christliche Glaube nach den Grundsätzen der evangelischen Kirche im Zusammenhange dargestellt I*, hg. v. Martin Redecker, Berlin 1960.

Gabriella Schubert, „Der Teufel als Demiurg im südosteuropäischen Volksmärchen", in: ZfB 40 (2004) 1, S. 47–60.

Andreas Schüle, *Die Urgeschichte (Genesis 1–11)*, ZBK.AT 1.1, Zürich 2009.

George Bernard Shaw, *Mensch und Übermensch*. Schauspiel, München 1962.

Georg Siegmund (Hg.), *Der Exorzismus der katholischen Kirche*, Stein am Rhein 32005.

Walter Simonis, *Schmerz und Menschenwürde. Das Böse in der abendländischen Philosophie*, Würzburg 2001.

Loren T. Stuckenbruck, „The origins of evil in jewish apocalyptic tradition. The interpretation of Genesis 6:1-4 in the second and third centuries BCE", in: *The Fall of the Angels*, hg. v. Ders./Christoph Auffarth, Leiden 2004, 87–118.

Alexandra von Teuffenbach, *Der Exorzismus. Befreiung vom Bösen*, Augsburg 2007.

Gerd Theißen, „Monotheismus und Teufelsglaube. Entstehung und Psychologie des biblischen Satansmythos", in: *Demons and the Devil in Ancient and Medieval Christianity*, hg. v. N. Vos/W. Otten, Leiden 2011.

Anton Vögtle, *Der Judasbrief. Der zweite Petrusbrief*, EKK XXII, Neukirchen-Vluyn 1994.

Klaus Wengst, *Das Johannesevangelium*, ThKNT 4,1, Stuttgart 2000.

Catherina Wenzel, „Dantes Teufel spricht nicht", in: *Die Kommunikation Satans. Einflüsterungen, Gespräche, Briefe des Bösen*, hg. v. Johann Ev. Hafner/Patrick Diemling, Frankfurt a.M. 2010, 189–204.

II. WEITERFÜHRENDE LITERATUR

Lexikonartikel

Wassilios Klein/KirstenNielsen/Otto Böcher/Gottfried Reeg/ Henry Ansgar Kelly/Joachim Track/Heinz Streib, „Teufel", in: TRE 33, Berlin/New York 2002, 113–147.

Marco Frenschkowski/Daniel Drascek, „Teufel", in: EM 13, Berlin/New York 2010, 383–413.

Gesamtdarstellungen

Ute Leimgruber, *Teufel. Die Macht des Bösen*, Kevelaer 2010.

Alfonso di Nola, *Der Teufel. Wesen, Wirkung, Geschichte*, München 1990.

Jeffrey Burton Russell, *Biographie des Teufels. Das radikal Böse und die Macht des Guten in der Welt*, Wien u.a. 2000.

Georg Gustav Roskoff, *Geschichte des Teufels. Eine kulturhistorische Satanologie von den Anfängen bis ins 18. Jahrhundert*, Leipzig 1869.

Literatur zu Teil I

Jan Dochhorn, „Der Sturz des Teufels in der Urzeit", in: ZThK 109, 2012, 3–47.

Jutta Leonhardt-Balzer, „Gestalten des Bösen im frühen Christentum", in: Jörg Frey/Michael Becker (Hg.), *Apokalyptik und Qumran*, Paderborn 2007, 203–235.

Armin Lange/Hermann Lichtenberger/K.F. Diethard Römheld, *Die Dämonen – Demons*, Tübingen 2003.

Derek R. Brown, „The Devil in Details. A Survey of Research on Satan in Biblical Studies", in: CBR 2/2011, 200–227.

Claudia Losekam, *Die Sünde der Engel. Die Engelfalltradition in frühjüdischen und gnostischen Texten*, TANZ 41, Tübingen 2010.

Susan R. Garrett, „Jesus als Befreier vom Satan und den Mächten", in: ZNT 28, 14–23.

Annette Steudel, „Der Teufel in den Texten aus Qumran", in: Jörg Frey/Michael Becker (Hg.), *Apokalyptik und Qumran*, Paderborn 2007, 191–200.

Gerd Theißen, „Monotheismus und Teufelsglaube. Entstehung und Psychologie des biblischen Satansmythos", in: *Demons and the Devil in Ancient and Medieval Christianity*, hg. v. N. Vos/W. Otten, Leiden 2011, 37–69.

Herbert Vorgrimler, *Geschichte der Hölle*, München 1993.

Themenheft: *Teufel und Dämonen, Welt und Umwelt der Bibel*, Stuttgart 2012.

Literatur zu Teil II

Verena Bach, *Im Angesicht des Teufels. Seine Erscheinung und Darstellung im Film seit 1980*, München 2006.

Jürgen Bründl, *Masken des Bösen. Eine Theologie des Teufels*, Bonner dogmatische Studien 34, Würzburg 2002.

Bernd J. Claret, *Geheimnis des Bösen. Zur Diskussion um den Teufel*, Innsbruck 1997.

Hartmut Heuermann, Medien und Mythen. Die Bedeutung regressiver Tendenzen in der westlichen Medienkultur, München 1994.

Herbert Haag, *Abschied vom Teufel*, Einsiedeln [8]1990.

Ulrich H.J. Körtner, „Dämonen und Dämonisierung in Gegenwartsdiskursen", in: ZNT 28, 2011, 56–65.

Ute Leimgruber, *Kein Abschied vom Teufel. Eine Untersuchung zur gegenwärtigen Rede vom Teufel im Volk Gottes*, Münster 2004.

Monica Scala, *Der Exorzismus in der Katholischen Kirche. Ein liturgisches Ritual zwischen Film, Mythos und Realität*, Regensburg 2012.

Christina Stampf, *Der Teufel als Verführer – zum Guten? Filmteufel und ihre positiven Seiten*, Marburg 2009.

VI. Abkürzungen

äthHen	äthiopisches Henochbuch
Apg	Apostelgeschichte
ApkMos	Apokalypse des Mose
ApkPl	Apokalypse des Paulus
ApkPt	Apokalypse des Petrus
Barn	Barnabasbrief
BEvTh	Beiträge zur evangelischen Theologie
BWANT	Beiträge zur Wissenschaft von Altem und Neuem Testament
BZNW	Beihefte zur Zeitschrift für die neutestamentliche Wissenschaft
1 / 2 Chr	erstes bzw. zweites Buch der Chronik
CIC	Codex Iuris Canonici
CoS	K. E. Koch, Christus oder Satan
DH	H. Denzinger/P. Hünermann, Enchiridion symbolorum definitionum et declarationum de rebus fidei et morum
DThA	Deutsche Thomasausgabe
Dtn	Buch Deuteronomium (fünftes Buch Mose)
EEK	Evangelischer Erwachsenenkatechismus
EKK	Evangelisch-katholischer Kommentar zum Neuen Testament
EM	Enzyklopädie des Märchens
Eph	Epheserbrief
Exor	De Exorcismus et supplicationibus quibusdam
Ez	Buch Ezechiel
FKDG	Forschungen zur Kirchen- und Dogmengeschichte
Gen	Buch Genesis (erstes Buch Mose)
HdH	C. u. F. Hunter, Handbuch der Heilung
Jes	Buch Jesaja
Joh	Johannesevangelium
JSHRZ	Jüdische Schriften aus hellenistisch-römischer Zeit

Jub	Buch der Jubiläen
Jud	Judasbrief
KD	Karl Barth, Kirchliche Dogmatik
KKK	Katechismus der Katholischen Kirche
1 / 2 Kön	erstes bzw. zweites Buch der Könige
1 / 2 Kor	erster bzw. zweiter Korintherbrief
KuD	Kerygma und Dogma
Lev	Buch Levitikus (drittes Buch Mose)
Lk	Lukasevangelium
Mk	Markusevangelium
Mt	Matthäusevangelium
Num	Buch Numeri (viertes Buch Mose)
ÖTK.AT/.NT	Ökumenischer Taschenbuchkommentar zum Alten bzw. Neuen Testament
Offb	Offenbarung des Johannes
1 / 2 Petr	erster bzw. zweiter Petrusbrief
Ps	Buch der Psalmen
QM	Kriegsrolle aus Qumran
QS	Gemeinderegel aus Qumran
Sach	Buch Sacharja
1 / 2 Sam	erstes bzw. zweites Buch Samuel
TestXII	Testament der Zwölf Patriarchen
1 / 2 Thess	erster bzw. zweiter Brief an die Thessalonicher
ThKNT	Theologischer Kommentar zum Neuen Testament
TRE	Theologische Realenzyklopädie
VitAd	Vita Adae et Evae (Leben Adams und Evas, lateinisch)
Weish	Buch der Weisheit
WMANT	Wissenschaftliche Monographien zum Alten und Neuen Testament
WmKH	C. u. F. Hunter, Wie man Kranke heilt
WUNT	Wissenschaftliche Untersuchungen zum Neuen Testament
ZNT	Zeitschrift für Neues Testament
ZThK	Zeitschrift für Theologie und Kirche